O ÚLTIMO DA TRIBO

MONTE REEL

O último da tribo

A epopeia para salvar um índio isolado na Amazônia

Tradução
Marcos Bagno

Companhia Das Letras

Grafia atualizada segundo o Acordo Ortográfico da Língua Portuguesa de 1990, que entrou em vigor no Brasil em 2009.

Título original
The last of the tribe — The epic quest to save a lone man in the Amazon

Capa
Elisa v. Randow

Foto de capa
Raymond Depardon/ Magnum Photos/ LatinStock

Preparação
Leny Cordeiro

Índice remissivo
Luciano Marchiori

Revisão
Ana Maria Barbosa
Renata Del Nero

Dados Internacionais de Catalogação na Publicação (CIP)
(Câmara Brasileira do Livro, SP, Brasil)

Reel, Monte.
O último da tribo : a epopeia para salvar um índio isolado na Amazônia / Monte Reel ; tradução Marcos Bagno. — São Paulo : Companhia das Letras, 2011.

Título original : The last of the tribe — The epic quest to save a lone man in the Amazon
Bibliografia
ISBN 978-85-359-1967-7

1. Guaporé, Rio, Vale (Brasil e Bolívia) — Condições sociais 2. Guaporé, Rio, Vale (Brasil e Bolívia) — Descoberta e exploração 3. Índios da América do Sul — Brasil — Condições sociais 4. Índios da América do Sul — Guaporé, Rio, Vale (Brasil e Bolívia) — Condições sociais 5. Selvagens — Guaporé, Rio, Vale (Brasil e Bolívia) I. Título.

11-09755 CDD-981.01

Índice para catálogo sistemático:
1. Brasil : Índios da América do Sul : Condições sociais : História 981.01

[2011]

EDITORA SCHWARCZ LTDA.
Rua Bandeira Paulista, 702, cj. 32
04532-002 — São Paulo — SP
Telefone (11) 3707-3500
Fax (11) 3707-3501
www.companhiadasletras.com.br
www.blogdacompanhia.com.br

À minha família

Precisamos do tônico do que é selvagem [...]. *Ao mesmo tempo que nos empenhamos em explorar e aprender todas as coisas, exigimos que todas as coisas sejam misteriosas e inexploráveis, que terra e mar sejam indefinidamente bravios, insondados e inexplicados por nós, porque inexplicáveis.*

Henry David Thoreau, *Walden*

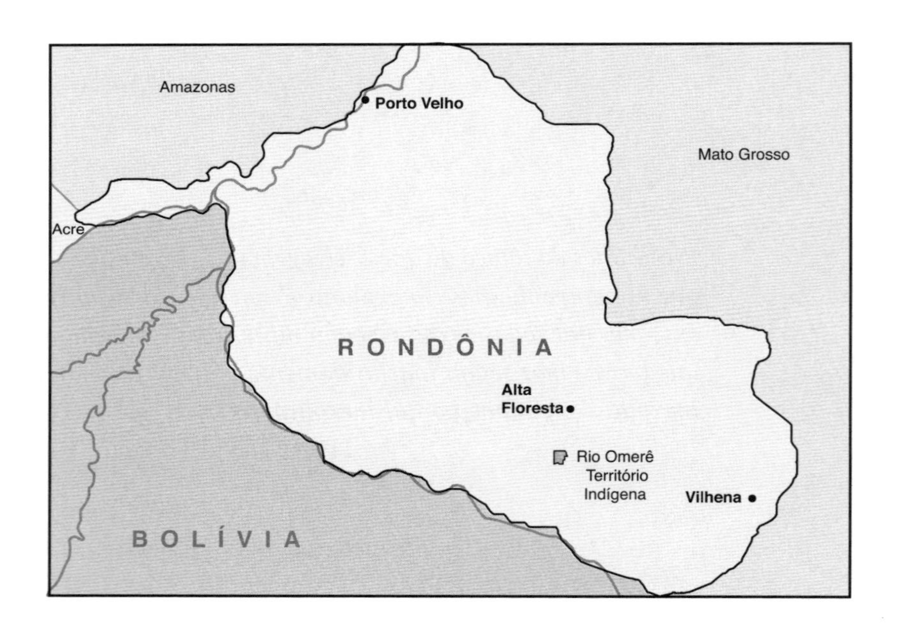
Amazonas
Porto Velho
Mato Grosso
Acre
RONDÔNIA
Alta
Floresta
Rio Omerê
Território
Indígena
Vilhena
BOLÍVIA

Sumário

Prólogo 11

1. A oca 15
2. Tornando-se um nativo 29
3. Uma terra sem homens 47
4. A aldeia 61
5. O ambientalista acidental 77
6. Janelas para o mundo dele 96
7. Selvagens 116
8. Desistindo 125
9. Linhas de combate 142
10. Os corredores do poder 152
11. Nem fera nem Deus 164
12. Maior do que a vida 188
13. Mais uma tentativa 206
14. Um novo começo 222
15. Nação de um homem só 232

Agradecimentos 239
Notas 241
Créditos das imagens 255
Índice remissivo 257

Prólogo

Por trás de uma cortina verde de samambaias e copas de palmeiras, um graveto seco estala, invisível. Não foi um ruído natural, mas uma nota aguda em meio aos sons mais suaves que pairam no ar: o gorjeio dos papa-formigas, o farfalhar das asas dos insetos, as respirações de um homem solitário.[1]

Ele estava acocorado numa pose contemplativa. O cotovelo repousava sobre a perna, o queixo se apoiava na dobra do pulso. Mas deu um salto expectante ao ouvir o estalo do graveto.

Alguém se aproximava, tentando apanhá-lo de surpresa. Através das folhas, ele viu figuras vestidas com trajes coloridos. Um deles assobiou, modulando a nota.

O observador deslizou pelo canto de sua oca e se agachou lá dentro para agarrar sua arma. Com o arco na mão, espiou através de uma brecha na desajeitada treliça de palmas que compunha sua parede.

As silhuetas que se aproximavam tagarelavam numa língua estranha. Ele encaixou uma flecha na corda do arco. Fez a ponta aguda e afiada da flecha atravessar a parede e mirou o alvo.

Os homens lá fora conversavam calmamente entre si. Ele os observava e eles o observavam. Quando perceberam a ponta da flecha se projetando da oca, os homens baixaram a voz. Passados vários minutos, eles se aproximaram devagar com as palmas das mãos levantadas. Quando o homem mexeu a flecha, eles dançaram para trás. Pareciam confiar nele tão pouco quanto ele confiava neles.

Permaneceu imóvel dentro da oca, rodeado e em menor número. Devia depor o arco e sair, preservando a possibilidade de paz? Ou devia declarar guerra?

Por duas horas ele mal se mexeu, paralisado no intervalo existente entre puxar uma flecha para trás e dispará-la.

Pelo que podiam ver, ele vivia numa minúscula oca com teto de palmas

1. A oca

Começou com um boato, um trecho de conversa captado por um agente de saúde que administrava medicamentos contra a malária nas aldeias espalhadas pelo sul da Amazônia. Em meados de 1996, ele parou numa serraria no vale do rio Guaporé, em Rondônia, perto da fronteira com a Bolívia. Lá os madeireiros falavam de um homem selvagem que vagava pela floresta, na qual eles se aventuravam de vez em quando à procura de mogno. O homem era um selvagem nu, diziam eles, provavelmente um índio. Mas não parecia fazer parte de nenhuma tribo. Pelo que podiam ver, ele vivia sozinho numa minúscula oca com teto de palmas, sem nenhum vínculo aparente com outro ser humano.

Nesse ponto a história empacava. Os poucos que alegavam ter visto o homem de relance diziam que ele era tão rápido e hábil quanto uma onça — bastava chegar perto dele para que desaparecesse entre as malhas das sombras da floresta. Descrever os encontros com ele era algo assim como tentar se lembrar de um sonho fugaz: eles tinham certeza de que havia acontecido, porém não conseguiam apreender os pormenores.

Era um volátil fragmento do folclore da mata, mas não abandonou o agente de saúde quando ele deixou a serraria e, mais tarde, se dirigiu à cidade de Vilhena, onde a Funai mantinha um posto regional. Já tinha encontrado antes o homem que dirigia aquele posto, Marcelo dos Santos, quando entregava remédios para uma das reservas indígenas da região.

Se havia alguém que podia descartar de vez o boato e rotulá-lo como uma anedota extravagante indigna de consideração, era Marcelo. Seu trabalho era localizar tribos indígenas que permaneciam isoladas na floresta, completamente separadas da corrente principal da sociedade brasileira. Sua pequena equipe de agentes de campo se chamava Frente de Contato do Guaporé, uma das cinco equipes de exploração regionais vinculadas à Coordenação-Geral de Índios Isolados e Recém-Contatados (CGIIRC) da Funai.[1] Essa coordenação-geral tinha menos de uma década de vida, criada pouco antes da promulgação da nova Constituição brasileira de 1988. A nova Carta Magna especificava que, se houvesse índios vivendo numa área de floresta, essa terra pertenceria a eles — nem uma árvore sequer poderia ser tocada por um forasteiro.[2] Mas uma deficiência fundamental ameaçava solapar por completo as intenções do documento: ninguém sabia quantas tribos de fato viviam na imponente porção brasileira da Amazônia nem quanta terra elas podiam eventualmente reivindicar.[3] Assim, se um fazendeiro topasse com uma tribo nunca antes contatada numa parte da floresta que ele quisesse limpar para criar pastagem, esse fazendeiro tinha um incentivo natural para expulsar os índios da propriedade antes que o governo pudesse registrar a presença deles. As frentes de contato foram criadas para diluir a ameaça de confrontos entre agricultores e tribos.

Marcelo tinha 42 anos quando tomou as rédeas da equipe exploradora em 1994, depois de vinte anos como agente de campo da Funai. Bastava olhar para ver que ele não se encaixava entre os respeitáveis fazendeiros que dominavam os círculos sociais de Vilhena. Só cortava o cabelo quando lhe dava vontade e mantinha a barba loira que começou a cultivar na faculdade, deixando-a ir para onde quisesse, desgrenhada. Do lobo de sua orelha esquerda pendia um aro de casca entalhada, um brinco feito à mão, comum entre os membros da tribo nambiquara, com os quais ele viveu por mais de uma década. Se pudesse escolher, sairia andando descalço pela rua. Alguns fazendeiros o chamavam de hippie. Outros iam um pouco mais fundo no insulto e diziam que era um hippie que queria ser índio. Não estavam completamente errados.

O braço direito de Marcelo se chamava Altair Algayer, 23 anos, que tinha trabalhado para o antecessor de Marcelo. Altair havia passado boa parte da vida no interior ou nos arredores das florestas de Rondônia. Estudara até a quarta série e tinha uma mente que absorvia tudo. Se a caminhonete quebrasse, Altair sabia consertá-la. Se a equipe precisasse montar um acampamento completo na selva com chuveiro e latrina, Altair sabia desenhar a planta e construir. Se precisassem comer, ele sabia rastrear, abater e destrinchar um porco-do-mato. Era esguio e franzino, mas tão forte e resistente quanto um burro de carga. Marcelo raramente empreendia uma expedição sem ele.

Menos de um ano antes, em setembro de 1995, Marcelo e Altair tinham encontrado duas pequenas tribos indígenas jamais contatadas antes de forma pacífica. As descobertas foram saudadas pela imprensa internacional como as primeiras do tipo no Brasil em mais de uma década. Para o governo brasileiro, a experiência enfatizara a importância das frentes de contato, e a Funai trabalhava para declarar legalmente os territórios recém-demarcados como uma única reserva indígena.[4] Para Marcelo e Altair, a experiência provou que a selva, quase quinhentos anos depois que os forasteiros começaram a explorar suas profundezas, ainda era capaz de esconder mistérios.[5]

Por isso, quando o agente de saúde chegou a Vilhena com o boato de que o homem selvagem espectral seria um índio, Marcelo prestou muita atenção. O agente de saúde lhe passou o nome de um homem na serraria que poderia lhe contar melhor.

Marcelo e Altair decidiram lhe fazer uma visita. Tudo o que tinham a perder era um dia ou dois, tempo bastante para dirigir até lá e voltar.

Marcelo estava ao volante, dirigindo o surrado Toyota quatro por quatro através de quilômetros de estradas poeirentas, sulcadas por buracos da profundidade de uma roda.[6] Altair sacolejava ao lado dele, no impiedoso assento do carona. O sol queimava firme, e o vento que invadia as janelas abertas trazia pouco alívio, apenas poeira e o ronco do motor da caminhonete. O barulho era suficiente para transformar uma conversa numa exaustiva disputa de gritos, razão por que eles sempre viajavam com uma caixa cheia de fitas cassetes, e o aparelho de som urrava a todo volume.

Os acordes iniciais de "País tropical", de Jorge Ben, berravam dos alto-falantes do painel — a canção significava muito para as pessoas da geração de Marcelo, apanhadas num credo de "retorno à terra" que floresceu no fim dos anos 1960. Marcelo gritou "Jorge!", como se estivesse chamando um velho amigo:

Moro num país tropical,
abençoado por Deus,
e bonito por natureza
(*Mas que beleza!*)

A natureza tinha sido de uma generosidade incomum nesse rincão ribeirinho do Brasil, pintando as paisagens segundo uma estética maximalista que dava pouca importância à contenção. Era a natureza ao extremo, exagerada, sem desculpas. A flora era irreprimível, acomodada por uma floresta equatorial que tinha espaço bastante para praticamente qualquer coisa — gigantescas árvores de madeira de lei, cipós espessos, samambaias tremulantes, liquens fluorescentes, frutos pesados em galhos recurvos. Os animais compunham uma exibição igualmente espetacular, desde que se tivesse um olhar aguçado para divisá-los por trás de mil matizes de verde: jaguatiricas, tucanos, antas, preguiças, macacos, pecaris, tatus, jacarés e incontáveis legiões de insetos que enchiam a floresta com o zumbido da vida. Os cientistas e ativistas ambientais gostavam de dizer que algo entre um terço e metade do total mundial de espécies — plantas, animais e micróbios — podia ser encontrado na floresta amazônica, mas se tratava de mera suposição, porque era impossível catalogar todas elas.[7] No entanto, ainda que a hipótese não pudesse ser confirmada, o espírito por trás dela era genuíno: havia uma profusão de vitalidade naquela região que era mais do que suficiente para sobrepujar o mais ambicioso taxonomista.

Nem todo mundo considerava isso uma coisa boa. Essa parte da Amazônia, havia muito tempo, recebera o apelido de "Inferno Verde" daqueles que a comparavam a uma fossa miasmática muito mais *infestada* de vida do que *abundante* dela.[8] Na floresta equatorial, os incessantes ciclos de vida e morte são tão entremeados que suas diferenças logo se diluem. No momento em que alguma coisa morre, já começa a se tornar outra coisa; o tronco de uma árvore moribunda é tomado por fungos, e logo a árvore se torna esses fungos; a carne da carcaça de um pecari instantaneamente borbulha de besouros, até não sobrar nada além dos besouros. As distinções individuais se tornam nebulosas, o que pode abalar os nervos de qualquer um que prefira um mundo definido por fronteiras traçadas com nitidez. O ambiente selvagem se torna então algo que precisa ser domado e conquistado, e a civilização fica separada da selvageria.

Marcelo e Altair rejeitavam essa concepção. Quando cantavam junto com

Jorge Ben ouvindo o som da caminhonete, estavam cantando sobre a floresta, um lugar que não era nem paraíso nem perdição, mas que eles situavam mais próximo do céu que do inferno em seus mapas-múndi pessoais. Aquele território incomensurável era o seu país tropical.

Mas uma parte da paisagem que eles atravessavam rumo à serraria não combinava com a letra da música. Não era tropical e não era bonita. Era morta.

Por quilômetros de ambos os lados, um cemitério cinzento de tocos carbonizados pontilhava o vazio onde ainda há pouco existia floresta. A terra tinha sido aparada com tratores e correntes e, em seguida, queimada. O horizonte já não era obscurecido por copas de árvores, mas, ao contrário, estava tomado por uma névoa branca e suja. A fumaça subia de fogueiras ardentes no extremo crepitante da floresta, uma fronteira que se arrastava um pouco mais para longe da estrada a cada dia.

A cada momento, o tronco esguio de uma palmeira acuri desnudada, com sua armadura de cortiça resistente ao fogo, se erguia alta em meio aos cupinzeiros incrustados que empolavam a crosta da terra queimada. Alguns dos campos estavam atapetados com montes desordenados de troncos serrados, prontos para ser empilhados nas carrocerias de imensas jamantas. Marcelo e Altair tinham cruzado esses caminhões o dia todo; eram os mesmos que haviam esburacado as estradas por dezenas de quilômetros em todas as direções.

Passavam regularmente por aglomerados de barracos cinzentos e quebradiços ao longo do acostamento, frágeis casebres que pareciam prestes a desmoronar em estilhaços com um chute certeiro. Os barracos abrigavam os lavradores empregados pelos pecuaristas que estavam se multiplicando com eficiência bacteriana por toda a região. Rondônia ainda tinha menos de vinte anos como estado autônomo e, numa única geração, se transformara de uma selva quase totalmente despovoada no centro de uma explosão agrícola.[9] À medida que novas estradas se desdobravam por toda a região, essa parte da Amazônia testemunhava uma migração rural que rivalizava com a conquista do Oeste norte-americano.[10]

Cidades prósperas brotavam por toda parte: pequenos surtos de atividade que invariavelmente anunciavam sua presença com um botequim de beira de estrada, consistindo em pouco mais que um teto de zinco, algumas cadeiras de plástico e uma mesa de bilhar. Marcelo e Altair passaram por um bar do tipo quando se aproximaram da cidade de Chupinguaia a caminho da serraria. Um ano antes, a cidade não era encontrada em nenhum mapa; o estado tinha emancipado o novo município fazia poucos meses. Os moradores a chamavam de "cidade de bangue-bangue", uma das várias na orla puída do Oeste selvagem brasileiro, onde os forasteiros paravam por sua conta e risco. Era difícil calcular a população de Chupinguaia — alguns milhares, pelo menos —, mas ela inchava nas noites de fim de semana, quando os trabalhadores rurais enchiam os bares.[11] As manhãs de domingo eram um espetáculo digno de apreciar. Quem caminhasse pela árida praça central logo depois do amanhecer tinha de pisar, sem exagero, em dezenas de trabalhadores rurais que dormiam estatelados na poeira, no local exato onde haviam passado a noite anterior. Qualquer um que chamasse aquele lugar de "sem lei" cometia uma ligeira imprecisão de linguagem: quando Rondônia se emancipou como estado em 1988, foi promulgada uma profusão de leis — só que o governo não tinha condições de fazê-las cumprir.

Essa atmosfera de vale-tudo se estendeu à própria floresta. Sabia-se que os fazendeiros da região voavam sobre as árvores em aviões particulares borrifando ácido 2,4,5-triclorofenoxiacético, o desfolhante do agente laranja proibido no mundo todo. Pior: galões de plástico vazios do produto químico tinham sido recolhidos por pelo menos uma das tribos indígenas locais, que vinha usando os recipientes para armazenar água, sem saber que o pequeno aviso nos barris alertava contra sua reutilização. Sendo a justiça de fronteira o que é, os delitos permaneceram impunes.[12]

Marcelo e os outros membros da Frente de Contato não eram policiais, mas, quando testemunhavam desmatamentos ilegais ou outros crimes ambientais, soavam o alarme, prestando queixas a procuradores federais. O que não significa que a polícia tomasse alguma providência. Provas sólidas, como escavadeiras e motosserras registradas no nome de um proprietário específico, podiam facilmente ser retiradas antes que a polícia pudesse alcançar as áreas em questão. Os desmentidos categóricos dos latifundiários eram tão comuns que Marcelo tinha passado a convidar Vincent Carelli, um ex-agente da Funai apaixonado por documentários, para acompanhar a Frente de Contato em expedições e documentar as provas com sua câmera de vídeo. Essas expedições denunciadoras irritaram muitos fazendeiros e madeireiros. A Frente de Contato rapidamente ganhava fama estadual como obstáculo ao progresso.

Mesmo antes de Marcelo e Altair decidirem deslocar-se até a serraria para investigar o boato do índio solitário, alguns fazendeiros da região já acusavam publicamente a Frente de Contato de pôr os interesses de um punhado de índios acima da prosperidade econômica de toda a região.[13] Quando a Frente de Contato descobriu aquelas duas tribos indígenas isoladas poucos meses antes, os fazendeiros que já tinham reivindicado aquelas terras tribais se aliaram em oposição, contrataram um advogado e resolveram lutar contra a demarcação governamental de 310 quilômetros quadrados de terra como reserva indígena, fora do alcance do desenvolvimento. Esses fazendeiros tinham assumido uma postura explícita. Declararam a Frente de Contato como seu inimigo.

Em 3 de setembro de 1995, Marcelo e Altair fizeram o primeiro contato com um grupo isolado de índios Kanoê.[14] A tribo fora reduzida a apenas cinco sobreviventes.

O encontro pacífico também começara com um boato. Antes de Marcelo e Altair partirem em busca dos Kanoê, rastreadores indígenas estavam certos de que membros de uma tribo isolada viviam na área, mas não os tinham visto. Marcelo suspeitava que, se uma tribo estivesse vivendo ali, sua sobrevivência poderia ser ameaçada pelas motosserras que a cada semana devoravam mais e mais fundo aquele trecho de floresta.

Marcelo e Altair — com Vincent Carelli e sua câmera de vídeo seguindo-lhes os passos — exploraram a floresta perto das margens do rio Omerê. Marcelo caminhava à frente, seguindo uma trilha esguia aberta através da espessa vegetação rasteira. A trilha parecia um caminho natural floresta adentro, usada por caititus e outros animais, porém havia algo mais. Alguns galhos e talos que ladeavam a trilha tinham sido quebrados em pontos que ficavam a mais de 1,20 metro acima do chão. Poucos animais nativos daquela floresta alcançavam aquela altura. Com toda a certeza isso significava que outros homens tinham percorrido aquela trilha antes deles.

Por três dias a equipe de Marcelo vinha caminhando, atravessando córregos e seguindo trilhas que os levavam cada vez mais para dentro de lugar nenhum. Mas, naquela terceira manhã, alcançaram uma área que tinha sido parcialmente queimada. O solo fora reduzido a cinzas brancas e macias e, no meio daquele resíduo poeirento, encontraram as impressões recentes de pés humanos descalços. A equipe se desembaraçou de suas pesadas mochilas e aventurou-se mais fundo na mata, carregando somente o essencial. Altair levava no ombro esquerdo uma espingarda calibre 22. Na mão direita segurava um facão, que ia golpeando à sua frente em arcos preguiçosos, cortando trepadeiras e galhos para limpar o caminho tomado pelo mato.

Penetravam na floresta com vigilância calculada, pois fazer contato inicial com uma tribo não acostumada a visitantes era um negócio arriscado. Ao longo da história do Brasil, os relatos de contatos iniciais eram com muita frequência crônicas de violência e mutilações. Em Rondônia, no início da década de 1980, os índios Urue-Eu-Wau-Wau atacaram uma expedição da Funai com uma saraivada de flechas de pontas farpadas recobertas de curare venenoso.[15] Foi apenas um caso entre centenas de outros semelhantes, que pairavam sobre a história da selva como nuvens pesadas. No entanto, a violência quase sempre não era deflagrada pelos índios. Garimpeiros de Rondônia, por exemplo, tinham assaltado, surrado e torturado barbaramente índios Kithaulu Nambiquara para terem acesso ao ouro que acreditavam poder ser encontrado na reserva da tribo.[16] Eram comuns em toda cidade de bangue-bangue as histórias sobre pistoleiros de aluguel contratados para eliminar índios de fazendas em potencial.

"Olha só isso."

Marcelo parou de andar e inspecionou uma árvore. Em seu tronco encontrou um dos sinais mais comuns de presença indígena: alguém tinha arrancado a casca e introduzido uma cunha no tronco oco para extrair mel de uma colmeia interna. Ele prosseguiu na trilha e logo se imobilizou e levantou um dedo, um sinal para que os outros atrás dele ficassem em silêncio. Inclinou-se para a frente, mas rapidamente se virou e sinalizou para que ficassem parados.

"Esperem! Para trás!"

Havia alguém logo adiante na trilha. Hesitante, Marcelo deu um passo à frente, cuidando para não fazer muito barulho no solo quebradiço.

Havia índios adiante, camuflados pela folhagem, mas ele não sabia quantos. Talvez só um ou dois, talvez uma tribo inteira com uma dúzia ou mais. Talvez estivessem calmos, ou talvez em posição de defesa, com arcos retesados e flechas apontadas. Esse era o ponto mais crítico de qualquer contato inicial, o fulcro sobre o qual oscilava o sucesso ou a tragédia. Desde a década de 1970, 120 funcionários da Funai tinham sido mortos na Amazônia, muitos nas mãos de tribos indígenas.[17] De algum modo, Marcelo precisava tentar fazer aqueles índios saberem que sua equipe era amistosa.

"Hooo!", entoou Marcelo, uma saudação sublinguística destinada a atrair a atenção de quem quer que estivesse espreitando no final da trilha, algo que lhes permitisse saber que ele sabia que estavam lá. Nenhuma resposta. Ele assobiou.

Cerca de quinze metros à sua frente, dois rostos espiaram para fora das folhas e palmas. Um homem e uma mulher pisaram na trilha e caminharam rumo ao grupo. Ambos seguravam arcos e carregavam aljavas de flechas.

"Amigo", disse Marcelo para eles.

Os rostos dos dois índios não traíam nenhuma emoção, mas tinham os olhos bem abertos e alertas. Marcelo fez um gesto com a mão para que avançassem. Sorriu afetuosamente, tentando criar um clima de paz. A mulher disse algo ao homem e ambos se detiveram na trilha. Marcelo caminhou devagar na direção deles, e o índio levantou um pouco seu arco. O gesto não pareceu ameaçador, apenas precavido. Marcelo e os outros continuaram a avançar com passos cerimoniosos. Os índios os observaram com tenso estoicismo, em seguida ofereceram a Marcelo exatamente o que ele vinha buscando: sorrisos cautelosos.

Os ombros de Marcelo relaxaram e ele riu.

Os índios estenderam as mãos, com as palmas para cima. Marcelo e Altair levantaram as mãos em resposta e seguiram adiante. Cada lado do encontro — os índios e os integrantes da Frente de Contato — ficou parado sobre a trilha por um momento com as pontas dos dedos levemente enlaçadas num aperto de mão delicado, vagaroso. Marcelo notou que as mãos do índio, cujo nome ele saberia mais tarde era Purá, estavam tremendo. Ele parecia ter vinte e poucos anos. A irmã de Purá, Tiramantu, aparentava ser alguns anos mais velha. Ambos tinham o nariz atravessado por pinos curtos de madeira. Nos lobos das orelhas e em torno do pescoço usavam adornos feitos de casca. Faixas com dois centímetros de espessura, feitas de plantas fibrosas, estavam amarradas em torno de seus antebraços. Grandes penas vermelhas se projetavam do alto de cada uma dessas faixas, e delas pendia uma franja de trinta centímetros de comprimento, feita de capim seco. Cada um deles trazia um chapéu de duas peças feito de pele de veado e fibras de palmeira — uma das peças era um barrete apertado e a outra, uma orla em forma de aro que se encaixava na primeira. Também usavam shorts feitos com sacas de sal deixadas para o gado nas pastagens que ladeavam aquele trecho de floresta. Embora os índios nunca tivessem mantido contato com o mundo exterior antes, o feitio de sua roupa sugeria que, de vez em quando, tinham experimentado contato visual com os seringueiros, garimpeiros ou lavradores que havia séculos perambulavam por aquelas florestas.

Os dois índios pegaram Marcelo e Altair pela mão e os levaram à sua pequena taba, mais para dentro da mata. Os índios lhes deram mamão para comer e lhes apresentaram os outros três membros de sua tribo. Purá e Tiramantu falavam nos estridentes quartos de tom de uma língua aguda e animada.

"*Ba-tu, ba-tu*", disse Tiramantu, olhando nos olhos de Marcelo antes de irromper em enigmática gargalhada. Ele sorriu, sem graça. Sabia falar a língua nativa dos Nambiquara, uma tribo originária do outro lado do vale do Guaporé, mas aquela língua não era parecida. Não conseguia decifrar uma única palavra.

Cerca de um mês depois, especialistas estudaram a língua e determinaram que aqueles faziam parte dos Kanoê, uma tribo que a maioria acreditava ter desaparecido completamente da região depois de conflitos com os seringueiros na década de 1940.[18]

A filmagem que Vincent fez do encontro se revelou inestimável para contradizer os latifundiários locais que tinham insistido que a presença de uma tribo isolada não passava de um mito extravagante, uma fantasia romântica que se postava no caminho do desenvolvimento agrícola. O vídeo suscitou reportagens em jornais e canais de televisão mundo afora. O artigo da revista *Time* se intitulava "Uma descoberta na Amazônia", e citava Sydney Possuelo, o chefe de Marcelo em Brasília, que explicou que o encontro com os Kanoê era a primeira descoberta de uma tribo isolada no Brasil em uma década.[19] "Só fazemos contato quando a situação é dramática", disse Possuelo, que explicou que os Kanoê poderiam ter sido completamente extintos pelo avanço da fronteira agrícola se a Frente de Contato não tivesse agido.

Nos meses que se seguiram a esse encontro inicial, os cinco Kanoê levaram Marcelo e Altair até outra tribo antes não contatada, com uma taba a cerca de seis quilômetros da deles, selva adentro. Essa era a tribo dos Akuntsu, dos quais só havia sete sobreviventes. Estavam completamente nus, exceto pelos brincos, pela pintura corporal feita de urucum e pelas faixas braçais e tornozeleiras de fibras de palmeira. Os Akuntsu e os Kanoê tinham sido inimigos tradicionais, mas o ritmo do desmatamento na área os forçara a tentar pôr de lado as diferenças em nome da sobrevivência. Com o tempo, os exploradores viriam a saber que ambas as tribos foram dizimadas por incursões de pistoleiros.[20] Por décadas, forças de ação globais haviam convergido para a floresta em que viviam, empurrando as tensões locais a extremos mortíferos. As tribos tinham observado uma trégua não declarada diante do inimigo comum.

Desde a descoberta dos Kanoê e dos Akuntsu, Marcelo e Altair vinham descobrindo que cada vez mais porteiras erguidas como limites das fazendas exibiam cadeados.[21] Alguns fazendeiros tinham chegado a ponto de posicionar guardas armados de metralhadoras nas porteiras. A Frente de Contato adquirira a reputação de um incômodo a ser evitado.

Mas nada bloqueava as estradas poeirentas que eles percorreram junto ao rancho situado na entrada da serraria.[22] Passaram sobre uma ponte de madeira vacilante em que mal cabiam as rodas do Toyota. Uma escorregadela do volante e eles cairiam no córrego abaixo.

A serraria estava à toda quando chegaram. Havia um galpão no meio do pátio, e o sol da tarde fluía através das frestas nas lajes mal dispostas das paredes. Os operários lá dentro usavam pesados aventais brancos, manchados com a mesma serragem volátil que carregavam para casa nos pulmões e gargantas. Empilhadeiras transportavam toras de peroba de três metros de comprimento, algumas medindo 1,5 metro de diâmetro, rumo a uma enorme serra rotativa. Usando um pesado gancho de ferro, dois dos empregados posicionavam os troncos sobre uma prancha com rodas que alimentava de madeira a lâmina estridente de uma grande serra elétrica. Tosavam os lados redondos do tronco, transformando-o num quadrado de madeira rósea, e em seguida o fatiavam em tábuas longas e planas. Os operários carregavam as tábuas numa empilhadeira e as depositavam no pátio em pilhas da altura de um homem. Como a maior parte da madeira transportada em caminhões para fora de Rondônia todos os dias, aquelas tábuas poderiam terminar praticamente em qualquer lugar: como cadeiras numa sala de jantar em São Paulo, armários de cozinha em Nova York ou mesas de um café em Londres.[23]

Percorrendo a pista que começava naquele pátio, Marcelo guiou em torno das carretas e encontrou o prédio que estava procurando: um amontoado de tábuas não polidas que tinham sido pregadas para formar um armazém e uma cozinha toscos na extremidade do terreno da serraria. Tecnicamente, a construção fazia parte da serraria, mas o homem lá dentro não era oficialmente empregado da fazenda. Seu nome era Gilson e fora contratado para alimentar os madeireiros e os lavradores que trabalhavam nas plantações. Em suma, Gilson era o cozinheiro da empresa. E segundo o agente de saúde que contara a Marcelo a história do misterioso índio isolado, o próprio Gilson tinha visto a oca do índio.

Gilson parecia ter uns trinta anos, usava um tufo de cabelo sobre a testa e uma espessa barba preta distribuída com precisão. Convidou os visitantes a se sentar a uma mesa de compensado no meio do recinto e acomodou-se no tamborete em frente a eles.

"Então, como foi que você descobriu a respeito da oca desse índio?", perguntou Marcelo.

Gilson disse que a serraria empregava homens que inspecionavam a selva em busca de novas áreas de corte e que dois deles lhe contaram que tinham encontrado um índio. Não tiveram uma visão nítida dele, mas o viram fugir quando se aproximaram. Atrás de uma árvore próxima, acharam flechas de bambu no chão.

Os homens ficaram assustados e deixaram a área, com receio de serem alvejados por um homem que podia ainda estar ali por perto escondido. Mas voltaram no dia seguinte, e Gilson os seguiu de perto. Juntos, encontraram a pequena oca em que parecia caber apenas uma pessoa.

Gilson disse a Marcelo e aos outros que poderia lhes mostrar o lugar, se quisessem vê-lo.

Marcelo lhe disse que sem dúvida nenhuma queriam.

Seguiram Gilson ao limite claramente definido entre fazenda e selva e entraram na mata.[24] Nos próximos dias, visitariam o local numerosas vezes, em busca de pistas que revelassem quem construíra a oca e nela vivia.

Cerca de quinhentos metros floresta adentro, toparam com uma árvore que apresentava um buraco em forma de cunha aberto no tronco — o mesmo tipo de corte para colher mel que tinham visto antes de encontrar os Kanoê. No solo perto do tronco, Marcelo achou um novelo pegajoso de fios de cipó. Disse aos outros que os índios usavam aquele tipo de novelo como uma esponja; enfiavam aquilo no buraco da árvore para absorver o mel e depois espremiam.

A poucos metros daquela árvore, eles se agacharam sob galhos folhudos e saíram numa clareira grande o bastante para uma única oca. Ela tinha cerca de

2,5 metros de altura no centro do teto pontudo e cobria uma área de aproximadamente dois metros quadrados. As paredes eram feitas de madeira de palmeira trançada, e a oca era coberta com palmas secas, amarronzadas. A cobertura de palmas se inclinava em todos os lados, formando calhas que terminavam a cerca de meio metro do solo. Pelo aspecto, a oca poderia ter sido o ninho de alguma ave terrestre gigantesca. O efeito de camuflagem dos materiais era fascinante: se não estivessem à procura da oca, poderiam ter passado ao lado dela sem notar.

Agacharam-se sob as calhas e espiaram por uma pequena abertura na parede antes de pisar no interior. Gilson tinha razão: se ali morasse mais de uma pessoa, o espaço ficaria muito apertado. O chão de terra estava forrado com cinzas brancas de uma pequena fogueira num canto. A julgar pelo carvão, fazia semanas que não ardia.

A parte mais estranha da oca era o buraco retangular no centro do piso. Tinha quase um metro de comprimento por quarenta centímetros de largura e 1,5 metro de profundidade. Não daria para alguém dormir ali dentro, nem parecia ser usado como despensa. Era diferente de qualquer coisa que já tivessem visto nas ocas de outras tribos da região.

Depois dessa visita, Marcelo não demorou a preparar uma expedição mais longa. Acreditava que se a Frente de Contato não encontrasse o homem logo, era uma simples questão de tempo até que alguém mais — talvez pistoleiros contratados pelos madeireiros ilegais da área — o alcançasse primeiro. Ele não tinha como saber até onde a busca os levaria, nem quanto os consumiria o mistério da existência daquele homem.

Marcelo dos Santos fotografado do lado de fora de sua casa em 2007

2. Tornando-se um nativo

Se Marcelo estava destinado a viver na floresta, ele nasceu no lugar errado. A Vila Madalena é um bairro de artistas animado que se destaca de quase todo o resto de São Paulo como uma flor de lapela espetada num paletó cinzento. Nas calçadas, galerias coloridas disputam a atenção com a música dos bares. Os pais de Marcelo adoravam a vibração boêmia e criaram a família no meio dela.

Quando os militares planejaram o golpe de 1964 e estabeleceram a ditadura que duraria vinte anos, o pai de Marcelo começou a introduzir o filho ao léxico da desobediência civil. Ele era pintor e cenógrafo da companhia municipal de teatro e namorava ideias socialistas. Esse era um passatempo perigoso numa época de Guerra Fria em que a América do Sul era vítima de uma queda de braço entre ditadores, em meio a guerras sujas e desaparecidos políticos. Na casa da família Santos, o governo militar era associado a repressão, confinamento, conformismo irrefletido, inflexibilidade e brutalidade.

Por isso, produziu-se uma espécie de choque quando Marcelo assumiu um emprego governamental no verão de 1974.

Foi por mero acaso que ele se viu nesse emprego. As viagens frequentes para acampar com o pai na juventude haviam instilado em Marcelo um amor pela natureza, o que o levou a estudar biologia na faculdade. Mas quando pensou de que modo poderia empregar seu diploma — trabalhando como farmacêutico ou empregado de laboratório —, seu ânimo desmoronou. Um de seus amigos tinha se mudado recentemente para Porto Velho, cidade a 2500 quilômetros a noroeste de São Paulo, para assumir um cargo no Incra. Ligou para Marcelo e lhe disse que as árvores eram imensas e as florestas pareciam intermináveis. Em outras palavras, o tipo de lugar que Marcelo amava.

Marcelo vendeu quase tudo que possuía — um gesto impetuoso que o pai, que se autodenominava comunista, não tinha argumentos convincentes para reprovar. Poucos dias depois, ele estava do lado de fora da rodoviária de Porto Velho. Situada às margens do rio Madeira, a cidade tinha um aspecto atrasado. A diversão se concentrava em torno de uma fileira de bares na calçada acima da margem do rio. A música brasileira flutuava sobre as águas, onde os bebedores de cerveja protegiam os olhos do brilho do sol para ver os botos saltarem em arco para fora do rio barrento.

Marcelo tinha imaginado que sairia perguntando e alguém lhe apontaria o endereço do amigo ou a sede do Incra. Não foi tão fácil. Não trazia endereço nem número de telefone, por isso saiu vagando pelas ruas ensolaradas, na esperança de topar com um ou com outro.

Mas o que encontrou foi a Funai.

O pequeno escritório estava vazio e trancado. Porém Marcelo estava seduzido por uma concepção de índios baseada mais em romances que na realidade: eles compartilhavam tudo, não acumulavam nada, levavam vidas que raramente cruzavam com a burocracia da autoridade militar brasileira. A ideia de trabalhar na Fundação Nacional do Índio, num de seus postos avançados mais remotos, cativou sua imaginação. E assim ele decidiu corrigir o acidente geográfico de seu nascimento.

Esperou do lado de fora do escritório, mas ninguém apareceu. Foi informado de que o chefe do escritório local, Apoena Meirelles, estava num acampamento perto da cidade de Rio Pequeno, e Marcelo foi até lá para procurá-lo.

Apoena tinha 25 anos, era moreno e vigoroso, com cabelos espessos e um bigode, um homem que já se tornara uma lenda entre os exploradores da Amazônia. Pertencia a uma segunda geração de sertanistas, uma profissão exclusivamente brasileira, em que se é parte desbravador da selva, parte etnólogo e parte funcionário público. Seu pai, Francisco Meirelles, o Chico, conduzira muitas das expedições brasileiras para "pacificar" índios entre as décadas de 1930 e 1960.[1] Chico Meirelles seguia uma estratégia de assimilação, a ideia de que as tribos indígenas deviam ser integradas ao resto da sociedade brasileira, e não ficar isoladas dela. Lutou contra a criação de reservas indígenas, na crença de que encorajar a resistência indígena à inexorável marcha do progresso só criaria problemas. Essas teses ainda vigoravam na política indígena oficial brasileira no dia em que Marcelo cruzou a soleira da Funai e conheceu o filho de Chico.

Apoena fora criado entre os índios Xavante para ser um habilidoso mateiro, e quando chegou à idade certa, tomou as rédeas onde o pai as deixara, conduzindo enormes expedições "pacificadoras" selva adentro. No entanto, como muitos de sua geração, Apoena aos poucos estava se desviando da oposição estrita dos mais velhos ao protecionismo, e começara a advogar em nome da soberania dos índios e de seus direitos à terra. Mas ele era uma contradição ambulante, dividido pela ambiguidade que dilacerava o âmago institucional da Funai: era um defensor dos índios cujo envolvimento direto com questões indígenas frequentemente parecia causar mais danos do que benefícios. Suas expedições, lançadas sob o estandarte da proteção dos índios, às vezes incitavam conflitos violentos, o equivalente na selva às guerras de gangues, com baixas de ambos os lados. A revista *Cultural Survival Newsletter* tentou, em 1980, traduzir essa sinistra incoerência numa imagem explícita: se todos os índios que morreram em consequência das campanhas pacificadoras de Apoena fossem dispostos cabeça contra pés, a linha de corpos se estenderia por quase um quilômetro.[2]

Apoena ofereceu um emprego a Marcelo. Começou trabalhando pela comida, sem salário. Datilografava relatórios, aparava a grama em torno do escritório — qualquer coisa que Apoena lhe pedisse. Mas logo um dos pesquisadores de campo sugeriu que Marcelo estava se vendendo barato, que devia se matricular num dos cursos que a Funai começava a oferecer para recrutar uma nova geração de sertanistas.

O novo programa de treinamento era a última cartada do órgão para tentar limpar sua reputação institucional, que vinha se esfarelando por causa da corrupção e da incompetência. A Funai era relativamente nova, tinha substituído um órgão anterior, chamado Serviço de Proteção ao Índio (SPI), que desmoronara em 1968 sob um arrasador relatório sobre a venalidade da instituição. Um inquérito governamental com 5115 páginas tinha descoberto que, dos setecentos funcionários do SPI, 134 respondiam a acusações de crimes, enquanto outros 38 tinham sido contratados de modo fraudulento.[3] Agentes tinham massacrado tribos inteiras usando um pouco de tudo, de dinamite a veneno.

Funcionários haviam raptado meninas que eram forçadas a trabalhar como escravas. O ex-diretor do órgão era acusado de 42 crimes: "Não é somente pelo desvio de verbas, mas pela admissão de perversões sexuais, assassinatos e todos os demais crimes listados no código penal contra os índios e suas propriedades, que se pode ver que o Serviço de Proteção ao Índio foi, durante anos, um antro de corrupção e matança indiscriminada", disse a um jornalista da época o procurador-geral da República, Jader Figueiredo.[4]

A Funai substituiu o SPI pouco depois do relatório, e a nova instituição não perdeu tempo em levar adiante as práticas da predecessora. Em 1971, um médico que visitava a aldeia dos índios Parakanã, no estado do Pará, descobriu que 35 mulheres índias — e, não por acaso, dois agentes da Funai — estavam infectadas com uma doença venérea.[5] No ano seguinte, um agente da Funai disse à imprensa que o incidente na aldeia Parakanã não era um caso isolado. Depois de se demitir, ele disse que o órgão via os índios apenas como algo a explorar de todas as maneiras imagináveis, e não dava a menor importância à sobrevivência deles. Atacou duramente os ambiciosos planos do governo de rasgar rodovias por toda a Amazônia: os grandes projetos de desenvolvimento concebidos para incentivar o setor industrial do país estavam matando seus habitantes nativos. "Já estou farto de ser coveiro de índios", disse o agente. "Não pretendo contribuir para o enriquecimento de grupos econômicos às custas da extinção das culturas primordiais."[6]

Anos depois, Marcelo se daria conta de que a intenção da Funai de se renovar pelo recrutamento de novos sertanistas não passava de outra tentativa pouco entusiástica de encobrir, com uma campanha de relações públicas, problemas profundamente arraigados. Em 1974, porém, Marcelo era um otimista. Acreditava que se um número suficiente de agentes fosse sincero, a Funai poderia dar a volta por cima. Cogitou matricular-se no programa e foi informado de que precisava fazer uma prova de qualificação. A prova era em São Paulo.

Logo ele estava batendo à porta do pai na Vila Madalena, explicando que tinha voltado a uma das maiores cidades do planeta para que pudesse ter a chance de viver no meio do nada.

Se alguém encontrou pegadas humanas nas florestas do sul de Rondônia no final dos anos 1970, estas eram provavelmente de Marcelo. Ele caminhava por quilômetros, colecionando cicatrizes nos pés descalços à medida que palmilhavam o chão áspero da floresta. Carregando um arco e flechas, esquadrinhava a copa das árvores em busca de presas para caçar, procurando ouvir o silvado característico dos macacos-aranha peludos que podiam ser vistos balançando-se de galho em galho, um após o outro, em grupos de três ou quatro. Os macacos estavam a salvo. A mira de Marcelo com arco e flecha era lamentável.

Por quase doze anos, de 1979 a 1990, Marcelo viveu entre os índios Nambiquara. De início, seu trabalho era ajudar a organizar um programa que visava reabilitar os índios que se encontravam à beira da extinção. Foi contratado para mediar o contato entre os índios e os órgãos federais, incluindo o Ministério da Saúde, responsável por fornecer à tribo os remédios necessários para combater doenças às quais fora exposta pelos forasteiros.

Ainda nos anos 1960, os Nambiquara eram considerados uma das tribos mais primitivas da América do Sul.[7] Seus membros dormiam no chão desnudo, não trajavam vestimentas e usavam poucas ferramentas. O antropólogo francês Claude Lévi-Strauss passara quase um ano com eles nos anos 1930, observando que a população da tribo tinha diminuído de estimados 10 mil para 5 mil quando foram "descobertos" em 1907.[8] No caso dos Nambiquara, foi o sarampo que causou o maior dano. Uma epidemia em 1946 os atingiu tão duramente que, segundo a lenda, eles não conseguiam enterrar os mortos.

Marcelo viveu com um subgrupo dos Nambiquara, os Negarote. Em outros tempos, os Negarote eram 3 mil, mas em 1979 estavam reduzidos a meros dezoito membros. Seu território era uma área de transição entre a floresta e o cerrado e, assim como o resto da floresta de Rondônia e do vizinho Mato Grosso, ela estava encolhendo.

No princípio, Marcelo viveu com uma pequena família em sua oca, como um estrangeiro adotado. Os adornos indígenas que usava nas orelhas e em torno do pescoço não levariam ninguém a pensar que ele fosse um deles, mas os índios amavam Marcelo como alguém de seu próprio grupo. Ele adquiriu depressa a fama de rebelde dentro da Funai e parecia não se importar que sua aparente falta de lealdade institucional lhe valesse a desconfiança dos chefes. Em cartas dirigidas a eles, Marcelo batia forte nos funcionários que o governo enviava para ajudar a tribo em momentos de crise, tais como os empregados de uma clínica que não corresponderam às expectativas de Marcelo durante uma epidemia de malária em 1983. "Eles só pensam em seus contracheques", escreveu à sede da Funai, "e estão pouco se lixando para os índios."[9]

Em vez de se identificar com os colegas burocratas, ele preferia alinhar-se com as tribos. Os conceitos românticos que o atraíram para a Funai não se dissolveram no contato com os índios: ficaram mais fortes. Em vez de observar a cultura indígena a uma distância diplomática, ele mergulhava nela e tentava imitá-la, apesar de não estar completamente preparado para tanto.

Quando os índios comiam larvas pegajosas de inseto recolhidas após deixarem palmas de buriti no solo por quarenta dias, ele também comia, tentando ignorar em seguida o inchaço na garganta causado por uma reação alérgica. Por dois anos inteiros ele viveu descalço, até que seus pés ficaram tão feridos que foi obrigado a abandonar a ideia caso quisesse continuar acompanhando os outros homens quando caçavam. Depois disso, passou a usar sandálias. Ao longo desses anos com os Negarote, sua pele ficou salpicada de mordidas. Os carrapatos se agarravam a seus tornozelos e se aninhavam em seus cabelos, enquanto ele tentava arrancá-los do jeito que conseguisse. Sofreu os tremores de malária, mas tudo isso era parte do trato que fizera ao escolher aquele tipo de vida. *Se você quiser se unir à natureza*, descobriu, *tem que deixar a natureza se unir a você.*

Tamanho empenho fez milagres para suas relações com os membros da tribo, mas o preço cobrado era bem claro. Aquele estilo de vida, como muitos sertanistas antes dele tinham descoberto, limitava significativamente as perspectivas amorosas. Como agente de campo, namorar um membro da tribo teria sido uma falha ética imperdoável, e não era fácil encontrar outra pessoa que pudesse tolerar seu estilo de vida remoto e sob teto de palha. Para muitos agentes de campo da Funai, o leque de relacionamentos se restringe a assistentes sociais com inclinação para o trabalho de campo. No caso de Marcelo, foi uma enfermeira que se especializou em tratar as tribos da região. Eles acabaram casando durante os anos em que ele trabalhou com os Nambiquara, mas a relação terminou em divórcio — nada incomum entre os jovens agentes de campo. Seu relacionamento com as tribos da região se revelou mais duradouro.

Ele tentava dizer aos amigos e à família que os índios eram simplesmente mais felizes do que as pessoas com quem fora criado em São Paulo. Marcelo acreditava que a felicidade deles era inabalável: em circunstâncias que teriam reduzido muita gente a lágrimas, ele nunca viu os índios caírem em depressão. Sua falta de apego às aquisições materiais, seu ritmo sem pressa, seu contentamento em viver o momento presente — aos olhos de Marcelo, tudo isso tornava sua vida, relativamente simples, melhor do que a contrapartida moderna. Era uma generalização para lá de falsa, o que tornou Marcelo vulnerável a uma acusação desdenhosa: ele tinha se rendido ao mito do bom selvagem, via o mundo dos índios como uma espécie de retorno ao Éden, de Paraíso Perdido. O fato de a cultura Negarote — idílica ou não — estar desaparecendo diante de seus olhos definiu seu papel na tribo. Ele era um defensor, não um mediador de contato.

Na época em que fora viver com eles, os índios já haviam experimentado anos de contato ocasional com o mundo exterior. Cozinhavam sua comida na fogueira em panelas de alumínio e caçavam com armas de fogo. Marcelo algumas vezes os levou em seu jipe a uma cidade próxima para trocar flechas e colares artesanais por facas, machados, foices e munição. Tradicionalmente, a tribo era seminômade, percorrendo um amplo território para caçar e acompanhar as temporadas de determinados frutos, que brotavam em diferentes trechos de floresta em épocas diferentes. Mas, com as novas ferramentas e armas, não precisavam vagar por distâncias tão grandes. Ainda faltava muito para serem sedentários, porém Marcelo podia ver que as tradições estavam sumindo. E se sentiu um tanto culpado.

Tentou servir de exemplo ao abraçar vários dos costumes que os homens da tribo estavam abandonando. Nas caçadas, enquanto todos os demais carregavam armas de fogo, Marcelo levava seu arco e flechas. Em vez do estouro retumbante de uma espingarda, queria ouvir a nota suave da corda do arco sendo puxada, o murmúrio sibilante da flecha, o súbito silêncio após o contato. É claro que, quando ele mirava um pássaro numa árvore, quase sempre ouvia um som menos poético: o baque da flecha quando ficava presa num galho alto. Mais uma flecha feita à mão, o que representava um dia inteiro de trabalho, se perdia nas alturas inacessíveis da floresta.

Os índios o consideravam um sonhador ingênuo, até que um dia, durante uma longa caçada, ficaram sem balas de espingarda. Quando caminhavam de volta à aldeia, viram um bando de caititus fuçando entre as folhas da pista adiante. Todos olharam para Marcelo e para seu arco e flechas.

Ele passou o arco a um índio que era um atirador muito melhor. Em minutos, os caçadores marchavam de volta à aldeia, carregando as pesadas carcaças de dois porcos de pelos eriçados. Banquetearam-se durante dias.

Aquilo marcou para a tribo o início de uma espécie de retorno à tradição. Poucos meses antes, os Xavante do Mato Grosso entraram num conflito violento com madeireiros, e o governo começou a retirar suas armas, deixando-os à mercê das habilidades de arqueiros que tinham ficado enferrujadas à medida que a integração da tribo ao mundo moderno se tornava mais intensa. Os Negarote ouviram falar das dificuldades dos Xavante e decidiram que talvez Marcelo tivesse alguma razão: um retorno ao arco e à flecha podia ser sensato. Assim, por um ano e meio, eles abandonaram voluntariamente as armas de fogo e recomeçaram a entalhar flechas. O som das flechas no ar era o som de uma vitória para Marcelo: o tradicional tinha derrotado o moderno.

Mas a alegria durou pouco.

No início dos anos 1990, a escalada da pressão sobre os Negarote para que vendessem madeira de suas terras tinha chegado à beira de uma guerra.[10] Empresas madeireiras estavam negociando com tribos por toda a região, trocando alimento e armas pelo acesso ao mogno existente em suas reservas. Os Negarote, em parte por causa da insistência de Marcelo, se recusaram. Outro subgrupo dos Nambiquara — os Nambiquara do Campo — foi recrutado por madeireiros para pressionar os Negarote a entregar sua madeira. Madeireiros e garimpeiros começaram a contratar índios daquela tribo para servir de guias armados durante incursões no território dos Negarote. A ideia de arcos e flechas de repente pareceu estranha. Os Negarote pegaram suas armas. Em 1991, dois madeireiros e dois garimpeiros tinham sido mortos durante conflitos, o que ajudou a espalhar uma febre anti-índio que varreu as cidades do vale do Guaporé. Ataques às aldeias indígenas se tornaram comuns. Ameaças de morte contra não índios defensores das tribos — incluindo agentes da Funai, como Marcelo — subiram o tom de murmúrios para gritos. Alguém tentou incendiar a sede regional da Funai em Vilhena.

Marcelo ficou horrorizado. A felicidade que ele tinha jurado ser parte inseparável da vida dos índios parecia uma lembrança ingênua. Nos meses seguintes, até mesmo legisladores do Congresso dos Estados Unidos estavam falando sobre como a exploração ilegal da madeira e o comércio internacional do produto tinham tornado assustadoramente provável a perspectiva de violência em ampla escala. Durante uma audiência da Comissão para Assuntos Estrangeiros, uma testemunha descreveu Marcelo como um agente da Funai "que tem trabalhado incansavelmente para forçar o órgão e as autoridades locais a fazer cumprir a lei". A testemunha acrescentou que Marcelo foi obrigado a deixar Rondônia após anos de crescentes ameaças de morte.

Era verdade. Certo dia de 1992, a Polícia Federal teve de entrar na aldeia Negarote para resgatar Marcelo de uma troca de tiros entre índios e madeireiros. Ficou deitado na traseira de um carro da polícia enquanto o veículo se afastava a toda velocidade da aldeia, no temor de que, se alguém ligado aos madeireiros o visse, abriria fogo.

Foi levado até Vilhena, onde a polícia o enfiou no primeiro voo para Cuiabá, a mais de seiscentos quilômetros de distância. Ele só retornaria a Rondônia três anos depois, para assumir a liderança da Frente de Contato do Guaporé. E, quando voltou, sabia que, mesmo tendo alguns trunfos poderosos, as culturas tradicionais estavam quase impotentes diante do avanço de um exército mecanizado de recém-chegados.

Quando o mundo moderno chega arrasando, pouca coisa sobrevive à colisão.

Em meados de 1996, dias depois de Gilson lhes mostrar a misteriosa oca nos limites do acampamento madeireiro, Marcelo e Altair começaram a fazer breves incursões por ali em busca de vestígios do índio. Uma trilha estreita os levou a uma segunda oca, a menos de três quilômetros da primeira. Era construída no mesmo estilo da outra e tinha basicamente o mesmo tamanho. Também parecia ter sido abandonada recentemente.

Essas duas ocas sugeriam que o homem que as construiu estava levando um estilo de vida seminômade, vivendo num dado lugar e em seguida abandonando a área quando os estranhos se aproximavam demais. Mas essa conclusão não passava de hipótese, baseada na lógica e em alguns saltos da imaginação. Podia ser um índio que deixara sua tribo temporariamente, sondando a floresta antes de retornar à aldeia. Esse tipo de separação não era comum entre as tribos da região, mas sem mais informações eles não podiam descartar tal possibilidade. Para coletar mais provas, Marcelo decidiu empreender uma expedição completa, na esperança de descobrir aonde o homem tinha ido.

Convidou Vincent Carelli para acompanhar a Frente de Contato, que, além de Altair, incluía um elenco rotativo de mateiros experientes que os ajudavam a se embrenhar na selva e a montar acampamento durante incursões prolongadas. Na primeira expedição, o grupo incluía somente um outro empregado: Paulo Pereira, que tinha trabalhado por vários anos para a Frente de Contato antes que Marcelo assumisse a direção. Numa manhã de agosto, os quatro se reuniram no acampamento que a Funai montara recentemente a meio caminho entre as aldeias Kanoê e Akuntsu.[11] Apenas alguns dias antes, a área tinha sido declarada oficialmente uma reserva indígena — foi chamada de Terra Indígena do Rio Omerê, por causa de um rio próximo. Quando tribos até então isoladas eram expostas à sociedade exterior, os meses seguintes eram notoriamente perigosos, com tribos muitas vezes perdendo membros para doenças novas ou entrando em conflito com um fluxo inédito de visitantes desconhecidos. O novo acampamento servia como estação de campo, onde agentes de saúde podiam ficar se as tribos precisassem deles e onde a Frente de Contato podia monitorar a reserva e garantir que ninguém entrasse na área sem permissão.

Situado às margens de um riacho murmurante, o acampamento exibia uma cabana em forma de galpão coberta de palha, onde meia dúzia de pessoas podiam estender suas redes para dormir à noite.[12] As paredes de bambu eram forradas com mosquiteiros. No pátio externo, o zumbido de um gerador elétrico competia com os cacarejos de galinhas e galos garnisés que perambulavam por uma horta onde brotavam pés de milho, abacaxis e tomateiros.

Uma grande mesa de madeira dominava o espaço da cozinha, onde Marcelo desdobrou uma imagem de satélite do tamanho de um pôster, retratando o vale do Guaporé. Na imagem, as áreas virgens da floresta apareciam em verde-escuro. As clareiras parciais dentro dessas áreas eram de um verde pálido. As pastagens e outras porções totalmente desmatadas eram de um rosa cinzento. Cerca de metade da área fora desmatada, segundo a imagem, que era a mais recente que Marcelo conseguira da Agência Espacial Brasileira. No entanto, ela tinha sido feita havia mais de um ano, de modo que já estava ultrapassada. Um grande número de clareiras que eles tinham visto a caminho do acampamento não estavam refletidas na imagem de satélite.

Marcelo pôs o dedo no canto inferior esquerdo do mapa para indicar sua atual localização, enquanto os outros se inclinavam sobre a imagem e apuravam a vista. Marcelo então alfinetou os locais das ocas que eles tinham descoberto com a ajuda de Gilson, assim como duas fazendas próximas: uma pertencente ao proprietário da empresa madeireira e a outra, a dois irmãos, chamados Hércules e Denes Dalafini. Essa fazenda, de nome Modelo, consistia em alguns trechos de pastagem rodeados de floresta intacta. Olhando para a imagem, parecia muito provável que o índio tivesse se refugiado na floresta dos Dalafini, afastando-se das clareiras do outro lado das ocas.

Marcelo disse aos outros que, em sua opinião, o índio devia ter vivido na primeira oca por um bom tempo, mas que decerto abandonara a segunda oca poucos dias depois de tê-la construído. Quando ele e Altair visitaram a oca, encontraram sete pés de milho ao lado dela.

"Ele limpou a terra com as mãos", disse-lhes Marcelo. "Plantou o milho, mas partiu logo depois disso, sem esperar que crescesse."[13]

Marcelo pousou uma folha de papel vegetal sobre a imagem de satélite e, com um lápis, começou a criar um mapa delineando a expedição vindoura, que os levaria a adentrar a selva da Fazenda Modelo. Altair consultou as coordenadas de satélite para ajudar Marcelo a localizar as estradas de terra que teriam de atravessar para chegar o mais perto possível das áreas que pretendiam explorar a pé.

Planejaram visitar, pelo caminho, alguns trabalhadores das fazendas vizinhas para ver se poderiam lhes dizer algo mais sobre as propaladas tribos da floresta.

Altair disse a Marcelo que já tinha visitado uma dessas fazendas, mas não pôde explorar a propriedade.

"Tinha um cara armado guardando a porteira", disse Altair.[14]

Os latifundiários já sabiam que a Frente de Contato estava fuçando pelos arredores e pareciam determinados a dificultar ao máximo a investigação.

Antes de partir em expedição na manhã seguinte, o grupo visitou a aldeia dos cinco Kanoê para buscar dois novos integrantes da Frente de Contato: Purá e sua prima, Owaimoro.[15]

Marcelo acreditava que, caso o índio estivesse em algum lugar daquela floresta, dois índios que tinham passado a vida sobrevivendo no mesmo ambiente poderiam ser inestimáveis quando fossem buscar vestígios de presença humana. E, caso o grupo se deparasse com o índio em pessoa, Marcelo achava que Purá e Owaimoro podiam ajudar a Frente de Contato a comunicar-se com ele. Se o encontro, por fim, resultasse em um índio assustado encarando um grupo de desconhecidos, Marcelo imaginava que a Frente de Contato poderia usar toda a ajuda diplomática que conseguisse.

O grupo chegou à aldeia com um tradutor idoso que falava a língua kanoê. Esperaram que Purá e Owaimoro se preparassem para a viagem.

Purá encheu uma cesta de vime com mamões e milho e se armou de dúzias de flechas de bambu que amarrou num feixe com uma corda. Trazia no nariz uma grande pena atravessada, que fora extraída de um jacu igual ao que cacarejava em torno dos pés dele enquanto se arrumava. A camiseta que vestia — presente de um agente de saúde — estava toda esburacada, com mais de cinquenta perfurações resultantes de um ataque de formigas-cortadeiras.

Tal como o resto de sua tribo, Owaimoro tinha a compleição robusta de uma mulher que passara cada minuto de seus vinte e poucos anos numa selva que a obrigava a se defender sozinha. Seus pés descalços eram calosos, uma vez que costumava acompanhar Purá nas caçadas. As pernas eram curtas e firmes. Trazia brincos feitos de sementes e mais de uma dúzia de colares de corda e semente. Quase sempre usava o chapéu de duas peças de pele de veado e palma. Ao se preparar para seguir a expedição, trouxe seu mascote, um felpudo macaco-prego. Ele era seu companheiro constante. Havia uma corda presa a seu pescoço e amarrada a uma faixa em torno do peito de Owaimoro. O macaco ficava sentado no ombro dela em constante estado de agitação curiosa, espiando para lá e para cá, reagindo a cada ruído com um nervoso solavanco da cabeça.

Junto com o ancião tradutor de kanoê, eles se amontoaram no banco traseiro do Toyota, sentando-se ombro a ombro, tocando-se com as penas que ornavam seus ombros. Altair dirigia, Vincent levava uma espingarda enquanto Marcelo e Paulo os seguiam em outra caminhonete. Depois de cerca de duas horas de viagem, alcançaram uma pequena clareira e estacionaram ao lado da estrada. Descarregaram suas mochilas e cestas das caminhonetes e partiram a pé, iniciando uma expedição que, segundo acreditavam, duraria vários dias.

Caminharam através da floresta rumo à segunda oca que tinham encontrado previamente. Quando se aproximaram, Purá começou a esquadrinhar a área em busca de pistas. Segurando firme seu arco e flechas, pisava de leve em gravetos e folhas caídas, com Owaimoro seguindo seus passos. Marcelo dissera a todos que a oca parecia ter sido abandonada, mas Purá não estava convencido. Apontou para um anel cerca de 1,20 metro acima do solo, em torno do tronco de uma árvore. Não era um corte para tirar mel nem uma incisão em seringueira, usada para coletar o látex viscoso que quase todas as tribos da região empregavam como combustível em tochas de pau. Ele disse ao tradutor que não sabia qual poderia ser o propósito do anel.

Perto dali, a atenção de Marcelo foi atraída para algo que parecia um amontoado casual de folhas de palmeira, disposto no chão e alguns metros fora da trilha natural. As palmas tinham sido habilmente arrumadas para criar uma cortina de folhas atrás da qual um homem poderia se agachar, invisível. Purá e Owiamoro reconheceram naquilo um biombo de caça, uma parede de vegetação levantada para esconder um arqueiro à espera de que alguma presa selvagem se aproxime ao longo da trilha estreita. Examinaram a selva circundante em busca de vestígios de uso recente, mas não viram nenhum.

Quando encontraram a oca, Purá a observou durante alguns minutos por trás de uma árvore. Em seguida, caminhou em sua direção, com os olhos bem abertos.

Depois de rodear a oca, Purá removeu de seu exterior um pedaço de tronco de palmeira para criar uma abertura na parede. Espiou lá dentro e depois retirou a aba de seu chapéu e a pendurou num dos gravetos que se projetavam do beiral da oca. Atravessou a pequena porta que tinha criado.

Delgados fios de luz brilhavam através do teto trançado da oca. O pé escuro de Purá pisou na cinza macia, deixando uma pegada de dedos largos e levantando uma minúscula nuvem de pó. Com cuidado, deu a volta no buraco retangular no meio da oca. Através da abertura na parede, Marcelo entregou a Purá uma lanterna comprida. Purá dirigiu o foco para dentro do buraco e curvou a cintura para olhar o interior. Algumas varas estavam estendidas sobre o buraco e delas pendiam restos de fibras de cipó. Purá apanhou uma das longas varas e a introduziu no buraco, batendo com ela nas paredes de chão duro.

Marcelo se voltou para o tradutor e disse: "Não sei se essa oca é para uma pessoa ou duas". O tradutor perguntou a Purá se ele tinha alguma ideia.

Purá disse que não tinha nenhuma.

O tradutor examinou as fibras que pendiam das varas sobre o buraco e teorizou que aquilo tinha sido uma espécie de tipoia bem firme que ficava por cima do buraco, algo com formato de um assento.

"Ele dorme sentado", supôs o velho, "e não deitado. Fica dentro do buraco pela metade, mas não inteiro."

O grupo permaneceu ali por um tempo, arriscando teorias sobre a oca, o buraco e seu ocupante, que não passavam de suposições desconexas. A equipe já tinha feito alguma pesquisa e descoberto que, em toda a literatura sobre os índios de Rondônia, nunca houve menção a uma tribo que cavasse buracos semelhantes no interior de suas ocas. Marcelo contava que, ao ver aquilo, Purá e Owaimoro pudessem oferecer uma resposta que tivesse escapado aos outros, mas eles estavam igualmente desnorteados.

Por fim, o grupo deixou a clareira, buscando vestígios na vegetação que pudessem indicar aonde ir em seguida. Minutos depois do início da caminhada, Altair localizou algumas folhas mortas perto da trilha e diminuiu o passo. Havia algo errado.

Quando se inclinou para investigar, viu que as folhas cobriam um buraco fundo no chão.

Removeu as folhas, descobrindo um buraco que era no mínimo tão fundo quanto o de dentro da oca. Mas esse estava vazio. Ajoelhou-se na borda do buraco e remexeu no fundo — tão fundo quanto podia sem desabar para dentro — e sacudiu com força o que quer que estivesse lá. Conseguiu afinal soltar a coisa e puxou para cima uma estaca pontuda feita de paxiúba, uma palmeira de casca dura. A ponta da estaca tinha sido esculpida até ficar muito pontuda. Era uma de várias estacas que foram retiradas do buraco.

Uma busca cuidadosa na área revelou que diversos outros buracos do tipo tinham sido camuflados no subsolo.

A selva ao redor estava cheia de alçapões.

Acamparam tarde aquela noite, amarrando as cordas de suas redes aos troncos das árvores. Altair defumou carne de tartaruga numa fogueira, enquanto Marcelo estudava seus mapas de expedição. Planejavam continuar andando e, com base nos sinais claros de presença que já tinham encontrado, a perspectiva de um encontro cara a cara de repente se tornou real. Assustadoramente real, de certo modo. O índio que eles estavam rastreando observava costumes que os Kanoê não conseguiam compreender — como cavar aquele buraco dentro da oca —, por isso as chances de Purá e Owaimoro entenderem sua língua eram mínimas. Com base nas provas descobertas até então, Marcelo acreditava que o índio era de uma tribo não contatada. O encontro anterior de Marcelo com uma tribo assim, os Kanoê, tinha sido feliz, mas e se não passasse de um golpe de sorte? O histórico brasileiro de contatos iniciais sangrentos com tribos isoladas significava que o grupo não podia descartar a possibilidade de que o índio lutasse, caso fosse abordado por estranhos misteriosos.

Aquela noite todos estavam deitados em suas redes, exaustos, mas sem conseguir dormir. A causa, porém, não era a incerteza do encontro, mas o macaco de Owaimoro. A criaturinha não calava a boca. Estava amarrado a uma árvore e saltava em torno dela sem parar, num acesso de nervos, guinchando feito uma sirene. Quando mais ele guinchava, mais as outras pessoas grunhiam.

Todas menos Owaimoro. Se o macaco estava agitado, a agitação tinha um motivo. Ele era um par de olhos e de ouvidos extra numa selva cheia de ameaças. Owaimoro se levantou e começou a inspecionar o entorno do acampamento, seguindo as dicas do macaco. Os outros fizeram o mesmo.

Espreitando na vegetação ao lado das redes, encontraram a razão dos avisos que o macaco vinha tentando lhes dar: uma cobra.

Só uma pequena cobra, mas era uma coisa a menos para se preocupar.

Depois de alguns dias e noites na floresta, os esforços da equipe para rastrear mais indícios terminaram em frustração. A selva era gigantesca demais para esquadrinhar. Para chegar até seus limites, seriam necessárias múltiplas expedições, em muitos trechos de propriedades.

Como a Frente de Contato existia sob o amplo guarda-chuva do Ministério da Justiça, os integrantes da equipe tinham permissão de explorar as selvas da região, inclusive os trechos reivindicados por latifundiários particulares. Mas quando Marcelo e Altair começaram individualmente a fazer a ronda das fazendas da área, os empregados muitas vezes exigiam que mostrassem um mandado de busca específico — uma formalidade que obrigava Marcelo a perder alguns dias esperando que a papelada chegasse de Porto Velho. Quando estavam a caminho de explorar um pequeno trecho de floresta perto de uma fazenda chamada Cachoeira, o dono chegou a tentar impedir seu acesso à estrada pública que contornava a propriedade.[16] "Foi extenuante", escreveu Marcelo a seus superiores em Brasília, em setembro de 1996, quando relatou o incidente. "Sem nenhuma possibilidade de diálogo, determinei que abandonássemos o lugar imediatamente, e deixamos a propriedade."

Dentro da oca do índio isolado havia um buraco retangular, com cerca de 90 cm de comprimento, 45 cm de largura e 1,5 m de profundidade

Purá, membro da tribo Kanoê, coloca presentes em forma de comida fora de uma das ocas do índio descobertas durante expedição da Frente de Contato

Nas semanas seguintes à primeira expedição, Marcelo e Altair continuaram a explorar vários trechos de mata na região. Às vezes faziam breves incursões de dia, às vezes acampavam por uma noite ou duas. Durante uma dessas viagens curtas, os dois homens marcharam por dois dias ao longo das margens de um das dezenas de tributários que recortam as florestas do vale do Guaporé, supondo que o índio provavelmente faria sua casa perto de uma fonte de água. O rio serpenteava pela selva até a Fazenda Socel, uma propriedade que fazia divisa tanto com a fazenda da serraria quanto com o trecho de floresta dos irmãos Dalafini. Depois de montar acampamento na primeira tarde da viagem, Marcelo rabiscou algumas anotações sobre o que tinham visto.

> Mata limpa, alta, rica, exuberante. Muitos rastros de queixadas, antas, macacos gritando, mutuns voando e jacus assobiando, que beleza!!! Não vimos vestígios de presença indígena durante a caminhada, nem em um grande barreiro que passamos. Tempo seco e agradável, talvez à noite faça frio. Paramos para acampar nas margens do igarapé. Amanhã subiremos um afluente da margem esquerda, que deságua pouco abaixo. Durante a noite as cortadeiras atacaram, obrigando-nos a pendurar mochilas e mercadorias em cordinhas.[17]

Marcelo estava se sentindo em casa e amava aquilo. Rodeado por árvores grossas por todos os lados, era difícil às vezes imaginar que a paisagem fosse mais do que um reservatório de beleza natural. Na manhã seguinte, porém, ele e Altair descobriram dezenas de picadas que se entrecruzavam na selva, abertas por madeireiros que tinham sondado as matas cerca de cinco anos antes, a julgar pela vegetação que tentava se restabelecer ali.

A partir desse ponto da jornada, as anotações de Marcelo perderam seu tom entusiástico. Já não era tão fácil esquecer que as florestas tropicais eram campos de batalha e que as tribos indígenas não eram as únicas cujas formas de subsistência estavam intricadamente ligadas àqueles lugares verde-escuros do mapa.

A Frente de Contato construiu este acampamento na Reserva Indígena do Rio Omerê, a meio caminho entre as aldeias dos Kanoê e dos Akuntsu

3. Uma terra sem homens

Marcelo acreditava que o índio estava vivendo em algum lugar na selva que circundava a Fazenda Modelo, propriedade dos irmãos Dalafini. Nem placas nem cercas separavam aquelas terras das outras propriedades cobertas de floresta que faziam limite com elas; a área inteira parecia um trecho unificado de floresta equatorial. Mas, por todas as terras selvagens que se espalhavam por Rondônia, linhas invisíveis de propriedade dividiam a floresta em lotes individuais de cem hectares.

Era difícil encontrar um dono de terras que quisesse falar sobre índios, e muitos olhavam com ceticismo para qualquer um que tentasse trazer o assunto à baila. Sua desconfiança era fruto da história moderna da região, porque essa história fora virada de ponta-cabeça, reescrita por gente que olhava para o mundo através de um prisma diferente do dos fundadores de Rondônia.

O governo militar brasileiro começou ativamente a encorajar as pessoas a migrar para a região no início dos anos 1970.[1] O Instituto Nacional de Colonização e Reforma Agrária, o Incra, traçou as linhas das propriedades de cem hectares e começou a leiloá-las a preços irrisórios. Para estimular grande número de novos colonos, a quantidade de terra que um indivíduo podia comprar foi limitada a 2 mil hectares. O governo falava do solo roxo vulcânico do lugar, como se isso fosse um atrativo de luxo, sugerindo que Rondônia era perfeitamente adequada para a indústria agrícola. O presidente do Brasil no início da década de 1970, o general Emílio Garrastazu Médici, lançara um ambicioso programa de construção de estradas por toda a Amazônia, o qual, ele esperava, transformaria a maior floresta do mundo em território economicamente produtivo.[2] A propaganda oficial anunciava: "Terras sem homens para homens sem terra". Depois que uma estrada de terra foi aberta atravessando o centro do vale do Guaporé, a árdua viagem de seis dias de São Paulo ou do Rio de Janeiro até Porto Velho diminuiu para apenas três ou quatro dias.[3] O governo insistia: comprar os lotes de floresta era mais do que uma oportunidade econômica — era um dever patriótico. Médici alertava: se o Brasil não tirasse proveito do potencial econômico da Amazônia, outros países poderiam cair em cima dela e agarrar a oportunidade. "Integrar para não entregar" se tornou o mantra do governo.

Jaime Bagattoli era dono da serraria onde as duas ocas do índio foram encontradas, assim como da fazenda ao lado. Sua família se mudara do litoral para Rondônia em 1978, fisgada pelos rogos do governo.

"A gente ouvia aquele refrão — 'Integrar para não entregar' — o tempo todo na televisão", disse Bagattoli. "Eles realmente estavam tentando fazer a coisa certa. Era um projeto-piloto para a reforma agrária e parecia bem planejado."[4]

Quando Rondônia se tornou um estado em 1981, o governo militar lançou um projeto com financiamento internacional para asfaltar a rodovia BR-364, o que injetou vida nova no fluxo colonizador. Só em 1980, mais de 70 mil pessoas migraram para uma área cuja população não passava dos 110 mil no censo mais recente, de 1970.[5] E a rodovia ainda nem tinha sido asfaltada.

Quando o asfalto foi assentado em 1984, os colonizadores continuaram a vir de todos os cantos do Brasil. Em uma década, chegariam mais de 1 milhão de migrantes. A maioria era de sitiantes e lavradores que agarravam a chance de ter a própria terra em vez de trabalhar como arrendatários. "A BR-364 incitou uma corrida pela terra em Rondônia, numa rapidez e ferocidade sem igual desde a colonização do Oeste americano no século XIX", escreveu Jonathan Krandall num livro de 1984 sobre a colonização da Amazônia.[6] "Em nenhum outro lugar do mundo as pessoas estão adentrando territórios virgens na escala exibida em Rondônia."

Uma vez lá, os colonizadores precisariam desmatar suas terras caso quisessem ganhar algum dinheiro com aquilo. As árvores estavam caindo mais depressa do que jamais caíram em qualquer outro lugar do mundo.[7] Em 1978, cerca de 420 mil hectares acumulados de floresta foram derrubados por ano em Rondônia. Já em 1988, a cifra tinha pulado para 3 milhões de hectares por ano. Em 1993, o número era quase 4 milhões. E em 1996 mais de 5,2 milhões de hectares eram desmatados por ano no estado. Na época em que a Frente de Contato começou sua busca pelo índio isolado, mais da metade das florestas de Rondônia tinha sido arrasada.

Mesmo que os fazendeiros desmatassem suas terras, não havia garantias de obter lucro. É notória a pobreza de nutrientes do solo da Amazônia, e o de Rondônia é só ligeiramente melhor do que a média regional — cerca de 10% do solo de Rondônia é bom para a agricultura, comparado aos 3% da Amazônia como um todo, segundo Michael Williams, professor emérito de Geografia e Meio Ambiente da Universidade de Oxford.[8] Pequenos proprietários se esfalfavam para convencer o solo a produzir safras e, quando conseguiam, a titubeante infraestrutura comercial do jovem estado tornava a venda muito difícil. Os bancos e a Sudam (Superintendência de Desenvolvimento da Amazônia) favoreciam os latifundiários em detrimento dos pequenos proprietários quando concediam empréstimos. Muitos dos pequenos fazendeiros que se mudaram para Rondônia foram obrigados a vender suas propriedades. Investidores imobiliários se transferiram para o estado a fim de aglomerar lotes. Uma vez desmatados, o governo considerava que tais lotes tinham recebido "melhorias", o que permitia aos investidores obter lucros rápidos revendendo-os aos migrantes recém-chegados. Frequentemente esses recém-chegados eram grandes latifundiários. Por fim, cerca de 85% da terra desmatada em Rondônia foi ocupada pela pecuária.

"Na época, o governo pressionava as pessoas para que desmatassem a terra. Na verdade, o Incra tomaria a terra de volta se o dono não a desmatasse, dizendo que ele não havia cumprido com a obrigação de tornar a terra produtiva", disse Bagattoli. "Mas tudo isso mudou. Agora, eles te dariam um prêmio por não derrubar árvores. O governo nos empurrou para cá e depois tentou nos arrancar daqui."[9]

A mudança de atitude, disse ele, começou na época de promulgação da nova Constituição brasileira de 1988, que coincidiu com padrões internacionais mais rigorosos de exploração de madeira. Em Rondônia, porém, foram necessários vários anos para que alguém tentasse de fato fazer cumprir na prática as novas leis. Para muitos donos de terras, os membros da Frente de Contato foram as primeiras pessoas que conheceram a invocar a letra da lei. Marcelo e sua turma não relutavam em recitar o artigo 231 da Constituição: se houvesse índios vivendo numa parte da propriedade, a terra pertencia aos índios, a despeito de como ou quando a propriedade tivesse sido obtida.

Os latifundiários protestaram. Um grupo de fazendeiros da região contratou Odair Flauzino, advogado de Vilhena que também era fazendeiro, para servir como porta-voz oficial deles. Ele costumava falar abertamente contra Marcelo e sua equipe, desprezando-os como encrenqueiros que invadiram a região e depois apregoaram uma visão revisionista da história para tentar transformar cidadãos cumpridores da lei em criminosos. O governo estabelecera algumas reservas indígenas em Rondônia antes de leiloar os lotes de floresta nos anos 1970; por conseguinte, presumia-se que todas as terras vendidas estivessem livres de presença indígena. Anos mais tarde, quando a Frente de Contato encontrou vestígios de assentamento indígena numa área de fazenda, Flauzino alegou que isso não significava nada. Mesmo quando lhe mostraram artefatos, ele não arredou pé: vá ao Rio de Janeiro, argumentou ele, escave sob os arranha-céus e você poderá encontrar provas de que algum dia também viveram índios ali.[10] Mas isso quer dizer que todos os que possuíssem terras no Rio deviam entregar sua propriedade a uma cultura que não vicejava mais? Flauzino e seus clientes acreditavam que a resposta era óbvia.

Flauzino exibia os fazendeiros como representantes práticos da era moderna, enquanto os membros da Frente de Contato eram exploradores cabeças de vento que nutriam fantasias de um mundo perdido. É o tipo de argumento que ressoa entre muitos habitantes da Amazônia, pois não há como negar que a região — desde o início de sua história registrada — sempre atraiu uma legião de sonhadores enganados por sua imaginação.

Francisco de Orellana, o conquistador espanhol que comandou a primeira expedição para explorar a região na década de 1540, ia em busca do mítico El Dorado quando zarpou na correnteza daquele que mais tarde seria chamado rio Amazonas.[11] Segundo Gaspar de Carvajal, frade dominicano que acompanhou a expedição, os exploradores assim chamaram o rio por causa das mulheres guerreiras descritas na mitologia grega. Carvajal — a quem a história julgaria como narrador de relatos cômicos nada confiáveis — escreveu que os integrantes da expedição foram atacados por mulheres altas e de peitos nus que surgiram da selva e exigiram que os marinheiros se acasalassem com elas. Relatou que essa era a prática das amazonas: atacavam homens de outras tribos, forçavam-nos a se acasalar com elas, geravam crianças, matavam qualquer bebê do sexo masculino que nascesse e levavam adiante uma sociedade formada só de mulheres. Carvajal escreveu que os marinheiros satisfizeram como deveriam as ânsias de coito das mulheres e em seguida continuaram seu percurso rio abaixo, agradecidos por escapar com vida, mas absolutamente exaustos. Qualquer um que fosse àquela área para ver as nativas com os próprios olhos, Carvajal avisava, "ia como um menino e voltava como um velho".

Aquilo soou como um convite para os crédulos e os lascivos e logo de início corrompeu a ideia de exploração da Amazônia. Os historiadores zombaram do relato de Carvajal e o chamaram de fabulador tolo. Seus diários só foram publicados formalmente em 1894, pois ninguém de fato acreditava nele.

Séculos depois, os Carvajais de plantão ainda afirmavam que aquelas selvas — a milhares de quilômetros de onde a expedição de Orellana tinha passado — ocultavam culturas misteriosas e desconhecidas.[12] Nos anos 1970, a quilômetros da Fazenda Modelo, no mesmo vale do Guaporé, um etnólogo e fotógrafo alemão chamado Jesco von Puttkamer descobriu marcas em cavernas que apresentavam uma imagem recorrente: um triângulo atravessado por um corte profundo do ápice até o centro. As marcas eram semelhantes às que Carvajal tinha descrito nos adornos das amazonas. Altair Sales, antropólogo brasileiro, anunciou ao mundo sua convicção de que os símbolos representavam a feminilidade. Disse que as cavernas eram decoradas com máscaras que as mulheres deviam usar nas capturas de homens de aldeias vizinhas, e também disse que tinha encontrado um sítio de acasalmento ritual nas proximidades. Pouco depois da descoberta, a revista *Time* relatou: "Sales está convencido pelos artefatos de que o povo que os produziu eram de fato amazonas. Além disso, diz ele, pode ter havido antigamente várias tribos feministas vagando pelas selvas brasileiras". Militantes do efervescente movimento pela igualdade de direitos nos Estados Unidos acolheram a história como munição para sua causa política, embora a excitação provocada por ela viesse a se extinguir rapidamente quando não foi possível apresentar nenhuma prova concreta adicional. Para os fazendeiros da região, era mais um exemplo de como uma pequena ilusão podia distorcer o mais ínfimo vestígio de "cultura da floresta" para transformá-lo em fantasias destrambelhadas.

A selva era como um teste de Rorschach — as pessoas muitas vezes viam nela exatamente o que queriam ver.

A Fazenda Modelo dos Dalafini se estendia por quase dez quilômetros quadrados. Uma pista de cascalho levava aos dois prédios principais da fazenda: casas construídas em estilo mediterrâneo, com paredes de estuque branco e telhados de terracota. Elas são rodeadas por pastagens. O gado zebu pasta junto a açudes prateados que se espalham pela paisagem ali, como moedas atiradas. Entre as vacas adejam garças, que pousam aqui e acolá, buscando insetos revolvidos por cascos pesados. Corujinhas-buraqueiras mantêm vigia no alto dos poucos tocos rombudos que despontam da terra como fósseis.[13]

Logo depois que a Frente de Contato começou a vagar pelas matas, Hércules e Denes Dalafini passaram a trancar os portões de madeira basculantes, bloqueando a entrada em sua propriedade de veículos vindos da rodovia.[14] Confiaram a imposição do bloqueio temporário a um homem chamado Milton, o capataz da fazenda, que vivia numa casa de tábuas branca e verde a 1,5 quilômetro da entrada principal, estrada abaixo. Os integrantes da Frente de Contato do Guaporé tentaram ultrapassar o portão, mas foram despachados de volta por Milton. Se Marcelo e sua equipe quisessem entrar na propriedade, precisariam de um mandado.

Quando Hércules Dalafini pisou na varanda da casa-grande numa manhã de setembro de 1996, os membros da Frente de Contato — junto com alguns policiais e agentes do Ibama — estavam postados ao pé da escada.[15] Tinham conseguido ultrapassar os portões porque Marcelo já obtivera uma liminar da justiça permitindo-lhe acesso às terras.

Enquanto Hércules examinava os papéis, Vincent lhe perguntou se ele sabia do boato de que índios isolados viviam em sua propriedade. Hércules calmamente baixou os olhos para os degraus, fitou Vincent e respondeu que jamais ouvira falar daquilo.

A negativa de Hércules contradizia frontalmente as histórias que a equipe tinha recolhido de trabalhadores rurais da área. Eles não só tinham ouvido rumores sobre índios na Fazenda Modelo como ouviram dizer que um bando de pistoleiros fora contratado para expulsar os indígenas.

Em Rondônia, os fazendeiros costumam contratar matadores de aluguel para livrar suas propriedades inexploradas de índios ou sem-terra, às vezes com resultados sangrentos.[16] Em agosto de 1995, o dono de uma fazenda nos arredores de Corumbiara — a cidadezinha mais próxima da Fazenda Modelo — pagou a um grupo de policiais militares a fim de que se juntassem a seus próprios pistoleiros contratados para limpar sua propriedade dos sem-terra. Segundo um relatório emitido por uma comissão federal de investigação, os pistoleiros e a polícia tomaram de assalto o acampamento dos sem-terra enquanto os camponeses dormiam, ateando fogo às tendas. No caos subsequente, pelo menos onze pessoas morreram. Os pistoleiros teriam torturado e matado alguns camponeses, à maneira de execução.

Temendo por seus empregos, poucos funcionários da fazenda se dispunham a dizer qualquer coisa contra os patrões. Marcelo, Altair e Vincent, porém, esquadrinharam a região, tentando verificar rumores de que pistoleiros também haviam tentado limpar a floresta em torno da Fazenda Modelo. Um ataque armado contra uma aldeia indígena, acreditavam eles, talvez explicasse por que um único índio podia acabar sozinho, em sua fuga para dentro da selva.

Decidiram fazer outra visita a Gilson, o cozinheiro da serraria que lhes mostrara a primeira oca. Vincent perguntou a Gilson se ele já ouvira histórias sobre pistoleiros.

"Ouvi alguma coisa do que aconteceu na Fazenda Modelo", respondeu Gilson. "Mas não aqui. Esta é uma fazenda diferente."[17]

Gilson tentava apenas se proteger, temendo se ver em apuros junto aos patrões, caso a Frente de Contato começasse a interrogá-los também. Não prestou nenhuma outra informação, mas Vincent o pressionou com mais perguntas. Por fim, Gilson contou que ouvira dizer que pistoleiros encontraram índios na selva da Fazenda Modelo e que tinham atirado contra uma oca. "Não sei se mataram ele ou não, mas ele ficou assustado", disse Gilson.

Vincent continuou a exigir pormenores, mas o cozinheiro não sabia muito mais a respeito daquilo. Gilson lembrou a Vincent que estava correndo risco pela simples menção dos pistoleiros à Frente de Contato, e não parava de se remexer, nervoso. Como um aparte, disse que Milton, o funcionário da fazenda que normalmente vigiava os portões da Modelo, tinha feito uma visita a ele, Gilson, recentemente: corria o boato de que Gilson fora visto conversando com a Frente de Contato, o que motivou uma queixa.

Essa explicação final foi a coisa mais interessante que ouviram o dia todo.

Assim como seu chefe, Milton dissera à Frente de Contato que jamais ouvira falar de índios na propriedade.

A notícia da investigação da Frente de Contato se espalhou depressa entre os fazendeiros locais. Odair Flauzino, o advogado que representava os latifundiários da região, desprezou as buscas como mais um lance absurdo da Funai, órgão que ele passara a detestar depois de anos de batalhas amargas.

Na opinião de Flauzino, o escritório da Funai em Rondônia tinha saído dos trilhos algum tempo antes, nos anos 1980,[18] depois que João Carlos Nobre da Veiga fora forçado a entregar sua liderança do órgão por supostamente aceitar propinas.[19] Nobre da Veiga, um coronel do Exército que era presidente da Funai no período de construção da BR-364, tinha fama de ser amigo dos grandes fazendeiros. "Ele fazia declarações francamente anti-índio, e sua fidelidade aos grupos econômicos interessados nos recursos indígenas era explícita", escreveram Marianne Schmink e Charles H. Wood em seu livro *Frontier expansion in Amazonia.*[20] David Price, antropólogo americano que tinha trabalhado com Marcelo nos anos 1970, certa vez tentou dizer a Nobre da Veiga que talvez houvesse em Rondônia uma tribo não contatada que tivesse a ver com os Nambiquara. Segundo Price, Nobre da Veiga pôs para fora sua decepção: "Meu Deus, parece que trazem mais índios para esse país o tempo todo, só para criar problema!".[21]

Essa queixa era pronunciada com tanta frequência que se tornou um refrão por toda Rondônia, e Flauzino liderava o coro. Fazia sentido para ele: se a presença de índios significava que a floresta não podia se desenvolver, os que eram contra o desenvolvimento não iam querer convencer as pessoas de que viviam índios naquelas florestas? O que os impedia de tirar índios de outras tribos e simplesmente plantá-los no meio de terras destinadas ao desenvolvimento?

Flauzino estava entre as dezenas de milhares de brasileiros que afluíram para Rondônia durante a grande corrida por terras de 1980. Quando a BR-364 foi asfaltada em Vilhena poucos anos depois, ele e alguns outros latifundiários arranjaram um encontro com o general que viera participar da inauguração solene. Os fazendeiros disseram ao general que apoiavam totalmente o trabalho de pavimentação, mas não conseguiam imaginar por que 1600 km^2 das proximidades estavam sendo separados para uma reserva indígena. De acordo com Flauzino, o general disse ao grupo que a criação da reserva era exigida pelo

Banco Mundial em Washington. Sem a reserva, a instituição não concederia um empréstimo que ajudaria a pagar a construção da rodovia. Flauzino detectou uma sinistra conspiração internacional por trás daquela história. "Essa área da reserva era uma terra rica, fértil", disse ele anos mais tarde. "Sabe quanta comida podia ser plantada ali? Você se dá conta, é claro, que os Estados Unidos são a única superpotência mundial. E sabe por que são a única superpotência? Por causa de sua produção agrícola. Os Estados Unidos sabem muito bem que essa região tem o maior potencial de cultivo de todo o Brasil. É por isso que exigiram que aquela reserva fosse posta lá."

Depois daquele encontro, Flauzino arquitetou um plano para tentar convencer a Funai a permitir que os empresários locais entrassem nas reservas indígenas e recolhessem o mogno que, acreditava ele, seria desperdiçado. Em troca dos direitos de exploração da madeira, os empreendedores locais investiriam dinheiro em coisas que, imaginavam, os índios poderiam usar: escolas, pistas de pouso, uma estação de rádio e melhorias de infraestrutura. A Funai repeliu a proposta e — no modo de ver de Flauzino — um grande volume de potencial econômico simplesmente evaporou. "Teria havido ganhos iguais para todos", lembrou Flauzino em seu escritório de advocacia em Vilhena. "Mas não aconteceu. Eu lhe digo, se tivesse acontecido, eu não estaria aqui hoje. Estaria numa cobertura em Copacabana."

Por isso, ele começou a representar os fazendeiros cujas propriedades estavam sendo ameaçadas pela suposta presença de tribos indígenas. Foi nesse papel que topou pela primeira vez com o homem que se revelaria uma das maiores dores de cabeça que ele já tinha visto em forma de gente: Marcelo dos Santos.

Era 1986 e Marcelo estava vivendo com os Nambiquara quando lhe disseram que trabalhadores rurais tinham sido alvejados com flechas enquanto destruíam uma aldeia indígena na propriedade do patrão. Como representante local da Funai, Marcelo decidiu investigar a possibilidade de haver uma tribo isolada naquela propriedade, possivelmente aparentada aos Nambiquara. Com um grupo de homens da tribo, Marcelo vasculhou a área e encontrou potes de argila a céu aberto, pranchas gradeadas usadas para descascar mandioca e copos de madeira.[22] Um dos companheiros Nambiquara de Marcelo caiu num alçapão com estacas afiadas. Marcelo também achou um trecho de floresta derrubada onde bananeiras, inhames, batatas-doces, tabaco, algodão, mandioca, amendoim e milho tinham começado a brotar através dos restos de vegetação. Nenhum índio morto ou vivo foi localizado nas terras, mas em dois lugares encontraram cartuchos de calibre 38 e balas de espingarda calibre 20.

O problema era que o chefe da Divisão de Índios Isolados da Funai — Sydney Possuelo, que viria a se tornar chefe de Marcelo — tinha visitado a área no ano anterior e produzira um relatório que atestava não haver índios ali. Possuelo acampara na floresta e não localizara nenhuma presença indígena. Aquele "certificado negativo" tinha aberto a área para os madeireiros.

Tão logo Marcelo começou a vasculhar a selva em busca de mais provas, Flauzino tentou deter a investigação em nome do dono da fazenda. No mesmo dia, Marcelo e os índios encontraram os cartuchos e as balas. Flauzino voou até a fazenda num avião particular e lembrou Marcelo do relatório de Possuelo. Marcelo não desistiu, e assim começou uma feroz batalha entre os dois. Sydney Possuelo voltou a Rondônia para tentar esclarecer as coisas. Na chegada de Possuelo, uma multidão de fazendeiros se reuniu em torno do agente da Funai enquanto ele atravessava as ruas poeirentas de Corumbiara. Possuelo lhes disse que as descobertas de Marcelo não entravam necessariamente em conflito com seu relatório anterior. Afirmou que só fizera avaliar o estado atual da fazenda na época de sua visita, com base em suas observações.

"Não há dúvida de que ali viveram índios alguma vez", disse Possuelo aos fazendeiros, "mas já não vivem."[23]

Nos próximos dez anos, Marcelo e Flauzino se declarariam os vencedores daquela batalha, cada um convencido de estar certo. Marcelo contou às pessoas que seguramente uma aldeia indígena fora destruída havia pouco tempo naquela área, e Flauzino não parava de citar o relatório de Possuelo como prova de que nenhum índio estivera lá antes da expedição de Marcelo. "Sydney Possuelo, esse cara é um sertanista de verdade", disse Flauzino. "E quem é Marcelo dos Santos? Alguém que trabalha sob as ordens de Sydney Possuelo."[24]

Em 1996, Flauzino decidiu levar adiante a ofensiva quando a Funai tentou reservar terras para os Kanoê e os Akuntsu. Lançou uma campanha pública para desacreditar as "descobertas" da Funai. Contatou importantes jornais brasileiros com alegações de que o próprio Marcelo, na verdade, tinha plantado os índios nas terras. Respaldado por um ex-funcionário da Funai chamado Osny Ferreira, Flauzino disse que os Kanoê tinham sido trazidos da tribo Cinta Larga, na parte norte do estado, e transplantados para o vale do Guaporé.

Depois de ouvir sobre as queixas de Flauzino, Vincent visitou o escritório de advocacia com sua câmera de vídeo. Não contou ao advogado que era amigo de Marcelo, mas que desejava ouvi-lo explicar sua posição.

Flauzino, inclinando-se para a frente em sua cadeira de couro, agarrou uma matéria de revista que retratava Purá, Owaimoro e o resto dos Kanoê vestidos com shorts feitos de sacolas de sal. "Como, como, como?", perguntou Flauzino, apontando para a matéria. "Como é possível dar o mínimo crédito a uma história sobre índios vestindo roupas, índios que, dizem, nunca tiveram contato com brancos?" Prosseguiu, condenando a posição de Marcelo e ressaltando que a Funai recentemente recebera fundos do Banco Mundial para seu trabalho na área. Marcelo, sugeriu ele, estava nas mãos de uma instituição determinada a garantir que o Brasil permanecesse subdesenvolvido. E se lançou a um de seus temas preferidos: como as instituições estrangeiras, as organizações não governamentais e os ambientalistas não tinham o direito de se imiscuir nos assuntos domésticos do Brasil. "Os Estados Unidos mataram todos os índios dos territórios do Noroeste, depois de cruzar o Mississippi, e sabe do que mais? Isso permitiu que o país se tornasse o produtor mais poderoso do mundo!"[25]

Flauzino vinha alimentando teorias conspiratórias contra a execrável influência estrangeira desde o dia em que o general brasileiro lhe dissera que o Banco Mundial tinha encorajado a criação de uma reserva indígena. Ele podia parecer um fanático, mas o argumento de que o desenvolvimento do Brasil estava sendo retardado por influência estrangeira — e que a Frente de Contato do Guaporé era simplesmente um instrumento da "máfia verde" — encontrava eco entre os colonizadores de Rondônia. A Amazônia tinha se tornado tema de debate internacional. Sting e Madonna faziam concertos em sua defesa, e políticos americanos começaram a questionar o comando brasileiro da floresta. Quando o então senador Al Gore disse: "Ao contrário do que pensam os brasileiros, a Amazônia não é propriedade deles, mas pertence a todos nós", muitos no Brasil tomaram a afirmação como uma ameaça direta à soberania nacional.[26] Era uma grosseira hipocrisia receber sermão de gente de uma superpotência construída sobre o que foi outrora floresta e pradaria ocupadas por índios. O próprio Teddy Roosevelt dissera uma vez sobre a experiência americana: "O colono e o pioneiro tinham, no fundo, a justiça a seu lado; este grande continente não poderia ser mantido como nada além de uma reserva de caça para selvagens esquálidos".[27] Depois que deixou a presidência, Roosevelt tivera a chance de deleitar a vista justamente com aquela área do Brasil durante uma expedição fluvial. Disse ele: "A terra ao longo desse rio é uma ótima região natural para o gado, e algum dia sem dúvida conhecerá um grande desenvolvimento".[28] A Amazônia era a fronteira do Brasil, e pedir ao país que preservasse a floresta equatorial era o mesmo que pedir aos Estados Unidos cem anos antes que tirassem as mãos da área a oeste do rio Mississippi. Para os que defendiam o desenvolvimento, o futuro do Brasil dependia da Amazônia.

Fora do Brasil, os ambientalistas e os ativistas dos direitos indígenas podiam parecer os mocinhos, e os madeireiros e fazendeiros, os bandidos, mas no Brasil a coisa era mais complexa. Conforme as cidades se envergavam sob o peso do crescimento das favelas e da violência urbana, a ideia de que os brasileiros deviam ser impedidos de fazer uso de seus enormes recursos naturais parecia uma injustiça cruel. Cerca de três em cada cinco brasileiros sondados pela maior empresa de opinião pública do país disseram não confiar nas atividades das organizações ambientalistas. Em áreas de fronteira como Rondônia, a suspeita era ainda mais inflamada.[29]

Durante os debates sobre o grau de autonomia que se devia conceder aos grupos indígenas na Constituição de 1988, o jornal *O Estado de S. Paulo* publicou durante uma semana uma série de reportagens com a insinuação de que uma organização de missionários, que pressionava o governo a conceder mais autonomia aos grupos indígenas, fazia parte de uma conspiração internacional que visava enfraquecer o Estado brasileiro ao outorgar poder às tribos indígenas.[30] O *Estado* declarava que "documentos autenticados" provavam que interesses estrangeiros estavam tentando colocar mais recursos nacionais nas mãos dos índios, que depois seriam facilmente manipulados do exterior. As matérias eram infundadas — provou-se mais tarde que os documentos eram fraudulentos e forjados. Mas a suspeita que os artigos levantaram não se dissipou.

Quando Flauzino e os outros fazendeiros começaram a questionar os vínculos da Frente de Contato com organizações internacionais, muita gente interpretou esse vínculo financeiro como um golpe contra a credibilidade da equipe. No entanto, mesmo depois que a identidade de Purá e do resto de sua tribo foi determinada como Kanoê, e não Cinta Larga, graças ao estudo de sua língua, Flauzino permaneceu apegado à sua tese. Para ele e para os fazendeiros que ele representava, a batalha pela terra se tornara tão ferrenha que nenhuma quantidade de provas era considerada irrefutável se viesse de uma nova geração de radicais no interior da Funai.

"Tenho certeza de que Marcelo plantou aqueles índios lá", disse ele.[31]

Quando ouviu dizer que a Frente de Contato estava falando da possibilidade de haver mais um índio — o misterioso "Índio do Buraco", como alguns chamavam esse fantasma —, Flauzino se municiou para uma nova batalha contra o que descrevia como mais um delírio saído da boca de crédulos ingênuos.

Vincent Carelli em seu estúdio, 2008

4. A aldeia

Os integrantes da Frente de Contato tentaram conversar com mais trabalhadores rurais e donos de terras, mas só encontraram resistência e mais bloqueios. Sem liberdade para explorar as matas, Marcelo foi obrigado a recorrer à parte de seu trabalho que mais odiava: a burocracia. Por todo o mês de setembro de 1996, ele passou tanto tempo em gabinetes com ar condicionado quanto na selva. Mas, durante essa pausa, ele e os outros membros da Frente de Contato encontraram algumas pistas que ampliaram a investigação.

Marcelo viajou a Porto Velho, onde o Ministério da Justiça mantinha uma representação a serviço de Rondônia. Quando os integrantes da Frente de Contato queriam um mandado para vasculhar a propriedade de um fazendeiro, a história era sempre a mesma: tinham de solicitar um mandado ao procurador federal, perdendo dias valiosos à espera de uma resposta incerta que poderia paralisar uma investigação de modo permanente. No entanto, um novo procurador, Francisco Marinho, acabara de chegar ao escritório de Porto Velho em junho, e Marcelo vislumbrou uma oportunidade na ausência de vínculos do recém-chegado com a estrutura de poder político do estado — especialmente a indústria agrícola.

Como a maioria das pessoas em Rondônia, Marinho já tinha ouvido falar de Marcelo — especificamente, ouvira sobre suas descobertas das tribos Kanoê e Akuntsu. Também ouvira as acusações públicas de Odair Flauzino de que Marcelo tinha plantado as tribos naquela área. Quando leu pela primeira vez num jornal sobre a teoria da conspiração de Flauzino, Marinho não foi seduzido pela ideia. O jovem procurador tinha mergulhado nos casos de conflitos de terras no Brasil, conseguindo uma especialidade para si mesmo dentro do Ministério da Justiça, e sabia que aquele tipo de alegações infundadas da parte dos latifundiários era comum por toda a Amazônia.

Quando Marcelo se apresentou e disse acreditar que podiam estar vivendo nas florestas da região mais índios do que se imaginava, o interesse de Marinho ficou aguçado. Disse a Marcelo que poderia ajudá-lo a contornar os obstáculos dos fazendeiros, mas também disse que qualquer proteção federal que ele pudesse oferecer à Frente de Contato viria com um entrave: o próprio Marinho queria explorar a área primeiro.

Marcelo aceitou imediatamente a oportunidade de fazer uma visita com ele. "Não se pode proteger o que não se compreende", disse ele a Marinho.[1]

Naquele setembro, Marinho percorreu a selva perto da recém-estabelecida Terra Indígena do Rio Omerê e visitou algumas das fazendas nos arredores. No dia em que caminhava para as aldeias Kanoê e Akuntsu, viu um enorme incêndio — uma queimada proposital feita pelo proprietário de uma fazenda próxima — que, em suas estimativas, devastou pelo menos duzentos acres de selva circundante. Depois disso, Marinho se convenceu de que a Frente de Contato não só tinha o direito de explorar a selva que desejasse na região, mas também o *dever* de fazê-lo.

A partir de então, Marcelo poderia ligar direto para Marinho toda vez que a Frente de Contato encontrasse uma porteira trancada. Não haveria espera: a cada vez, Marinho enviaria imediatamente um fax com um mandado judicial exigindo que as trancas fossem levantadas.

Também em setembro, Marcelo e Vincent visitaram o órgão estadual encarregado da demarcação de terras. Descobriram que lá trabalhava um homem que tinha inspecionado as florestas nos anos 1970, antes que o governo leiloasse os lotes. Os irmãos Dalafini e os fazendeiros vizinhos haviam insistido que ninguém jamais mencionara a possibilidade de que índios tivessem vivido nas redondezas — uma afirmação, diziam eles, respaldada pelo simples fato de que o governo jamais teria leiloado os lotes de selva nos anos 1970 se houvesse índios presentes. Marcelo e Vincent, porém, achavam que se os fiscais do governo tinham explorado a área naquela época, devem ter tropeçado em provas, mesmo que os futuros compradores das terras não soubessem do fato.

O nome do fiscal era Luiz Cláudio, que convidou Marcelo e Vincent a sentar diante de uma prancheta inclinada, onde exibiu uma imagem de satélite das florestas de Rondônia. Cláudio lhes mostrou as terras que tinha explorado em 1977, uma área que incluía o que viria a ser a Fazenda Modelo. Quando Vincent lhe perguntou se ele alguma vez suspeitara da existência de índios por ali, Cláudio não fez rodeios: seu grupo de inspeção tinha visto trilhas que ele acreditava terem sido abertas por índios da área. Mais que isso: um dos parceiros de Cláudio de fato abandonou suas explorações, temendo um confronto com índios que, segundo ele, teriam invadido seu acampamento e mexido em suas coisas enquanto dormia.

"E o que aconteceu depois?", perguntou Vincent.[2]

"Nada", disse Cláudio. O governo simplesmente traçou as linhas de propriedade, disse ele, e os lotes foram leiloados. Até onde sabia, ninguém do Incra jamais soubera daqueles incidentes.

Marcelo e Vincent retornaram imediatamente para Vilhena, revigorados, ávidos por explorar a floresta de maneira mais esmiuçada do que jamais tinham feito antes. Estavam convencidos de que as negativas categóricas dos fazendeiros sobre a possível presença de índios na floresta eram deploravelmente desinformadas, no melhor dos casos, ou descaradamente fraudulentas, no pior. Pouco depois que voltaram de Porto Velho, um encontro num restaurante de beira de estrada os convenceu de que havia mais do que mera ignorância naquelas negativas.

Tinham combinado encontrar-se com um homem chamado Artur Pereira, agricultor de 46 anos que trabalhara alguns anos antes numa propriedade adjacente à Fazenda Modelo dos Dalafini. Pereira lhes contou que ele e alguns outros funcionários da fazenda estavam no encalço de um touro fugido na floresta perto do limite entre as duas propriedades. Pisaram na linha divisória invisível, pouco mais de 1,5 quilômetro dentro da mata reivindicada por Hércules e Denes Dalafini, quando avistaram uma oca de barro. A oca estava rodeada de trapos e, no solo próximo, encontraram os restos de animais selvagens — as carcaças de queixadas e antas, e penas de uma variedade de aves. Quem quer que vivesse ali estava fora de vista, mas uma fogueira ainda crepitava do lado de fora da oca.

"Achamos que devia ser ou de algum fugitivo que vivia por ali ou então de um índio", disse-lhes Pereira.[3]

Depois de deixarem a oca aquela tarde, Pereira disse que continuavam curiosos sobre o que tinham visto. Por isso, pediram à polícia de Chupinguaia que os acompanhasse numa segunda visita. Mas, segundo Pereira, os policiais com quem falaram não concordaram em ir, e Pereira jamais retornou àquela parte da floresta. Mas quando conversaram com boiadeiros que trabalhavam em duas outras propriedades vizinhas — as fazendas Expresso Barreto e Itapratinga —, Pereira ficou sabendo que a maioria deles já tinha ouvido relatos sobre índios não contatados que viviam na área. Alguns afirmaram ter ouvido dizer que um índio sozinho vivia naquele trecho da mata, fugindo de alguma outra tribo desconhecida. Outros suspeitavam que o índio fora expulso da tribo, disse-lhes Pereira.

Mas Hércules Dalafini tinha ficado de pé no alpendre, olhara nos olhos de Vincent e lhe dissera que jamais ouvira uma palavra sobre índios vivendo nas matas ao redor de sua fazenda. Vincent achou difícil acreditar que os proprietários da fazenda não tivessem ouvido os mesmos boatos, e perguntou a Pereira se ele achava que os donos da Fazenda Modelo poderiam ter conhecimento da oca que ele avistara nas terras dele.

"Na época, sim", disse Pereira, confirmando com a cabeça. "A gente até comentou com eles também, né, com o Denes, com o Hércules."

Por volta da mesma época, Marcelo recebeu da agência espacial outra grande imagem de satélite da área. Esta fora captada nos primeiros meses do ano, logo depois da estação das chuvas. Quando Marcelo a comparou com outra imagem de satélite do mês de julho anterior, percebeu que a imagem mais nova mostrava um perfeito retângulo rosa pálido, indicando um trecho desmatado no meio da selva da propriedade dos Dalafini. A mesma área tinha aparecido como floresta verde-escura na imagem anterior. Parecia estranho que um pequeno retângulo no meio da mata circundante, longe de qualquer das trilhas antes percorridas, tivesse atraído a atenção dos madeireiros. Quando os madeireiros visitavam áreas afastadas como aquela, era quase sempre para extrações pontuais — o corte de uma ou duas grandes árvores de madeira de lei que se erguiam em meio a outras árvores que não valia a pena cortar. Além disso, com base nas datas das imagens de satélite, a clareira com toda probabilidade fora feita durante a estação das chuvas, que vai de novembro até março, quando a indústria madeireira local costuma fechar as portas.

Ao planejar a rota para uma expedição, Marcelo decidiu que aquele misterioso trecho nu no meio da floresta seria um bom lugar para começar.

Fazia calor e o sol ardia bem acima das cabeças quando Marcelo se embrenhou na floresta no dia 13 de novembro.[4] O resto da equipe — Altair, Vincent e Purá — seguia numa fila mais ou menos reta. Era um percurso relativamente curto até a clareira — eles nem sequer planejavam acampar para passar a noite —, mas um percalço logo de saída os atrasou. Uma lasca de madeira penetrou fundo no calcanhar de Marcelo, e Altair foi obrigado a realizar uma cirurgia improvisada, arrancando o fragmento com seu canivete enquanto Marcelo apertava as mandíbulas e fazia caretas. Mas ele já estava de pé em poucos minutos, pisando o terreno áspero com suas sandálias baratas de plástico, carregando uma câmera no ombro e um tubo de plástico branco na mão. Enrolado dentro desse tubo estavam seus mapas e imagens de satélite, que indicavam que o grupo deveria alcançar a clareira em poucas horas.

Dentro da selva, Marcelo descobriu uma trilha de terra aberta através da mata. A trilha, balizada com marcas de pneus de buldôzeres e outros equipamentos pesados, os levou diretamente à clareira.

Pisar na clareira foi como pisar no vazio. As árvores tinham sido cortadas, os tocos, esmagados por buldôzer; e tudo o mais, incendiado. O solo estava nu em alguns lugares. Em outros, estava forrado de madeira carbonizada e coberto de moitas espinhosas.

Purá, que de pés descalços deixava pegadas de pombo nas cinzas, percebeu um talo que se erguia acima das moitas. Escavou a moita com seu facão e puxou para fora uma raiz ramificada. Cortou com facilidade o tubérculo marrom, revelando um cerne branco e macio. Levantou-o para mostrar a Vincent: era mandioca, uma cultura fundamental dos indígenas de toda a Amazônia, frequentemente plantada em hortas perto das habitações. Purá investiu com o facão em mais moitas e desenterrou mais mandioca. Quem quer que tivesse arrasado aquela área, o fizera poucos meses antes — tempo bastante para que a mandioca plantada começasse a brotar.

Do outro lado da clareira, Marcelo também descobrira alguma coisa.

Ele se inclinou e começou a retirar braçadas de capim morto. Debaixo havia um acúmulo de troncos derrubados, cortados grosseiramente num comprimento uniforme. Era o mesmo tipo de tronco de palmeira que as tribos indígenas às vezes usavam para construir suas ocas coletivas. Sob os troncos, tinha-se cavado um buraco profundo.

Nas horas que se seguiram, continuaram a explorar a clareira, vasculhando as moitas. Purá encontrou mais plantas, inclusive os resquícios de um pequeno milharal. Alguns talos esquálidos tinham começado a crescer de novo depois de arrasados pelo buldôzer.

E acharam mais buracos. Catorze ao todo, dispostos no que parecia ser um padrão semicircular através da clareira. Os buracos, por sua vez, eram retangulares, com profundidade aproximada de 1,5 metro — a mesma profundidade dos buracos que tinham encontrado dentro das duas ocas individuais. Em torno dos buracos, acharam mais troncos.

"Sabem o que era isso?", perguntou Marcelo, observando o cenário e comparando-o mentalmente com as ocas individuais que tinham achado depois de seu primeiro encontro com Gilson. "Não era só uma oca. Era uma aldeia inteira."

Mais tarde naquele mesmo dia, antes de deixar a Fazenda Modelo ao anoitecer, Marcelo, Altair e Vincent decidiram fazer uma visita surpresa a Milton, o capataz dos Dalafini.[5]

Foi Milton quem se queixara a Gilson depois de saber que o cozinheiro tinha falado com integrantes da Frente de Contato acerca de índios naquela área. Marcelo tinha falado com Milton antes, mas o capataz jurou ignorância: nunca ouvira falar sobre índio nenhum em lugar próximo da Fazenda Modelo. Mas, depois de terem passado um dia inteiro inspecionando o que acreditavam ser uma aldeia indígena destruída, Marcelo e Vincent concluíram que era a hora de um confronto direto.

O grupo o encontrou repousando no alpendre de sua casa de tábuas branca e verde. Sem esperar convite, Marcelo tirou as sandálias e ficou à vontade, sentando-se na grade do alpendre.

Milton parecia cansado. Estava sem camisa, vestindo apenas um short marrom, e espantava uma abelha que zunia acima de seus ombros. Um velho cachorro se espreguiçou ao lado dele. Quando Vincent lhe contou que eles vinham ouvido cada vez mais histórias sobre índios vivendo na área, Milton disse com enfado que não sabia de nada. Era sua resposta-padrão a praticamente qualquer pergunta que lhe fizessem. Vincent, no entanto, resolveu jogar um verde: disse que algumas pessoas já tinham dito à Frente de Contato que o próprio Milton lhes falara acerca de uma plantação indígena que ele conhecia na floresta.

"Mas sua... a sua situação tá ficando complicada. Tivemo lá agora na derrubada e vimo a roça dos índios", disse Vincent.

Milton inspirou fundo e logo se lançou numa comprida oratória, cheia de falsos começos, paradas e contradições. Admitiu ter visto a clareira. Disse que um empreiteiro tinha sido contratado para trabalhar ali, mas que não sabia muito mais a respeito disso. Era só um humilde lavrador, disse a eles, responsável por nada além de pastorear o gado que lhe davam para cuidar.

Marcelo ouviu, sem acreditar, e logo se virou para Vincent e acusou o capataz de estar mentindo para eles: "Acho que ele tá pensando que a gente nasceu ontem", disse Marcelo, assegurando-se de que Milton o escutava. "Ele foi lá, e fez, e limpou exatamente no lugar onde tava o barraco dos índios."

Milton de novo alegou inocência, porém Marcelo e Vincent não largaram de seu pé. Bombardearam-no com perguntas até ele admitir que a clareira na selva fora feita por empreiteiros naquele mês de janeiro, em plena estação das chuvas. Milton estivera na área enquanto os homens trabalhavam e tinha visto uma oca ainda de pé. Mas era tudo o que sabia.

Milton explicou a Vincent que se negara a falar sobre a presença de um índio na propriedade porque temia que lhe pedissem que entrasse na selva e encontrasse o índio — algo que ele não queria fazer.

"Não tô escondendo", insistiu Milton. "O negócio é que de repente cês vai querê pôr eu atrás desses índio, sendo que é uma coisa que eu não sei onde é que anda."

"Não, não", disse Marcelo, "o que a gente quer é que a pessoa fale só a verdade." Ele e Vincent continuaram a pressionar Milton para obter mais informações sobre os "empreiteiros" que fizeram a clareira na mata. Tinham sido contratados para afugentar um grupo grande de índios da propriedade e destruir sua aldeia? Em caso positivo, Vincent disse que isso corresponderia a rumores que eles tinham ouvido de que um grupo de pistoleiros fora contratado para eliminar qualquer vestígio de índio daquela floresta e que um único índio podia ter sobrevivido.

Milton, contudo, não tinha mais revelações a oferecer aquela tarde.

"Cara", disse ele após vários minutos de interrogatório infrutífero, esfregando os olhos e espiando de soslaio o quintal ao lado da casa, onde um par de galinhas cacarejantes ciscavam o chão seco e escuro. "Eu tô com a cabeça ruim, viu?"

Poucos dias depois, a Frente de Contato voltou à área onde suspeitavam que ficava a aldeia. Mas descobriram que outros já haviam chegado lá.

Empregados da Fazendo Modelo estavam passando o buldôzer sobre a mandioca e o mamão que tinham crescido acima do mato rasteiro nos meses seguintes ao desmatamento original da área. Estavam cobrindo o solo revolvido com sementes de capim.[6]

Marcelo se plantou na frente do buldôzer, bloqueando-lhe o caminho e exigindo uma explicação. O condutor desceu da máquina e enfrentou Marcelo, com as mãos na cintura, a camisa molhada de suor em torno do pescoço e nas axilas. Deu de ombros e levantou as sobrancelhas de modo despreocupado: tinha acabado de chegar, disse ele, e não sabia direito por que haviam lhe pedido que limpasse o terreno.

Marcelo não tinha a menor paciência com aquele tipo de descaso. Recolheu do chão uma tábua e a levantou diante do rosto do homem. "Você está destruindo uma aldeia indígena!"

Marcelo e os outros se recusaram a permitir que os trabalhadores continuassem, mas Hércules Dalafini logo chegou ao local, dizendo que os integrantes da Frente de Contato não tinham direito nenhum de estar em sua propriedade. Vinha acompanhado de um policial militar armado.

Depois de explicar ao policial que eles tinham um mandado da Justiça de Porto Velho que lhes permitia explorar a área, Altair passou a mostrar aos trabalhadores e ao policial um dos buracos fundos que havia na clareira. Explicou como as ocas individuais que haviam encontrado em outras partes da floresta apresentavam buracos semelhantes.

Vincent se ofereceu para mostrar ao policial mais provas em sua câmera de vídeo, que tinha gravado tudo, mas Dalafini se opôs. Dalafini reconheceu que o Ministério da Justiça permitira que funcionários da Funai explorassem sua propriedade, mas Vincent tecnicamente não era empregado da Funai. Dalafini disse que isso significava que Vincent e sua câmera estavam invadindo sua propriedade e que ambos deviam ser detidos.

O policial refletiu por um minuto e concluiu que não podia confiscar a câmera — mas podia prender Vincent.

Por ora, isso já satisfazia Dalafini.

Vincent rumou num carro de polícia para Chupinguaia com um minivideocassete enfiado na cueca, caso o policial mudasse de ideia e decidisse apreender a câmera. Poucas horas depois, o policial soltou Vincent. Ele telefonou para Marcelo e ambos bolaram um plano: Vincent permaneceria em Chupinguaia e tentaria misturar-se com os trabalhadores rurais ali e descobrir quem exatamente tinha desmatado a área no meio da selva e por quê. Em vez de sair dirigindo por aquela cidade de bangue-bangue numa caminhonete que denunciava sua filiação — e levantar suspeitas em todos os trabalhadores rurais que perambulavam por lá —, Vincent poderia passar despercebido e fazer um pequeno trabalho de detetive disfarçado.

Quem sabe, pensaram, o fato de Vincent não ser funcionário da Funai pudesse agir a favor da equipe.

Vincent nasceu na França mas, tal como Marcelo, fora criado em São Paulo numa família de artistas. Quando se conheceram em 1978, os dois jovens se afinaram imediatamente.

Vincent se iniciara na fotografia na adolescência e, por volta dos vinte anos, estava vivendo numa aldeia de índios Xikrin, no estado do Pará. Tinha sido atraído para lá por seus sentidos: o vermelho profundo do jenipapo que os índios espalhavam na pele, o ar perfumado de resinas, a pulsação quente da noite enquanto a tribo dançava à luz da fogueira. Ele queria imergir completamente na tribo, mas logo descobriu que eles sempre o veriam como um forasteiro, um estrangeiro amistoso que podia servir de tradutor cultural do mundo em transformação à volta deles. Ajudou a coordenar programas de saúde para os índios e forçou um melhor entendimento da cultura tribal por parte do governo brasileiro. Depois de ingressar na Funai em 1975, descobriu que discordava de seu empregador bem mais do que concordava. Demitiu-se do órgão dois anos depois.

Em 1979 fundou uma instituição sem fins lucrativos que chamou de Centro de Trabalho Indigenista (CTI) para lutar pelos direitos que faltavam aos índios do Brasil, como o direito de ter um advogado independente em disputas contra o governo. Depois, em meados da década de 1980, quando as câmeras de vídeo VHS começaram a conquistar o mercado no Brasil, Vincent vislumbrou uma oportunidade. As câmeras lhe permitiriam registrar e preservar as tradições culturais indígenas, seu folclore e as histórias tribais, em vias de rápido desaparecimento. Em 1987, aos 26 anos, começou a se considerar de novo um fotógrafo, um documentarista que arquivava as vidas dos índios com um objetivo político: dar a eles mais poder sobre os próprios destinos.

A paixão de Vincent pelo trabalho o levou a passar quase tanto tempo nas florestas da Amazônia quanto Marcelo. A primeira mulher de Vincent — ele viria a se casar três vezes — era antropóloga. Ela o acompanhava com frequência nas viagens, e vice-versa. O estilo de documentário de Vincent era em parte moldado pela sensibilidade compartilhada por ambos acerca de como os pesquisadores de campo influenciavam as vidas de seus sujeitos, de modo consciente ou não. Uma de suas primeiras descobertas foi que, ao filmar as pessoas da tribo, ele jamais poderia simplesmente desaparecer nos bastidores e permitir que a câmera fosse um invisível olho rodopiante. Em lugares sem eletricidade ou tecnologia moderna de nenhum tipo, a câmera saltava à vista o tempo todo, e era inevitável sua influência sobre a ação que ela testemunhava. Ele se debatia com filmes que lhe pareciam fundamentalmente desonestos. Durante a gravação de seu primeiro filme — realizou filmagens da tribo Nambiquara com a ajuda do amigo Marcelo —, Vincent descobriu que os índios estavam conscientes de que as imagens que ele captava podiam ser manipuladas. Quando ele os filmou durante um ritual de celebração, o chefe do grupo viu a gravação e quis uma refilmagem. Para o chefe, o filme devia enfatizar um elemento de ferocidade no ritual, que ele julgava necessário para mostrar a competência do grupo na defesa de sua cultura. Vincent o deixou fazer isso, e os próprios Nambiquara se tornaram coprodutores do filme. Logo, em todos os seus projetos, Vincent estava ensinando os índios a operar as câmeras e a editar eles mesmos as filmagens. O arquivo visual que ele estava montando transbordou do Centro de Trabalho Indigenista. Vincent fundou uma nova instituição não lucrativa com o nome de Vídeo nas Aldeias.

Quando exibia os filmes em universidades e festivais de cinema, os acadêmicos costumavam se queixar de que ele estava poluindo a pureza da cultura indígena ao introduzir nela a tecnologia moderna. Outros diziam que ele denegria o papel das mulheres na tribo ao permitir que os homens — os que agiam como chefes da tribo em quase todos os assuntos — tivessem mais controle sobre o filme. Para ele, no entanto, aquelas críticas traíam uma ignorância da verdadeira vida da maioria das aldeias indígenas da Amazônia. Aqueles críticos tentavam olhar para tudo através das lentes distorcidas do que achavam que a Amazônia *deveria* ser, e não do que era, e objetavam quando as imagens não combinavam com seus ideais. Quando os acadêmicos condenavam como "paternalistas" todos os esforços para contatar tribos isoladas — mesmo as situadas no caminho do desenvolvimento —, porque diziam que isso mostrava os exploradores como protetores superiores de uma raça desamparada, Vincent lhes perguntava qual seria a alternativa. Retirar-se e deixar que as culturas fossem esmagadas? Em seu trabalho como defensor das tribos Brasil afora, ele tinha visto repetirem-se os efeitos de uma abordagem não intervencionista: as pessoas morriam. Era inevitável que, mais cedo ou mais tarde, alguém — fossem madeireiros, seringueiros ou garimpeiros — descobrisse os índios, e esses encontros não planejados quase sempre davam errado, como na vez em que um seringueiro infectado com sarampo encontrou a tribo Tupari em 1954 e transmitiu uma infecção que, no prazo de uma semana, reduziu à metade a população de duzentas pessoas da tribo.[7] O avanço do mundo moderno podia ser inevitável, mas Vincent não achava que a morte das tribos também devia ser.

Já fazia décadas que as culturas de todas as tribos que Vincent visitava vinham se transformando, desde que começaram a fazer contato visual com a sociedade brasileira dominante. Ele considerava seus filmes instrumentos políticos, planejados para ajudar a dar aos índios uma voz mais forte, permitindo que *eles* determinassem como sua sociedade evoluiria. Por meio das filmagens em vídeo, ele esperava encorajar tanto os índios quanto os não índios a ver as tribos de um ângulo incomum: não como os *outros* isolados, mas como seres humanos.

Quando Vincent começou a trabalhar com a Frente de Contato para investigar a possibilidade de que um índio estivesse refugiado no vale do Guaporé, este era o plano que ele esperava que a equipe seguisse: encontrar o índio, fazer contato pacífico com ele, protegê-lo dos fazendeiros e madeireiros — e depois deixá-lo seguir a própria vida. Não manter nenhuma expectativa sobre ele, não imaginar que ele devia gratidão aos que o tinham contatado, dar-lhe o poder de dirigir seu próprio caminho. Se isso era paternalismo, parecia preferível à alternativa que, para Vincent, soava como apatia ou paralisia causada pela abstração intelectual.

Depois de ser preso na fazenda dos Dalafini, Vincent logo foi solto. Guardou sua câmera de vídeo na mochila, junto com uma pequena câmera do tamanho de uma caneta que conseguia captar imagens relativamente nítidas quando oculta no bolso da camisa, onde ele tinha aberto um minúsculo orifício, que só podia ser visto por quem soubesse de sua existência. Ele esperava chegar à essência dos boatos fragmentados que a equipe tinha recolhido com os empregados das fazendas.

O traçado de Chupinguaia era uma grade imperfeita composta de ruas de terra esburacadas, onde homens sem camisa matavam o tempo em botecos de calçada a céu aberto com garrafas de cerveja Skol nas mãos.[8] Algumas oficinas de automóveis ficavam na rua principal e anunciavam seus serviços pendurando pneus sobressalentes e calotas na fachada. Galinhas desgarradas ocupavam a praça central. O melhor restaurante da cidade ficava enfiado num casarão verde perto da praça, cujo dono alugava quartos nos fundos a qualquer um que precisasse de um teto. Era a coisa mais próxima de um hotel que se podia encontrar em quilômetros.

Vincent ocupou um quarto ali e se estabeleceu para uma breve estada. No primeiro dia, passou algumas horas perambulando pela cidade, tentando ao máximo parecer um local, na esperança de localizar os melhores lugares para começar a perguntar sobre alguém que tivesse sido contratado para trabalhar na Fazenda Modelo na última estação de chuvas. Quando voltou ao que começava a considerar seu "hotel", por falta de nome melhor, entabulou uma conversa com o simpático proprietário.

O proprietário tinha contatos por toda a cidade e parecia uma pessoa adequada para se perguntar sobre o boato de que a Fazenda Modelo tinha contratado gente do lugar para expulsar índios da propriedade. O dono da casa ficou ligeiramente tenso, o que Vincent interpretou como sinal de que ele sabia de alguma coisa. Mas ficou claro que não. No entanto, conhecia alguém que sabia, o que para Vincent era igualmente bom.

Vincent pediu para ser apresentado, mas o proprietário foi cauteloso. Temia que pessoas erradas pudessem descobrir, chamando atenção indesejada para seu contato. Mas depois que Vincent lhe assegurou que seria discreto, o proprietário cedeu. Não precisavam ir muito longe para o encontro: seu contato era a mulher que cozinhava e lavava louça na cozinha de seu restaurante.

Seu nome era Maria Elenice. Vincent explicou a ela que tinha ouvido dizer que alguns trabalhadores rurais foram contratados para limpar um terreno na Fazenda Modelo durante a última estação chuvosa, e ele achava que talvez fossem de Chupinguaia. Ele estava procurando por gente que soubesse algo a respeito.

Ela ficou aterrorizada. O restaurante, bem ali no meio da cidade, obviamente não era o lugar para falar. De fato, ela nem estava certa de que queria falar — tinha de pensar a respeito, disse.

No dia seguinte, Vincent tentou pescar em outras fontes, mas suas pistas deram em nada. Assim, foi até a casa de Maria Elenice e esperou por ela. Calculou que a visão de uma câmera de vídeo seria um inibidor de conversas instantâneo, por isso tinha escondido a câmera no bolso da camisa. Planejava gravar a fala dela, supondo que, se ela falasse, precisaria reunir todas as provas que pudesse obter para convencer as autoridades locais a tomar uma ação legal contra qualquer um que ameaçasse a vida dos índios.

Maria Elenice o convidou a entrar, e eles conversaram por uma hora no quintal da casa.[9] Ela lhe contou que um empreiteiro tinha contratado seu ex-namorado para ajudar a desmatar a área de floresta na Fazenda Modelo. Disse a Vincent que até ela chegou a ir à clareira algumas vezes, para ficar com o ex-namorado enquanto ele trabalhava na selva. Na época, disseram-lhe que três índios foram vistos na área e que os primeiros trabalhadores a chegar lá os afugentaram. Tudo isso tinha ocorrido perto do Ano-Novo, o que sincronizava seu relato com a estimativa que tinham ouvido de Milton, o capataz dos Dalafini.

Vincent voltou para o hotel em êxtase com a descoberta, mas o dono do hotel não estava tão animado. Disse a Vincent que alguém tinha passado pelo restaurante perguntando por ele. O dono disse que se Vincent temia por sua segurança, era melhor manter a discrição.

Mais notícias desagradáveis chegaram quando Vincent voltou a seu quarto e pôs a fita para rodar: a imagem granulada de Maria Elenice estava razoável, mas o áudio era horrível. Não se entendia uma só palavra da fita.

Aquela noite, Vincent empurrou a cama contra a porta — só para prevenir, caso alguém tentasse irromper quarto adentro e surpreendê-lo — e decidiu voltar a falar com Maria Elenice na manhã seguinte.

Explicou que precisava que ela repetisse o que já tinha lhe dito de modo que ele pudesse gravar o depoimento. Garantiu que jamais exibiria a imagem dela e que jamais revelaria seu sobrenome.

"Essa noite eu já nem dormi, com esse problema aí, ó", contou-lhe Maria Elenice, fumando um cigarro, sentada num banco em seu quintal. "Eu tô pensando até amanhã de sair daqui e ir embora. Tô nervosa, nervosa, nervosa."[10] Disse que tinha acabado de ver num bar próximo o empreiteiro que contratara o namorado para desmatar o terreno.

Vincent tentou acalmá-la, e ela acabou decidindo que contar mais coisas a ele na verdade podia livrá-la de um fardo. "É triste, viu", disse ela. "A gente se envolve nesse tipo de coisa depois... ficar calada é pior."

Ela entrou em mais detalhes, dizendo que seu namorado de fato tinha sido contratado para terminar o processo de limpeza queimando o terreno — a maior parte do trabalho fora concluída antes da chegada dele. Os trabalhadores que fizeram o desmatamento inicial tinham acampado na área e disseram ter visto três índios. Esses índios não usavam roupas, disse ela, somente algumas penas.

Vincent lhe perguntou se os trabalhadores haviam destruído ocas de índios. Ela disse que sim: a mulher de um dos que desmataram a área o ajudou a destruir uma oca e a incendiá-la.

Maria Elenice disse que os donos da fazenda tinham fornecido os tratores e o equipamento pesado aos trabalhadores. Estes foram instruídos a varrer quaisquer vestígios de índios, disse ela, e a cobrir os buracos que eles tinham cavado.

"E a senhora acha que eles mataram ou não mataram os índios?", perguntou Vincent.

Ela disse acreditar que não — os trabalhadores decerto teriam se gabado de semelhante coisa, caso a tivessem feito, disse ela. E depois de terem afugentado os índios no início, os trabalhadores mais tarde viram um índio sozinho, completou. Ele fugiu assim que os viu, disse ela.

Dois dias depois, Vincent regressou a Vilhena, animadíssimo, ansioso por levar as fitas ao Ministério da Justiça e processar os Dalafini por tentar extinguir uma cultura sem dúvida única da face da terra. Mas quando ele e Marcelo falaram com o gabinete do procurador, seu entusiasmo se apagou, pois lhes disseram que não se admitia fita de vídeo nos tribunais.

Mesmo com os relatos que estavam coletando e com as provas que encontraram, ninguém parecia estar preparado para tomar uma ação legal, a menos que eles provassem que os índios haviam sido mortos. Era impossível provar: não tinham encontrado nenhum corpo. Muitos oficiais de justiça e políticos locais tinham vindo para Rondônia para se tornar eles mesmos fazendeiros, e não pareciam dispostos a correr o risco de irritar seus eleitores mais importantes sem provas irrefutáveis.[11] Quando Marcelo e Vincent tentavam explicar seu ponto de vista aos agentes que cresceram num ambiente de fronteira, o exercício se revelava inútil. Ainda que algum índio tivesse sido morto, muitas pessoas com quem falavam não davam sinais de incômodo.

Mas toda vez que precisavam se lembrar de que lidar com os colonizadores de Rondônia não era uma tarefa em vão, tudo o que tinham de fazer era olhar para o jovem que os acompanhava em quase todos os lugares por onde viajavam. Altair Algayer conhecia desde sempre os colonizadores, os fazendeiros e os madeireiros. Antes de se juntar à equipe, ele de fato tinha sido as três coisas.

Altair Algayer fotografado em 2008

5. O ambientalista acidental

Tinha apenas catorze anos de idade, mas no instante em que levantou o pé para pisar no ônibus que rumava para o oeste, Altair se tornou um homem.

Um amigo de seu pai que se mudara recentemente para Rondônia escreveu sobre o lugar como se fosse uma espécie de Eldorado. Lá um homem podia encontrar um futuro claro e brilhante, seu pote de ouro no fim do arco-íris. Pelo que o homem dizia, o passado não importava, tudo recomeçava do zero, e até mesmo o lavrador mais pobre tinha uma chance justa de prosperidade. Em Rondônia ninguém tinha patrão. Era o sonho de todo homem e o governo o entregava de bandeja: estava praticamente dando terra a qualquer um que prometesse desmatá-la e torná-la uma peça da economia nacional.

Era uma ideia fascinante para alguém como o pai de Altair. Os pais do próprio Alfredo Algayer tinham vindo para o Brasil na onda de imigração alemã no início do século XX, que se fixara no estado de Santa Catarina. Vinham com sonhos de autorrealização, mas depois de duas gerações tentando arrancar prosperidade da propriedade de terceiros, suas esperanças ficaram paralisadas num beco sem saída de dependência econômica. Por mais pesado que trabalhassem, não conseguiam acumular o bastante para comprar a terra que lavravam.

O avô de Altair, o patriarca que trouxera a família para o Brasil, redirecionou suas esperanças para o céu. Nos anos 1980, missionários evangélicos americanos identificaram o Brasil como a região mais promissora do mundo para sua expansão internacional. A pobreza rural correu para mergulhar suas cabeças nas águas batismais, famintas por um renascimento pentecostal. Entre 1980 e 2000, o número de brasileiros que se identificavam como evangélicos no censo nacional mais do que duplicou, chegando a cerca de 26 milhões.[1] Quando aderiu ao movimento, o avô de Altair quis que o neto se juntasse a ele. Altair acabava de esgotar as possibilidades do sistema escolar de sua cidadezinha, tendo concluído a quarta série, e o avô tinha se mudado havia pouco para outro município que exibia dois prédios que, na sua opinião, fariam bem a Altair: uma igreja evangélica e uma escola secundária. Alfredo Algayer deu ao filho de onze anos uma opção: podia viver com o avô na cidade e continuar os estudos ou permanecer aqui com mãe, pai e irmãs e trabalhar na lavoura. Altair escolheu ficar.

Como filho mais velho e único homem, cabia a Altair muito do trabalho braçal na fazenda. O esforço dele ajudou a manter a família autossuficiente, até o dia em que seu pai recebeu a carta do amigo em Rondônia. O homem garantia a Alfredo que, se a família trabalhasse por lá durante um único ano, teria dinheiro suficiente para comprar um lote. O homem alertava Alfredo a não demorar: levas de gente estavam chegando de ônibus pela BR-364 todos os dias, agarrando todo e qualquer pedaço de chão sem dono.

Era tempo de plantio em Santa Catarina quando a carta chegou, e Alfredo não podia abandonar a fazenda ainda. Assim, seu olhar se voltou para o filho. Altair tinha uma boa cabeça sobre os ombros, e esses ombros já estavam acostumados a carregar o fardo de um homem adulto. Bastava esquecer a data estampada em sua certidão de nascimento para ver que Altair não parecia muito diferente do resto dos pioneiros que embalavam seus pertences e caíam na estrada rumo ao oeste. O garoto era jovem, mas não era bobo.

Assim, Alfredo Algayer mandou o filho para Rondônia a fim de sondar a região, encontrar um pedaço de terra e ganhar algum dinheiro que desse folga à família quando viesse reunir-se a ele no ano seguinte. O amigo prometera cuidar dele até lá.

Antes de Altair embarcar no ônibus, o pai lhe entregou uma carta a ser mostrada a qualquer um que indagasse por que um menino estava viajando sozinho pelo país afora. A assinatura do pai no pé da página dizia que Altair não era nenhum delinquente irresponsável: estava viajando a serviço da família.

A mãe também lhe deu algo para a viagem: um farnel de frango com farofa. "Coma no ônibus", ela lhe disse. "Você não precisa comprar comida logo no primeiro dia."[2]

A viagem de ônibus de 3200 quilômetros durou três dias e três noites. Todos os assentos estavam tomados, ocupados por migrantes como ele, impelidos rumo a Rondônia. A maior parte da estrada não tinha pavimentação, com muito pouco cenário ao redor para entreter a vista: "pousadas" com teto de zinco, onde viajantes exaustos podiam pendurar suas redes para dormir, e postos de gasolina que bombeavam o combustível de grandes tonéis metálicos.[3] A estrada se revelou intransitável em três ocasiões, e a cada vez os passageiros desciam do ônibus, retiravam a bagagem do compartimento de carga inferior e chapinhavam pelo atoleiro até o lado seco da rodovia para esperar que outro ônibus os recolhesse. Da última vez que isso aconteceu, no escuro da noite, Altair patinou em lama profunda com sua bagagem e em seguida voltou para ajudar passageiros idosos que pelejavam para carregar caixas de papelão nas costas. Aquelas caixas estavam estourando, e Altair se deu conta de que continham todos os pertences daquelas pessoas. Para fazer a viagem, elas haviam penhorado tudo o que possuíam, atravessando aos tropeços um círculo do inferno para chegar a uma terra prometida que ainda nem conseguiam imaginar.

Ele por fim chegou à pequena cidade de Alta Floresta do Oeste, a algumas horas de carro de Vilhena, onde o amigo do pai o acolheu em sua casa. Altair logo arrumou um emprego de mecânico numa oficina. Não pagava muito, mas Altair poupava tudo. Comprou uma motosserra, machados e foices — ferramentas que sua família poderia usar para arrancar um futuro da floresta exuberante que parecia se estender para sempre além dos limites da cidade.

Altair se apaixonou por Rondônia à primeira vista. Amava o estado porque tudo ali era novo. Em Santa Catarina ele conhecia todo mundo em sua cidadezinha e todo mundo o conhecia. Mas aqui as pessoas vinham de todas as partes do Brasil, de recantos exóticos dos quais jamais ouvira falar. E elas apostaram tudo o que tinham naquele lugar. Até o ar recendia ao aroma inebriante do risco.

Entretanto, tão logo chegou, Altair pressentiu que a boa vida que todos tentavam alcançar podia não estar tão à mão. Quando começou a sondagem por lotes potenciais que sua família poderia comprar, descobriu que tinha chegado tarde demais. O governo já concedera quase todos os títulos de propriedade na região vizinha a milhares de pessoas que tinham começado a se credenciar quatro anos antes. Mesmo quando encontrava um proprietário disposto a fazer negócio por alguns acres de floresta intacta, Altair não podia assinar os papéis para reservar a propriedade, porque era menor de idade. O amigo de seu pai tentou salvar o empreendimento da família oferecendo a ela parte de sua própria terra, e de graça. Disse que se eles a desmatassem e cultivassem, podiam ficar com tudo o que produzisse.

O resto da família se juntou a Altair depois da colheita em Santa Catarina. Sem casa, viveram numa tenda na floresta durante o primeiro mês. Serraram as árvores à sua volta e usaram a madeira derrubada para construir uma cabana rústica.

Altair passava os dias trabalhando com o pai, mas sempre que podia se livrar do jugo de suas responsabilidades, perambulava pela mata e se inebriava com o cenário. Espantava-se com o número de surpresas que ele abrigava. A selva recompensava a paciência. Se o sujeito não fosse apressado, ela lhe revelaria seus melhores segredos. Ele caminhava sem rumo, admirando as formas de ampulheta das palmeiras barrigudas. Agachava-se junto a um dos córregos que drenavam o vale, bebendo dele com a mão em concha. Aprendeu a identificar as pegadas de cinco pontas das onças que às vezes podiam ser vistas na lama macia. Uma vez, no primeiro ano, ele topou com uma anta, o maior animal selvagem da América do Sul, que chega a pesar trezentos quilos. Ficou ajoelhado sozinho na mata por horas, apenas observando a criatura fuçar entre as folhas e os brotos com sua irrequieta tromba preênsil. Seu avô costumava falar dos primeiros dias de sua imigração para o litoral brasileiro, quando a Mata Atlântica ali ainda abrigava onças selvagens. Agora o pioneiro era Altair. Isso o fazia se sentir vivo. Mantinha os olhos bem abertos sempre que caminhava, não querendo deixar nada escapar.

As coisas que ele não podia ver, no entanto, não eram menos reais. Depois de um daqueles longos dias na floresta, uma fêmea de mosquito pousou, imperceptível, em Altair e enfiou sua probóscide na pele do rapaz. Uma semana mais tarde, Altair começou a sentir febre. O corpo tremia com calafrios, as juntas doíam. Ele parecia enjoado e pálido.

Era a primeira batalha de Altair contra a malária. Antes que terminasse aquele primeiro ano em Rondônia, ele tremeria sob as garras daquele mal nada menos que oito vezes.

Toda a família se revezou na luta contra a doença, que tinha acompanhado a migração para Rondônia de modo tão agressivo que acabou se tornando uma verdadeira epidemia. Ocorria que o parasita da malária mais comum na região naquela época, *Plasmodium falciparum*, era também o mais letal.[4] Resistia teimosamente à maioria das drogas antimaláricas, incluindo a cloroquina que os centros de saúde das cidades mais próximas distribuíam às legiões de sofredores: não havia nada que se pudesse fazer senão suar até o fim, e foi exatamente o que a família Algayer fez até o dia — quando cada uma de suas irmãs mais novas estava à mercê da doença — em que o pai de Altair resolveu entregar os pontos e dar um basta naquilo. Seus sonhos de oferecer prosperidade à família não iam valer a pena se não lhe sobrasse família alguma. Assim, ele abandonou a cabana na selva e se estabeleceu em Alta Floresta.

Os pais de Altair procuraram empregos que lhes permitissem passar algum tempo em lugares fechados e acabaram encontrando trabalho na prefeitura da cidade. As duas filhas conseguiram empregos como vendedoras. Mas Altair não estava pronto para desistir dos espaços abertos tão facilmente. Ao contrário do resto da família, ele adorava estar no meio da mata. Não tinha o menor interesse em se sentar atrás de uma mesa, por isso saiu à procura de trabalhos que pudessem mantê-lo na floresta. Logo fez o que a maioria dos rapazes fisicamente aptos na fronteira amazônica acabavam fazendo: tornou-se madeireiro.

As madeireiras tinham uma demanda constante por novos operários, e Altair rapidamente achou trabalho numa serraria nos arredores de Alta Floresta. Ele aparava árvores, cortava tábuas e as amontoava em pilhas altas. Se um motor quebrasse, ele era o mecânico. Quando era hora do almoço, ele cozinhava.

Em 1986, seu primeiro ano na madeireira, nenhuma fração de madeira permanecia perto de casa: tudo era transportado para os portos de Manaus e Belém e em seguida levado de navio mundo afora. Forças globais invisíveis ditavam a rotina diária de Altair. Certo dia, as madeireiras ouviram dizer que estava surgindo uma demanda por mogno nos Estados Unidos e no Reino Unido, e na mesma hora começaram a explorar cada acre à sua disposição para achar aquela madeira de lei lucrativa, *Swietenia macrophylla*. As empresas às vezes rasgavam estradas através da selva para alcançar uma única árvore. Quando o mercado ficou inundado daquela espécie, elas se voltaram para a peroba com a mesma rapidez monomaníaca, esquecendo-se por completo do mogno.

No início da década de 1990, restrições ambientais fizeram cair a demanda internacional, de modo que a empresa onde Altair trabalhava descobriu que podia fazer dinheiro processando os ramos e galhos menores, até então desprezados, e vendendo-os ao mercado doméstico brasileiro. Seu patrão comprou um terreno de dez quilômetros quadrados e anunciou que praticaria a exploração sustentável, replantando árvores à medida que cortasse. Não havia leis que o obrigassem a replantar, mas ele fez isso de todo modo.

Logo depois que se iniciou a exploração das árvores daquele lote, as pessoas começaram a falar de "índios bravos" num parque nacional vizinho. Diversas empresas madeireiras tinham aberto estradas ilegais na área para extrair peroba, contrariando frontalmente as restrições ao corte em zonas protegidas. Equipes expedicionárias da Funai foram chamadas para investigar. O homem que chefiava essas equipes se chamava Antenor Vaz e logo reconheceu no patrão de Altair uma raridade — um madeireiro com firme respeito pela lei. Vaz e os integrantes de sua equipe às vezes paravam na serraria antes de se embrenhar na selva. Quando suas caminhonetes atolavam na lama do caminho, ele ligavam para a empresa e pediam um reboque.

Altair costumava cozinhar o almoço para eles antes das expedições e era quem os rebocava para fora da lama quando atolavam. Fazia isso de bom grado, pois nunca se fartava das histórias que eles lhe contavam sobre suas missões. O trabalho deles parecia incluir todos os benefícios e nenhuma das desvantagens do seu: permitia-lhes contato íntimo com a selva, sem a obrigação de destruí-la. Ele tinha passado a detestar cortar árvores.

Vaz recompensava a curiosidade de Altair desviando-se de seu caminho para mostrar a ele qualquer coisa que tivesse encontrado nas áreas do parque durante as expedições: flechas, arcos, cerâmica. Depois que Vaz deixava a serraria, Altair escutava, pasmo, a conversa de outros madeireiros que descartavam aquelas provas como um embuste, algo inventado por Vaz para arruinar suas perspectivas comerciais. Altair começou a ver aquelas teorias conspiratórias como mecanismos de defesa, histórias que os madeireiros contavam a si mesmos para proteger suas intenções. Depois de conversar com os caras da Funai, Altair simplesmente não suspeitava que pudesse haver índios vivendo no parque: ele *sabia* que estavam lá. Por fim se provou que estava certo: o parque nacional, mais de 3 mil quilômetros quadrados no total, foi oficialmente declarado Terra Indígena Massaco, nome de uma tribo isolada que desde muito tempo fizera daquela área o seu lar.

Quando Antenor Vaz ouviu dizer que o patrão de Altair estava pensando em abandonar o negócio madeireiro depois que os índios foram descobertos, o chefe da Funai chamou Altair de lado para uma conversa. Disse-lhe que a Funai de Rondônia precisava de todos os aliados que conseguisse encontrar.

Altair entendeu aonde Vaz queria chegar, mas disse-lhe não acreditar que aquilo desse certo. Ele não tinha instrução secundária. Vaz lhe disse que isso não seria necessário se ele o empregasse por meio de contrato.

Durante os primeiros 23 anos de sua vida, Altair raramente voltara o pensamento para as culturas indígenas. O fato é que aquilo não era algo com que as pessoas que ele conhecia se preocupassem. Em Santa Catarina, as pessoas falavam dos índios do mesmo modo como os plantadores de algodão falavam de casulos de gorgulho. Os colonos lutavam com os índios Xokleng nativos, suspeitos, a seus olhos, de roubar suas colheitas e seu gado. E um governador de Santa Catarina tinha chegado ao extremo de dizer sobre os índios: "Esses bárbaros, que só pensam em nos roubar ou em nos atacar em emboscadas, nunca devem ser tratados com bondade ou consideração [...]. Estou cada vez mais convencido de que é útil, necessário até, arrancar esses selvagens à força das florestas e colocá-los em algum lugar de onde não possam escapar".[5] Quando Altair se mudou para Rondônia, descobriu que a mesma filosofia sobrevivia intacta à migração para o oeste.

Contou aos pais que estava se juntando à Funai para sair em expedições que poderiam ajudar a proteger a terra dos índios da região, e a reação de seu pai resumiu a atitude da maioria das pessoas com quem ele tinha crescido na rude fronteira.

"E para o que é que serve isso?", perguntou ele.[6]

Mais de cinco anos depois, em novembro de 1996, Altair se sentou num toco de árvore perto da recém-descoberta clareira dos catorze buracos e tentou amenizar o zumbido do rádio.

"Marcelo? Está me ouvindo?"[7]

Enquanto Marcelo tinha retornado a Vilhena e Vincent se registrara no minúsculo quarto de Chupinguaia para fazer seu trabalho de detetive, Altair continuara a explorar a selva em torno da aldeia destruída, com Purá e Owaimoro. Agora chamava Marcelo para um breve relatório sobre os vestígios indígenas adicionais que tinham descoberto: um milharal inteiro que caíra em desuso, bem como várias armadilhas para animais. A julgar pela terra acumulada no fundo, as armadilhas pareciam ter alguns anos de idade.

Enquanto Altair estava no rádio, Owaimoro se agachou entre duas enormes raízes que ancoravam no chão o tronco de uma enorme seringueira. As raízes a ocultaram por completo. Acocorada, ela tentava demonstrar como um índio usaria aquele lugar como esconderijo de caça. A julgar pelos ossos de animais encontrados no local, Owaimoro parecia estar certa: alguém provavelmente o tinha usado como uma base para caçar e limpar presas selvagens.

Owaimoro e Purá se sentiam à vontade perto de Altair, que se tornara sua principal ligação com o mundo novo que se abrira para eles desde o primeiro contato, um ano antes. Altair passava semanas a fio no acampamento da Funai no rio Omerê, e os índios costumavam caminhar alguns quilômetros para passar um tempo com ele. Membros da tribo Akuntsu faziam o mesmo. Altair exalava uma energia tranquila — sempre curioso, nunca apressado, de sorriso fácil — que deixava ambas as tribos à vontade. Ele adorava receber dicas deles, como novas técnicas para rastrear animais ou extrair resina de uma árvore, e eles pareciam ávidos por interagir, observando cada movimento de Altair com uma absorção antropológica que era no mínimo tão intensa quanto a dele próprio. Ele podia não ter passado sequer um dia da vida estudando antropologia, mas todas as horas de folga passadas na companhia dos índios lhe deram mais conhecimento sobre aquelas duas tribos isoladas do que qualquer outro ser humano vivo.

Altair estava recém-casado. Felizmente, sua mulher, Jussara — enfermeira especializada em saúde indígena, apresentada a ele por Marcelo —, compartilhava seu fascínio pelos Kanoê e Akuntsu. Em vez de pressioná-lo para que passasse mais tempo em casa, ela atiçava sua curiosidade, pedindo que buscasse mais detalhes sobre o estilo de vida e as personalidades dos índios das tribos. Ela rapidamente se tornou uma visitante regular do acampamento do rio Omerê. Alguns anos depois, quando estava no oitavo mês de gravidez de seu primeiro filho, Jussara podia ser encontrada dormindo ao lado de Altair sob o telhado de palha do acampamento da Funai. A tranquilidade sólida de seu relacionamento impressionava a todos no acampamento. Até mesmo Konibu, o velho chefe Akuntsu, propôs certa vez, de brincadeira, um trato a Altair: ele trocaria *duas* mulheres Akuntsu por Jussara.

Naquela tarde de novembro, antes de levar Purá e Owaimoro de volta à sua aldeia, eles acamparam perto das margens lamacentas e frescas de um córrego. Altair vadeou correnteza adentro para se livrar da carga diária de poeira e suor. O disco alaranjado do sol desaparecia abaixo da linha das árvores e se perdia num céu violeta. Sem camisa, limpo e relaxado, Altair desferiu seu canivete contra uma longa haste de bambu, afiando-a cuidadosamente com a ponta da lâmina, enquanto Owaimoro se balançava numa rede. O macaco, amarrado à corda da rede, dançava sobre seus ombros, beijava-lhe a orelha e procurava lêndeas na pele de seus braços. Jacus assavam numa grelha de madeira que eles tinham improvisado com galhos finos acima das brasas ardentes. Quando Altair atirou o bambu para o lado, Owaimoro o agarrou e inspecionou o trabalho manual. Pressionou a boca na extremidade do bambu e soprou: era uma flauta de som gutural, um instrumento musical que os Kanoê usavam para acompanhar os cânticos que às vezes entoavam ao entardecer, depois de uma refeição. Purá se aproximou para experimentar a flauta.

Para Altair, as melodias simples que Purá tocava flutuavam pelo ar com bela precisão, mais melódicas do que ele mesmo seria capaz de extrair do instrumento. Mas para os outros membros da tribo Kanoê, a musicalidade de Purá soava desajeitada e áspera, e isso nada tinha a ver com a qualidade do artesanato de Altair.

Para entender por que o flauteado de Purá soava mal para os outros índios, era preciso conhecer um pouco da história dos Kanoê naquela floresta, e Altair levou um bom tempo para juntar o quebra-cabeça. Graças a tradutores, ele finalmente tomou ciência de como os Kanoê tinham passado de tribo poderosa a uma família indigente de cinco sobreviventes numa única geração. A história era ao mesmo tempo uma tragédia e um triunfo. E era o tipo de história que dava a Altair e ao resto da Frente de Contato uma visão nítida de como era a vida de índios fugitivos, incluindo aquele em cujo encalço estavam de oca em oca.

A floresta equatorial aninhada nas vastas planícies entre os Andes e o coração da Amazônia sempre foi o lugar perfeito para alguém se perder. Antropólogos acreditam que quando os europeus começaram a colonizar as Américas, a área hoje chamada Rondônia seria povoada por dezenas de nações ou tribos indígenas diferentes.[8] Cada uma com vários milhares de membros. As tribos falavam línguas diferentes e a maioria vivia independente umas das outras, embora algumas formassem alianças instáveis.[9] Grupos ou clãs não aliados eram em geral hostis uns com os outros. O canibalismo não era incomum. Alguns grupos podem ter sido seminômades, desmatando e queimando pequenos trechos de floresta para plantar, e quando o solo ficava estéril, eles se mudavam.

A densidade das selvas e a abundância de rios tornava fácil o isolamento. Os registros linguísticos indicam que várias tribos permaneceram isoladas por séculos. Rondônia continua sendo um laboratório para a investigação linguística. Mais de trinta línguas indígenas podem ser encontradas no estado. O linguista holandês Hein Van der Voort, que tem dedicado anos de trabalho às tribos do vale do Guaporé, estima que essas trinta incluam pelo menos dez isoladas — línguas sem parentesco com nenhuma outra.[10] Isso significa que o estado de Rondônia sozinho tem uma diversidade linguística muito maior do que toda a Europa, onde o basco permanece como a única língua isolada.

É impossível dizer quantas tribos e línguas desapareceram ao longo dos anos. Das trinta línguas de Rondônia, metade tem hoje menos de quinze falantes.

Depois que os europeus descobriram a região, os espanhóis passaram a dominar as terras que hoje pertencem à Bolívia, enquanto os portugueses reivindicavam as terras do que hoje é o Brasil. Do lado espanhol do rio Guaporé, que em Rondônia constitui a fronteira entre os dois países, os jesuítas estabeleceram aquele que por um século seria o maior posto avançado missionário da América do Sul. As missões fizeram amplos progressos nas tribos indígenas, e muitas se dissolveram. Mas, do lado português, a dinâmica foi ligeiramente diferente. Alguns líderes coloniais portugueses, cansados das tentativas da Coroa espanhola de reclamar seu território, encorajaram as tribos conhecidas da região a permanecer intactas: acreditavam que se os índios defendessem agressivamente suas terras nativas, os intrusos espanhóis manteriam distância. Em essência, usaram os índios como guardas de fronteira não pagos.

Quando os seringueiros chegaram à região no século XIX, muitos índios do lado boliviano, que tinham sido previamente contatados pelos missionários, se tornaram escravos do comércio da borracha. As companhias borracheiras também fizeram incursões no lado brasileiro, mas a maioria das tribos ali permaneceu isolada, deixada em paz na floresta, como vinha ocorrendo há séculos.

Cândido Rondon, talvez o maior explorador das florestas brasileiras que já existiu, viajou por todo o vale do Guaporé no início do século XX, atravessando as selvas do que décadas mais tarde se tornaria um estado cujo nome lhe presta homenagem. Em 1909, ele registrou a presença de índios Kanoê na região — essa tribo provavelmente incluía os pais do índio idoso chamado Monunzinho, contratado por Marcelo como tradutor, vindo de um clã Kanoê de outra parte de Rondônia. Segundo Monunzinho, seu ramo da tribo Kanoê foi expulso da região em 1940 e forçado a trabalhar nos seringais. Mas ele disse que os anciãos de sua tribo às vezes falavam de outro grupo de índios Kanoê aparentados que não tinham sido escravizados. Um relatório do governo brasileiro de 1943 pareceu respaldar essa história quando mencionou que se acreditava que um grupo de índios Kanoê vivia na margem esquerda do rio Omerê — o lugar onde mais de cinquenta anos depois a Frente de Contato encontraria Purá, Owaimoro e o resto do clã.

O linguista brasileiro Laércio Nora Bacla viajou a Rondônia para empreender o primeiro estudo detalhado da língua kanoê pouco depois que Marcelo e Altair estabeleceram contato em 1995.[11] Ele se sentou com a mãe de Purá, Tatuá, e começou a tentar decifrar a história deles.

Tatuá devia ter uns cinquenta anos, mas era uma velha de cinquenta anos. Seu rosto era marcado por rugas profundas e suas costas estavam permanentemente arqueadas por uma vida inteira de fardos. À medida que começava a falar, esses fardos se revelaram na forma de lembranças febris de uma tribo em declínio.

Tatuá disse que mais de vinte anos antes, na década de 1970, a tribo Kanoê consistia em cerca de cinquenta pessoas, a maioria mulheres. Os homens da tribo vinham tentando alcançar outras tribos isoladas na área para negociar matrimônios, esperando criar uma espécie de parceria para manter sua linhagem viva ao menos por mais algumas gerações. Certo dia, todos os homens — dos velhos aos adolescentes — saíram em busca de outras tribos, deixando para trás as mulheres e só as crianças menores. Dias se passaram e os homens não voltaram. Após dias de incerteza, duas das mulheres decidiram empreender uma busca. Pouco tempo depois, retornaram com notícias arrasadoras: os homens tinham sido mortos. Elas haviam encontrado os corpos dilacerados na floresta. As tarefas da tribo sempre foram divididas de maneira distinta entre os homens — que caçavam, pescavam, faziam flechas e construíam ocas — e as mulheres, que mantinham as hortas, cuidavam das crianças e se ocupavam de muitos dos afazeres da aldeia. Agora elas se sentiam sós, sem garantias de que pudessem sobreviver. Entraram em pânico. Colheram uma erva chamada timbó, que produz uma seiva venenosa que os índios da Amazônia costumam derramar nos igarapés para atordoar os peixes, tornando-os fáceis de apanhar. Convencidas de que elas e seus filhos sofreriam e morreriam de qualquer jeito sem os homens, as mulheres prepararam um veneno de timbó e concordaram em cometer suicídio coletivo. As mulheres deram o veneno às crianças antes de tomá-lo. Tatuá, no entanto, disse que foi atormentada por outras ideias. Não deu o veneno a Purá e à filha — apenas fingiu. Ela mesma ingeriu muito pouco dele e se forçou a vomitar. Lutando para reunir forças, recolheu os dois filhos e correu para a irmã e a sobrinha. Ajudou-as a vomitar o que tinham engolido e, juntas, saíram cambaleando do acampamento.

As duas mulheres adultas e as três crianças eram os únicos sobreviventes, disse Tatuá. Mas a irmã de Tatuá nunca foi a mesma depois do incidente. Sofria de alucinações e se recusava a acreditar que os homens da tribo estavam de fato mortos. Pouco tempo depois do suicídio coletivo, a irmã de Tatuá fugiu para a floresta à procura dos homens, convencida de que eles estavam em algum lugar lá dentro. Nunca mais a viram. Isso deixou Tatuá sozinha para criar os dois filhos e a sobrinha, Owaimoro.

No momento em que a Frente de Contato encontrou o grupo, quase duas décadas tinham transcorrido desde o suicídio coletivo. Tatuá lutara para desempenhar o papel de mãe e de pai das crianças. Disse que fazia o melhor que podia para ensinar a cada uma delas como lidar não só com as tarefas tradicionalmente desempenhadas pelas mulheres, mas também as que tinham sido incumbência dos homens da tribo. Tentou preservar o máximo que pôde da cultura da tribo, ensinando às crianças as canções que a tribo entoava durante as frequentes cerimônias xamanísticas. Os homens tradicionalmente executavam toda a música em tais eventos, razão pela qual tentou dar a Purá o encargo dessa tarefa.

"Ele não é bom com a flauta", disse Tatuá, "porque fui eu que tive de lhe ensinar a tocar."[12]

Altair revisitou o sítio da aldeia destruída na primeira semana de dezembro de 1996, antes de se embrenhar na mata em outra busca por indícios.[13] As sementes que os empregados da fazenda tinham espalhado no dia em que Marcelo, irado, os enfrentou tinham brotado, germinando em capim de lâminas largas que cobriam os joelhos de Altair enquanto caminhava.

Debaixo de todo aquele capim, os buracos ainda podiam ser encontrados. A julgar pelos estriamentos da terra dentro deles, a equipe estimou que tinham sido cavados vários anos antes. Alguns dos sulcos para extração de látex nas árvores vizinhas pareciam ter mais de doze anos. O tamanho dos resquícios da horta sugeria que a área por muito tempo fora um sítio de habitação, talvez por quinze anos ou mais. A maioria dos catorze buracos do sítio tinham 1,6 metro de profundidade, exatamente como os encontrados nas ocas individuais perto da serraria. As bocas retangulares desses buracos no sítio da aldeia tinham a mesma largura — cerca de noventa centímetros — dos buracos encontrados nas ocas individuais, mas eram cerca de cinco vezes mais compridas.

Em cada uma das ocas individuais tinham encontrado resquícios de uma rede de fibra rígida enrolada acima da largura do buraco. Por algum motivo, parecia que quem quer que tivesse vivido ali dormia acima do buraco. Se aqueles buracos fossem grandes o bastante para uma pessoa, então cada uma das catorze estruturas que, acreditavam eles, outrora se erguiam no sítio da aldeia podia acomodar cinco pessoas. As estruturas podiam ter sido ocas coletivas. Dezenas de pessoas podiam ter vivido ali.

No entanto, Maria Elenice dissera a Vincent que, segundo diziam, apenas três índios viviam no sítio quando fora destruído em janeiro passado. A Frente de Contato supôs que podia ser verdade. Talvez a tribo não tivesse sido dizimada toda de uma vez. Quem sabe a destruição de janeiro representasse o golpe de misericórdia numa tribo já moribunda. Não era preciso dar asas à imaginação para supor que um índio podia ter se separado do resto da tribo durante a destruição.

Quando Altair perambulou pela clareira gramada aquela manhã, todas essas suposições pareciam razoáveis, embora duvidosas. Poucos dias depois, ele empreendeu outra expedição, e o que encontrou o convenceu de que uma das suposições era inquestionavelmente verdadeira: eles agora estavam rastreando um único índio através da floresta, não um pequeno grupo de índios.

Marcelo voltou a Vilhena para cuidar de assuntos administrativos, enquanto Vincent regressava à família que havia semanas não encontrava. Altair se encarregou da expedição. Estava acompanhado de um assistente da Funai chamado Adonias e de um amigo de Vincent que carregava uma câmera de vídeo, para o caso de encontrarem o índio. Monunzinho, o ancião tradutor de kanoê, também se juntou à equipe. Se o índio que tinha construído as ocas não fosse falante de kanoê, havia uma chance de ele falar uma língua aparentada que Monunzinho pudesse entender.

Monunzinho era um homem pequeno, com no máximo 1,65 metro de altura, e não teria mais de 55 quilos. Sua bermuda curta expunha duas pernas esquálidas que pareciam fracas e instáveis, mas que se revelavam surpreendentemente resistentes e flexíveis em marchas longas. Seus olhos se tornavam dois riscos quando ele ria. No entanto, era difícil ver esses olhos nas expedições: ele usava um boné vermelho sujo que ganhara num posto de gasolina e puxava a viseira para baixo, ocultando por completo a parte superior do rosto. Quando saltava sobre galhos e poças enquanto cruzava um sopé de colina, parecia espantoso que conseguisse ver aonde estava indo.

Monunzinho caminhou ao longo da orla lamacenta de um aclive acentuado coberto de arbustos espinhosos, descendo a uma ravina mais de seis metros abaixo. Altair vinha logo atrás dele. Quando passaram a orla e desceram uma encosta, Altair assumiu a dianteira. Mas logo se deteve ao perceber uma camada rasa de folhas escuras.

Altair pôs o rifle de lado e se inclinou para limpar as folhas, descobrindo um buraco. Insetos infestavam o ar dentro das paredes de lama perfeitamente lisas do poço. No fundo do buraco, estacas pontiagudas ameaçavam. Se alguém menos observador estivesse conduzindo a expedição, a arapuca poderia ter causado uma queda capaz de aleijar. Altair espalhou as folhas sobre o buraco, deixando-o tal como o encontrou.

Quando se preparava para retomar a trilha, Altair se deteve nas folhas.

Caminhou devagar alguns metros, logo parou para ouvir, com a cabeça levemente inclinada para cima. Os cantos de pássaros invisíveis choviam do alto das árvores, soando como moedas rodopiantes batucando sobre uma mesa até parar.

Na base de uma árvore, Altair viu um trecho de terra batida, o tipo de lugar que seu pé naturalmente gostaria de pisar ao atravessar o mato. Parou. Perto da raiz exposta, viu um par de borrões. Só que não eram borrões. Ele se agachou para ver melhor, apontando-os para os homens atrás de si. Eram duas pegadas, humanas e, a julgar pela direção para a qual apontavam os artelhos, conduziam para o outro lado da árvore. Altair não disse palavra, porque os rastros eram recentes.

Depressa, ele contornou a árvore até o outro lado, tentando abafar o som de seus passos, erguendo devagar seu peso nas solas das botas de couro marrom enlameadas. Depois de alguns metros, topou com outra arapuca. Mas, ao contrário da que tinha encontrado poucos minutos antes, esta não estava coberta de folhas. Uma pilha de terra vermelha solta se espalhava da beira do buraco. A terra estava úmida. A escavação era rasa, menos de sessenta centímetros de profundidade. Alguém tinha cavado o buraco recentemente, mas ainda não terminara o trabalho.

Foi apenas quando se deteve para refletir sobre aquele trabalho em andamento que Altair viu uma oca. Estava a meros seis metros de distância. Quase imperceptível em meio às árvores, sua arquitetura consistia em pouco mais do que um monte de galhos de palmeira soltos no alto de uma estrutura de estacas oblíquas.

"Venham", disse Altair, sussurrando para os outros enquanto se aproximava com o rifle. Sabendo que alguém estivera na área recentemente, seus movimentos eram lentos e calculados. Caminhou até a oca e com cuidado separou as folhas que cobriam o exterior para olhar dentro: delicados fios de luz dourada escoavam através do teto entrelaçado acima de sua cabeça, mas afora alguns insetos voando, a oca estava vazia.

Ao mesmo tempo, Monunzinho localizou alguma coisa perto da arapuca inacabada e sussurrou alto o bastante para atrair a atenção de Altair. "Veja", murmurou, "mais pegadas."

Seguiram os rastros até um monte de cinzas frias, onde alguém havia queimado alguns troncos, provavelmente na noite anterior. Quando Altair se juntou a Monunzinho, não teve tempo de examinar as pegadas mais de perto. Mais além do grupo de árvores mais próximas, Altair avistou pela primeira vez o homem que vinham rastreando fazia meses.

O índio não os viu de imediato. Estava ajoelhado fora de outra oca que parecia mais firme que a primeira, com paredes de palmas amarradas e um telhado pontudo que se projetava em beirais de folhas. Altair acenou para o amigo de Vincent com a câmera, indicando que ele se aproximasse para ter uma melhor visão do índio, que parecia alheio à presença deles.

Eles espiaram por sobre os arbustos e samambaias que os separavam do índio. Ele estava de cócoras, com o cotovelo sobre a perna e o queixo pousado na dobra do pulso. Seus cabelos eram longos, embora parecesse que os tinha cortado rente dos lados, provavelmente usando uma lâmina de bambu ou um facão surrupiado, do mesmo modo como os Akuntsu aparavam seus cabelos. Seu rosto não era jovem nem velho: Altair calculou que tivesse trinta e poucos anos. Tinha pelos faciais irregulares, incluindo um fino bigode que lhe moldava a boca. Naqueles instantes tranquilos antes de notar seus visitantes, ele irradiava uma atitude pensativa de calma descontração. Mas deu um pulo abrupto quando ouviu um graveto se partir sob o calcanhar da bota de Altair, que se aproximava.

O índio não vestia nada além de uma tanga de capim seco que pendia de um cordão fibroso atado em volta da cintura. Não parecia usar pintura corporal nem adornos. Virou-se depressa, dando as costas nuas para eles, e logo disparou para trás da oca.

Altair assobiou, tremulando a nota para garantir que o índio soubesse que o assobio era para ser ouvido. Esperava que o assobio pudesse convencer o índio de que o grupo não estava tentando apanhá-lo de surpresa, embora isso fosse exatamente o que tinham feito. Altair tinha imaginado uma visão mais de perto, e algo lhe dissera que devia tentar preservar a chance de uma observação furtiva o máximo que pudesse. Mas agora que seu disfarce tinha falhado, Altair disse a única coisa que conseguiu pensar para dizer: "Olá!".

Altair não conseguia ver o índio, mas sabia que ele ainda estava ali adiante, ou dentro da oca ou atrás dela.

"Oi, amigo!", chamou Altair, continuando a falar com ele em português.

A única resposta que ouviu foi o silêncio. Mas, através da parede da oca, viu alguma coisa despontar: a ponta pregueada de uma flecha, o tipo projetado para perfurar o couro grosso de um pecari.

"Certo, Monunzinho", disse Altair, virando-se para o velho tradutor, "tente falar com ele."

Monunzinho apresentou uma saudação em Kanoê. Não houve reação, por isso tentou outra saudação comum às línguas da família tupi, que incluía tribos como os Akuntsu. De novo, nada. Por pura brincadeira, tentaram espanhol e não receberam resposta. Monunzinho lançou um pouco mais de Kanoê, esperando que o índio se comovesse. Mas ele não respondia, e a flecha não se mexia.

Altair não sabia o que fazer a seguir. Quando ele e Marcelo encontraram os Kanoê pela primeira vez, a tribo fora bastante receptiva depois daquela troca inicial e desajeitada de cumprimentos. Se deixassem o índio ali para tentar a sorte outro dia, não havia garantias de que fossem encontrá-lo facilmente de novo. O índio podia abandonar as ocas tal como abandonara as anteriores. Era impossível calcular quantas expedições poderiam ser necessárias até que conseguissem outra oportunidade como aquela. Então Altair ficou.

Fazia calor, pelo menos 33 graus, por isso ele tirou a camisa toda suada e sentou um instante para pensar. Uma sinfonia de cantos de pássaros enchia o silêncio da floresta. Perto da oca, viram um pequeno acúmulo de gravetos inclinados sobre uma fogueira. Perto dos gravetos, uma bacia — enegrecida, deformada e denteada, aparentemente fabricada com um pedaço de metal surrupiado e deixando ver que sobrevivia a muitos anos de abuso no meio do mato.

"Vai ver ele está cozinhando", disse Altair a Adonias, o assistente da Funai.

Adonias olhou para a bacia. Parecia ter algo nela: milho, talvez. Eles não tinham comido o dia todo.

"E aí, amigo?", chamou Altair, tentando a sorte mais uma vez.

Adonias acrescentou: "Amigo, você quer dar um pouco dessa comida para a gente?", perguntou, sorrindo para Altair. "Também estamos com fome!"

Ficaram imóveis nos minutos seguintes, relutantes em se aproximar de um homem que obviamente não estava convencido de que fossem visitantes amistosos. Ele tinha recolhido a flecha, mas não se deixara ver por eles. Sentaram-se sob um galho de árvore enquanto a luz do dia se filtrava, brilhante, através dos minúsculos orifícios que os insetos tinham mordiscado nas folhas que pendiam acima de suas cabeças. De vez em quando, na falta do que fazer, Altair soltava um assobio melodioso, esperando que isso comunicasse boa vontade em algum nível inconsciente, sublinguístico. Adonias espantou do rosto uma nuvem de mosquitos, enquanto soltava um fundo suspiro de frustração. Era escuro dentro da oca, e não dava para dizer se o índio estava lá dentro. Monunzinho tirou a camisa e novamente tentou se dirigir a ele em Kanoê, imaginando que o homem poderia responder melhor a outro índio se este não estivesse usando roupas de branco.

"Você tem um facão aí?", perguntou Altair a Adonias, que levantou sua faca, ainda guardada em sua bainha de couro. "Mostre para ele."

A ideia era que, se lhe mostrassem o facão de um modo inteiramente inofensivo, talvez ele o reconhecesse como uma oferenda de paz. Nos primeiros contatos da Funai, era comum os sertanistas oferecerem presentes como modo de transmitir cordialidade. Frequentemente tentavam deixar ferramentas, como facões e machados, em trilhas na selva onde se acreditava que os índios transitassem, como modo de atraí-los para um encontro não violento. Adonias bateu o facão — ainda embainhado — contra um galho, esperando atrair a atenção do índio. Em seguida, deu-o a Altair, que chegou mais perto da oca e desembainhou o facão, segurando-o pela lâmina e estendendo-o na direção da oca, com o cabo em riste. Não ouviu um único farfalhar, mas viu a ponta da flecha. Deixou o facão cair no solo e retrocedeu.

O índio tinha ficado dentro da oca com a flecha esticada, mas durante as duas horas do encontro escolhera não disparar. Os integrantes da equipe acabaram desistindo, dizendo a si mesmos que voltariam mais tarde com os outros e estariam mais bem preparados para promover o contato.

Puseram uma panela ao lado da bacia cruelmente castigada, encheram-na da mandioca que carregavam como presente. Altair em seguida retirou uma gargantilha de couro do pescoço do homem com a câmera e a pendurou num graveto junto ao fogo. Altair se afastou em silêncio, sabendo que regressaria. Nenhum som veio da oca enquanto eles se retiravam, apenas o zumbido de grilos.

Altair contou a Marcelo toda a experiência que tiveram, e duas semanas depois a Frente de Contato preencheu um relatório para a sede da Funai em Brasília delineando sua estratégia: iam forçar o contato com o índio solitário, a despeito do número de expedições que isso exigisse. Temiam que, se não encontrassem o índio primeiro, os grileiros encontrariam, e sua versão de contato podia ser rápida e fatal. Agora que a presença do índio fora tão explicitamente documentada, Marcelo acreditava que a pressão por algum tipo de solução para o caso ia se intensificar para todos — o índio, a Frente de Contato e os fazendeiros.

"As informações colhidas nessa viagem nos alertam para mais essa responsabilidade, a de que teremos que retornar mais vezes, com certa frequência", escreveu Marcelo a seus superiores em Brasília. "Afinal, alguns pecuaristas estão convencidos de que o uso da violência contra os índios é a única forma de assegurarem seus 'direitos' sobre a propriedade da terra. A presença da equipe da Frente de Contato Guaporé tem sempre acelerado esse processo."

Purá Kanoê fotografado em 2007 em sua aldeia

Konibu, chefe da tribo Akuntsu, constrói uma flecha enquanto Pupak observa

6. Janelas para o mundo dele

Purá estava sentado no beiral de madeira de uma oca estilo galpão na aldeia Kanoê.[1] O ar era enfumaçado, e os braços e ombros do índio doíam. Os fatos se relacionavam à carcaça de um enorme tatu que estava assando acima de uma fogueira ardente a poucos metros de distância.

Ele encontrara o tatu na véspera, entocado no solo perto de um córrego. O animal tinha a constituição de uma escavadeira mecânica, pesando cerca de cinquenta quilos, com uma armadura de placas protetoras e equipado com garras em forma de foice. Purá viu o bicho cavar um túnel na lama e resolveu capturá-lo e matá-lo: por baixo da armadura óssea, a carne do tatu é tenra e saborosa. Ele se ajoelhou e começou a cavar. Quase oito horas depois, pegou o animal escamoso no interior de um buraco profundo e lhe enfiou a lança na barriga macia.

No dia seguinte, todo doído, Purá precisava de uma tarde calma, de movimentos restritos. Com o tatu, os Kanoê tinham carne suficiente para mais alguns dias. Ele não precisava caçar ou pescar. Estava livre para se concentrar em tarefas mais sedentárias.

Aos pés de Purá estavam duas seções de um tubo oco de bambu e uma haste de tronco de palmeira. Ele já tinha cortado as três peças em comprimentos predeterminados. A peça de palmeira era mais curta que as outras e não era tubular: era um fragmento estriado, de trinta centímetros de comprimento, com uma ponta afiada. A parte rombuda do fragmento estava moldada para se encaixar perfeitamente no oco de uma peça tubular de bambu.

Os três componentes se uniam como as partes de um taco de bilhar. Juntos, formavam uma flecha que media cerca de 1,60 metro — a altura aproximada do próprio Purá. Era o estilo Kanoê: um arqueiro dispara uma flecha que corresponde à sua própria altura, garantindo a máxima precisão.

Purá esfregou num bloco de resina marrom um cordel que tinha produzido a partir de fibras de árvores. O cordel felpudo ficou marrom e viscoso. Enrolou o cordel bem apertado em volta das junções da flecha. Em seguida, envolveu-as com cordel vermelho, que ele tingira previamente usando a polpa de urucum que coletara. Era um elemento decorativo, assim como as duas tiras finas do que parecia plástico branco, mas de fato eram as pontas de minúsculas penas de ave, para criar uma borda ornamentada.

Perto da extremidade chanfrada da flecha, do lado oposto ao da ponta, ele costurou na haste duas penas provenientes de um gavião que encontrara morto na selva. Enrolou as penas em torno da haste numa espiral sutil. Esse ornamento tinha finalidade aerodinâmica: uma hélice de penas fazia a flecha rodopiar no voo e a ajudava a voar melhor.

Como toque final, ele tirou uma pequena agulha de outra sacola. Era o arpão da cauda de uma arraia de água doce. Purá o afixou na ponta da flecha para criar uma ponta ainda mais afiada do que a que tinha entalhado.

Cada ínfimo componente da flecha — as penas, a tubulação, o cordel, a ponta — podia representar sozinho um dia inteiro de trabalho. Mas, como já tinha armazenado um estoque completo de materiais, Purá conseguiu terminar duas flechas naquele dia.

Acrescentou-as à sua coleção de várias dezenas. Muitas das flechas eram projetadas para presas grandes, mas outras eram mais leves e exibiam pontas multiforcadas para aves. Algumas flechas tinham vários dentes curvos na ponta que ajudavam a ancorá-la na carne de seu alvo. Essas pontas dentadas eram concebidas para macacos, a única presa naquela selva que tentaria arrancar uma flecha de seu corpo após ter sido atingido.

Altair observava Purá trabalhar em humilde admiração. Humilde porque tentara fazer flechas certa vez e abandonara o plano, frustrado. Depois de ter trabalhado nelas durante dias, encaminhou-se mata adentro para experimentá-las.

Mas, praticamente a cada passo, batia com o arco ou com as flechas num galho, numa moita ou no tronco de uma árvore. Não imaginava como poderia caminhar sem provocar uma maldita algazarra. Se houvesse animais a quilômetros de distância, ele os teria espantado para longe.

Purá jamais tinha esse problema. E enquanto trabalhava em seus instrumentos de caça, era a imagem da paciência. Perdia-se nas sutilezas do ofício, obtendo um prazer comedido em cada mínimo detalhe. As penas de gavião que prendera às duas flechas eram bonitas, e ele passeava o dedo ao longo delas em admiração. Penas de gavião eram mais difíceis de se conseguir que as de jacu, e o orgulho que lhe davam sugeria que elas valiam cada dose extra de esforço que exigiam.

Altair descobrira o quanto os Kanoê prezavam tais pormenores quando Purá e a mãe o levaram selva adentro para lhe apontar um ninho de gavião que tinham localizado no alto de uma árvore. Além de uma ave adulta, eles achavam que o ninho abrigava pelo menos um filhote de gavião. Se conseguissem criar a ave até ficar adulta, estavam certos de que ela lhes forneceria um suprimento regular de penas para flechas.

Por meio de sinais, disseram a ele que o ninho estava alto demais para ser derrubado com flechas. Queriam que ele o derrubasse com a espingarda. Altair se recusou — era alto demais mesmo para uma arma de fogo. Se conseguisse derrubá-lo a tiros, disse-lhes, seriam necessários vários disparos e talvez matasse os pássaros. Se quisessem que o ninho permanecesse razoavelmente intacto, disse Altair, teriam de derrubar a árvore. Purá então golpeou o tronco da árvore durante três dias inteiros. No quarto dia, a árvore caiu e os Kanoê capturaram um gaviãozinho.

No dia seguinte à derrubada da árvore, Purá construiu uma gaiola de madeira para o gavião. Altair se espantou com o tamanho avantajado da gaiola.

"Cabe um leão aí dentro!", disse-lhe Altair.[2]

Purá argumentou que o pássaro precisava de espaço para se tornar um adulto saudável e emplumado. Mas o pássaro nunca teve essa sorte. Pouco depois de ser engaiolado, uma onça se esgueirou pela aldeia certa noite, meteu-se entre as grades e devorou o gaviãozinho. O experimento fracassou, mas mostrou a Altair o quanto de trabalho podia ser investido num estilo de vida que parecia tão sem graça na superfície. Os Kanoê podiam fazer suas flechas com menos esmero, mas achavam que flechas inferiores seriam indicadoras de uma tribo inferior. Era uma questão de qualidade de vida. Os detalhes eram muito importantes para eles.

Depois que os Kanoê começaram a passar mais tempo com os integrantes da Frente de Contato, Purá dirigiu a eles sua aguçada atenção. Enquanto Altair observava o modo de vida dos Kaonê, Purá o estudava com intensidade ainda maior.

Mesmo antes de os Kaonê terem feito contato com Marcelo e Altair, Purá se encantara com o mundo moderno. A mãe de Purá disse a Altair que, quando mais jovem, o filho às vezes desaparecia por semanas a fio. Ela demorou um tempo para decifrar o caso, mas acabou descobrindo exatamente onde ele estava escondido: Purá passava aqueles dias no alto de uma árvore numa colina que dava para um acampamento cheio de empregados de uma fazenda vizinha. Ficava no alto da árvore até escurecer, analisando os empregados, estudando as roupas que vestiam, as ferramentas que usavam. Mas sua obsessão não se satisfaria com a mera observação: tinha de chegar mais perto. Quando eles lavaram suas roupas num córrego e as deixaram de molho na água, Purá aproveitou a ocasião para apanhar algumas peças. O costume Kanoê exigia que ele deixasse algo para os empregados, de modo que deixou algumas flechas na margem do riacho — uma troca justa, imaginou ele, considerando todo o trabalho que dava fazer uma única flecha. A transação não solicitada, obviamente, alertou os empregados sobre a presença de índios na área, e eles começaram a postar cães de guarda no limite do acampamento. Depois disso, começou a se espalhar o boato de índios no local. Anos mais tarde, Marcelo e o resto da Frente de Contato seguiram esses rumores até a trilha na mata onde encontraram Purá e a irmã.

Foi Purá quem fez as bermudas de sacas de sal que os Kanoê usavam no dia do contato. Tinha reproduzido o molde das roupas que vira os empregados da fazenda vestindo.

Depois do contato, a sede de Purá por novos modelos de roupas parecia insaciável. Cortou pedacinhos de arame das cercas da fazenda mais próxima, afiou-os para se tornar agulhas de costura. Certo dia, Purá mostrou a Altair uma nova bermuda que fizera com um pano que tinha apanhado. Apontou para o alinhavo ao longo das emendas: era uma costura dupla. Altair ficou impressionado: a modelagem parecia surpreendentemente profissional. Purá então apontou para o alinhavo da calça Levi's de Altair. A costura dupla era idêntica. Purá, em silêncio, percebera o padrão e o reproduzira.

Suas recriações não se limitavam a roupas. Depois de ver Altair e Marcelo erguerem o acampamento do rio Omerê, Purá voltou à aldeia Kanoê e construiu duas novas edificações de formato retangular no mesmo estilo arquitetônico. Fora estavam as ocas cônicas, cobertas de palha que os Kanoê tradicionalmente construíam; dentro estavam as estruturas em forma de galpão aprendidas com a Frente de Contato.

A avidez da absorção de Purá deixava Altair e Marcelo abismados. Toda vez que ele usava adornos tradicionais, como braçadeiras com penas, eles o enchiam de elogios, esperando inspirar-lhe um pouco de orgulho nativo. Não fazia diferença. Ele preferia claramente camisetas e calças com zíper, industrializadas. Cores incomuns eram as suas favoritas. Rosa-shocking, laranja-neon, espirais psicodélicas — eram essas que atraíam o olhar de Purá. Tentaram curá-lo do impulso como se ele tivesse caído doente de gripe, mas não conseguiram. Era um dândi nato. Da primeira vez que avistou empregados de fazenda vestindo roupas coloridas, um gênio foi libertado da garrafa. Não havia como fazê-lo entrar de novo.

Cada interação levantava a questão sobre o quanto da cultura moderna eles deveriam compartilhar com as tribos recém-contatadas e o quanto deveriam protegê-las dela. Para a maioria da equipe, o instinto era proteger. Mas onde traçariam o limite? Se os índios estavam gozando os benefícios de um facão de aço afiado, não era cruel negar a Purá o uso de uma ferramenta que ele nitidamente gostaria de usar? Se algo tão simples quanto uma tesoura cortaria várias horas do tempo exigido para produzir uma dúzia de flechas, era justo vê-lo pelejar sem necessidade em nome tão somente da tradição?

O arriscado intercâmbio entre tecnologia e tradição era um campo ético minado. Por séculos ele formara o centro instável das relações entre as tribos amazônicas e os recém-chegados. Desde os tempos coloniais, os brancos tinham usado presentes como ferramentas e outros artefatos poupadores de energia para conquistar a boa vontade dos índios.[3] Os exploradores desenvolveram um método testado e aprovado: deixar um engradado numa trilha da selva e enchê-lo com facões, machados e sacos de açúcar. Após receberem esses presentes, os índios podiam ficar mais dispostos a um encontro pacífico. Tal prática logo foi deturpada pelos que tinham planos ignóbeis: tribos inteiras tinham sido varridas do mapa por gente que introduzia veneno no açúcar e o distribuía pela floresta.[4] Esse tipo de coisa acontecia com perturbadora frequência. Em

1957, seringueiros encheram sacos de açúcar com arsênico e mais tarde responsabilizaram uma "epidemia" pela descoberta de índios Tapayuna mortos na selva. Seis anos depois, o inspetor de uma empresa borracheira de Rondônia lançava sacos de açúcar de um avião e, quando os índios Cinta Larga se reuniam para recolhê-los, ele os atingia com bombas incendiárias.

Mesmo assim, os engradados com presentes ainda eram usados regularmente pela Funai, e a Frente de Contato iniciara relações com os Kanoê usando esse método. Tinham deixado facões e machadinhas na floresta mesmo antes do primeiro encontro com Purá e Tiramantu na trilha, esperando convencê-los de que não tinham intenção de lhes fazer mal. Era assim também que esperavam iniciar o contato com o índio solitário que agora estavam rastreando. Talvez ele descobrisse que os benefícios do contato sobrepujavam os perigos. Talvez os saudasse pacificamente. Talvez então pudessem protegê-lo do que acreditavam ser o *verdadeiro* perigo — homens com armas que preferiam ver o índio morto.

Observando Purá e o resto dos Kanoê levando adiante suas vidas normais, Altair e os outros passaram a acreditar que compromissos razoáveis eram possíveis. Se mostrassem prudência, acreditavam poder estabelecer um contato pacífico com os índios — incluindo o índio solitário — e ao mesmo tempo preservar o essencial de suas culturas.

Uma coisa que estavam certos de saber sobre a cultura do índio solitário era que se tratava de um coletor de mel. Pelo jeito, ele diluía o mel em água e o bebia como refresco doce, como faziam os Kanoê. Marcelo e Altair tinham achado numerosas fendas para extração de mel toscamente escavadas em troncos de árvores perto das ocas do índio. Um machado ou facão tornaria o processo muito mais fácil. Quem sabe uma dessas ferramentas caísse em suas graças. Tal presente aplainaria o caminho para o contato, e eles sabiam pela experiência com Purá que o costume sobreviveria mais ou menos intacto.

Quando Purá agora saía à procura de mel, sempre levava o facão que lhe fora presenteado pouco depois de estabelecido o contato. Eles o seguiam selva adentro para aprender sua técnica. Não era difícil imaginar o índio solitário no lugar de Purá.

Purá escalou a inclinação de 45 graus de uma árvore tombada como se caminhasse por uma rampa.[5] A cerca de cinco metros do solo, alcançou um pequeno jirau que tinha construído antes, usando bambu e cipós. Postando-se sobre o jirau, ele pôde alcançar o tronco ereto de outra árvore, que estava morta. Uma colmeia fervilhante estava fixada a esse tronco. Machadinha na mão, Purá fendeu o tronco com um golpe descendente, inclinado, como um treinador de beisebol atirando no chão bolas rígidas para seus jogadores. Algumas machadadas bastavam para trazer à tona um suor grosso que empapava sua camiseta.

Depois de entalhar o tronco, ele nivelou os golpes e atingia diretamente dentro, cortando uma cunha no cerne oco do tronco. Milhares de abelhas sem ferrão se derramaram, cobrindo-lhe os cabelos, os ombros, o rosto. Ele enfiou a mão no tronco e extraiu um torrão de favos de cera marrom. Tentou atirá-lo ao solo, mas a coisa grudava em sua mão. Ele a sacudiu furiosamente até que conseguiu se livrar dos favos. Segurando uma cuia vazia perto do buraco no tronco, enfiou a mão lá dentro de novo. Dessa vez extraiu punhados de mel, deixando o líquido opaco e dourado gotejar de sua mão na cuia. Espiando através de um véu espesso de abelhas em alvoroço, tentou enxotar a multidão de insetos. Pôs a mão sobre os olhos como barreira para um punhado de abelhas — uma solução temporária, pois os riscos de mel que corriam em seu rosto incitavam nelas um frenesi ainda mais ensandecido.

Depois de encher meia cuia com a mão, ele desceu o tronco inclinado e vasculhou a folhagem baixa até encontrar duas hastes fibrosas. Depois de arrancá-las do chão, ele as rasgou em borlas e em seguida enrolou-as num pompom. Voltou ao buraco na árvore e usou as hastes enroladas como esponja para coletar o mel. Passava o pompom pelo interior do tronco e, quando estava pesado de mel, ele o espremia dentro da cuia. Mais de uma hora depois, Purá retornou à aldeia com uma cuia cheia de mel.

Se Purá levava uma hora para coletar mel com uma machadinha, os integrantes da equipe suspeitaram que o índio solitário despendia muito mais tempo para saciar seu gosto por mel. Pesquisas de campo respaldavam essa hipótese. Pesquisadores do Museu Americano de História Natural descobriram que, enquanto uma pessoa levava em média três horas para derrubar uma árvore com um machado de aço moderno, a mesma pessoa levava 115 horas se trabalhasse com os machados de pedra tradicionalmente usados pelos índios amazônicos.[6] Ao dar um machado a Purá, tinham-lhe poupado horas de esforço, e ele podia gastá-las em outras tarefas — produzir flechas, caçar, pescar, o que fosse. O presente não destruíra a genuína tradição kanoê de coleta de mel, e eles imaginavam que o espírito daquela tarefa permanecesse relativamente o mesmo: coletar mel ainda estava longe de ser um mero passeio no parque. Era um compromisso, eles sabiam, mas era algo com que suas consciências poderiam conviver — desde que os próprios índios determinassem o ritmo das mudanças. Se um índio queria um machado, eles não podiam acusá-lo de manchar um ideal de pureza no qual o próprio índio não acreditava. De igual modo, se o índio não quisesse aquelas ferramentas, eles supunham não ter o direito de empurrá-las para ele. Ele, e não eles, devia fazer a escolha.

Mas essas escolhas nem sempre eram tão nítidas. Aspectos menores da cultura indígena podiam mudar sem que eles sequer percebessem, passando despercebidos tão facilmente quanto o alinhavado de uma calça jeans. Era um assunto complicado. Mas se o contato conseguisse salvar uma cultura da extinção, as alterações causadas por algo como um machado ou uma camiseta pareciam perder na comparação.

Nos meses seguintes, continuaram a convidar Purá e Owaimoro para as expedições na Fazenda Modelo que tentavam fazer contato com o índio solitário.[7] Encontraram mais arapucas, cortes para pegar mel e trilhas. Nas trilhas que mostravam sinais de seu trânsito a pé, deixavam facões, machadinhas e sementes para plantar.

Mas, quando voltavam àqueles locais mais tarde, descobriam que as ferramentas permaneciam exatamente onde as tinham deixado, intocadas.

Marcelo e Vincent desenvolveram uma teoria para explicar por que o índio solitário, a quem tinham começado a se referir espontaneamente como "o Índio do Buraco", estaria relutante em aceitar presentes.

Marcelo lembrou que anos antes, em 1984, um grupo de índios não identificados que viviam a poucos quilômetros do que mais tarde se tornaria a Reserva do Rio Omerê tinha disparado flechas contra caminhões madeireiros. Segundo rumores da época, alguns empregados das fazendas do local mantiveram um relacionamento visual com aquela tribo por vários anos. Os empregados acampavam na floresta por longos períodos e às vezes faziam escambo com a tribo, trocando facões velhos por milho, corda por frutas, açúcar por mandioca. Seu relacionamento com os índios jamais progrediu além dessas transações simples. No entanto, conforme se contava, quando caminhões madeireiros foram atingidos por flechas em 1984, o proprietário da fazenda mais próxima receou que o conhecimento da presença de índios pudesse ameaçar sua posse das terras. Eles teriam ordenado que os empregados distribuíssem "presentes" aos índios: sacos de açúcar misturado a veneno de rato.

A história era apócrifa e nunca foi comprovada. Mas fez Marcelo e Vincent pensarem. O suposto envenenamento teria ocorrido numa distância de um dia de caminhada do lugar onde tinham encontrado a aldeia com catorze buracos. Ao pensar na proximidade, perguntas óbvias surgiram: o índio solitário poderia ser membro da tribo que atirou flechas contra os caminhões madeireiros antes de ser alvo do açúcar envenenado? Depois de escapar ao envenenamento, era possível que outros sobreviventes da tribo tivessem se mudado para a aldeia dos catorze buracos? Teria o índio solitário sobrevivido ao recente massacre que destruíra a aldeia que eles haviam descoberto?

Os elos pareciam plausíveis e poderiam explicar por que o índio solitário manteria intactos os presentes que eles deixaram nas trilhas da selva. Mas eles não tinham como ser confirmados.

Eles foram atrás de um velho motorista de caminhão que participara do comboio de caminhões madeireiros atacados pelos índios em 1984. Esperavam conseguir uma descrição dos índios, mas o motorista não foi de muita ajuda. Ele explicou a Marcelo que tinha visto as flechas ricochetearem do para-brisa de outro caminhão de seu comboio, mas que não tivera uma boa visão dos índios antes de arrancar em disparada.

"Quando vi que o caminhão tinha sido atingido por flechas", disse ele a Vincent e a Marcelo, "não tinha quem me fizesse ficar parado ali."[8]

Sem provas sólidas, as teorias sobre os massacres não valiam nada, fossem verdadeiras ou não. A melhor maneira de conseguir provas, é claro, era falar com o índio solitário em pessoa.

Marcelo imaginava que, se alguém podia romper com a resistência do índio solitário ao contato, provavelmente seriam os membros das tribos Kanoê ou Akuntsu. No entanto, se a mera introdução de uma ferramenta, como um machado, criava armadilhas éticas, a introdução de outra tribo podia se revelar ainda mais delicada.

Depois de descobertos os Kanoê e os Akuntsu e criada a Reserva do Rio Omerê para eles, a Frente de Contato tinha estimulado um vínculo entre as duas tribos. Para os de fora, as duas tribos podiam parecer incrivelmente semelhantes — ambas eram vítimas de conflito, ambas tinham sido reduzidas a um punhado de sobreviventes, ambas viviam na mesma área geral, ambas tinham sido descobertas praticamente ao mesmo tempo pela Frente de Contato. Mas as duas tribos tinham de superar enormes diferenças para criar um vínculo. Mesmo entre tribos indígenas isoladas no meio da selva, a autopercepção é uma questão complexa e muito relativa. Os Kanoê, por exemplo, acreditavam ter muito pouco em comum com os Akuntsu. Consideravam os Akunstu barbaramente grosseiros, um clã infectado por hábitos imundos, necessitados de uma boa esfregação nas águas do rio.

As duas tribos tinham sido forçadas pelas circunstâncias a travar amizade nos últimos anos, mas a confiança permanecia instável. Owaimoro, mais do que qualquer um dos outros Kanoê, achava difícil esconder seu nojo pelo modo de vida dos Akuntsu. Com seu macaco-prego permanentemente empoleirado no ombro, ela observava o modo como os Akuntsu tratavam seus mascotes. Os Akuntsu não atribuíam quase nenhum valor sentimental a seus animais: se os membros da tribo estivessem famintos, não tinham nenhum prurido quanto a retalhar um mascote para comer. Para Owaimoro, aquilo cheirava a selvageria. Ela considerava os Akuntsu parte de uma cultura claramente inferior. Os demais Kanoê eram menos abertos quanto a mostrar seu desprezo, mas também pareciam abrigar atitudes semelhantes acerca dos vizinhos tribais.

Mas se os cinco Kanoê esperavam manter relações com quaisquer outros índios, os Akuntsu tinham se tornado sua única esperança. Por isso, apesar das diferenças entre as duas tribos, em 1995 os Kanoê levaram Altair e Vincent mata adentro para se encontrar com os Akuntsu pela primeira vez.

O encontro inicial com os Akuntsu ocorreu poucas semanas depois de a equipe ter encontrado Purá e a irmã na trilha da selva. Os Kanoê haviam se referido aos Akuntsu como selvagens e explicaram que ainda não confiavam plenamente neles. Os nervos estavam à flor da pele quando Owaimoro e a irmã de Purá, Tiramantu, se preparavam para conduzir Altair e Vincent através da mata cerrada rumo à aldeia Akuntsu. Logo depois que eles partiram da aldeia Kanoê, Tiramantu ficou andando, nervosa, de um lado para o outro e confessou sua ansiedade ao velho tradutor Kanoê que a Frente de Contato tinha contratado.

"Eu tenho medo deles", disse Tiramantu, tocando o queixo com seu facão, medindo as palavras devagar. "Eles brigam muito. São violentos."[9]

Nos dois últimos anos, Tiramantu servira como algo semelhante a um enviado diplomático entre as duas tribos. Foi ela que iniciou o contato com os Akuntsu em primeiro lugar, acreditando que era o único modo de os Kanoê, reduzidos a quatro pessoas, poderem sobreviver por mais uma geração. Reconhecia que os Akuntsu eram ameaçados de modo semelhante pelas estreitas perspectivas de reprodução que não violavam os tabus do incesto: sua tribo consistia em dois homens, uma mulher idosa, duas irmãs com cerca de 35 e 25 anos e uma menina de uns treze anos.

Tiramantu promovera encontros com o Akuntsu mais velho, um chefe chamado Konibu, que parecia ter seus sessenta anos. Os encontros tinham sido tensos, sempre, visto que precisavam esforçar-se para se comunicar numa língua comum. Tiramantu, porém, teve sucesso em explicar sua ideia a Konibu. Um ano depois, ela ficou grávida e teve um menino, o jovem Operá, que então tinha cerca de dois anos de idade. Tiramantu jamais falou sobre a linhagem do menino, mas todos sabiam que o pai tinha de ser um dos dois homens Akuntsu — Konibu ou seu sobrinho, Pupak, com pouco mais de trinta anos. Apesar da diferença de idade, o pessoal da Frente de Contato presumiu que Konibu fosse o pai. Konibu liderava os Akuntsu com autoridade inconteste, e se alguém tinha de se encarregar de assegurar que sua tribo viveria de um jeito ou de outro, este seria Konibu.

Contudo, mesmo Tiramantu — que mantivera relações íntimas com um dos Akuntsu — estava nervosa quando o grupo se aproximou da aldeia Akuntsu. Ela explicou que o motivo de Purá não ter ido junto era que Pupak o via como um rival e tinha ameaçado matá-lo ainda na véspera. O tradutor detectou o mal-estar de Tiramantu e ficou, ele também, um pouco nervoso. Quando eles despontaram da mata no meio de uma horta de legumes ao lado da aldeia Akunstu, o tradutor perguntou a ela: "Se eles estiverem aí, você acha que vão nos atacar?".

Tiramantu trazia suas flechas sobre os ombros e atentou para as ocas. Pareciam vazias. "Eles são violentos, sim, e ontem queriam matar meu irmão", disse ela. "Por isso, é melhor você também ter cuidado. Podem te matar."

Ela explicou que as tensões entre as duas tribos recentemente tinham esquentado quando ela abordou Konibu sobre a possibilidade de Purá se unir a uma das mulheres Akuntsu. Afinal, elas eram a única chance para ele de encontrar uma companheira. Mas Konibu não permitira. Tiramantu ficou com raiva, e a animosidade entre os dois começou a ferver.

"Fiquei tão furiosa", explicou Tiramantu, "que quis matar todos eles." Ela fez uma pausa antes de se voltar para Altair e Vincent: "Mas depois que vocês apareceram aqui, não quero mais matar ninguém". Seu rosto se abriu num sorriso, exibindo uma fileira irregular de dentes descoloridos, e ela começou a se sacudir, gargalhando.

Sua tentativa de aliviar a tensão com o riso não serviu muito para tranquilizar os outros, que a seguiam e a Owaimoro à medida que se aproximavam devagar das ocas. Tiramantu apurou os ouvidos à cata de algum ruído. Por trás de uma das ocas encontraram Pupak, o rapaz Akuntsu. Pupak estava com a mulher mais velha, que o adotara como filho décadas antes.

A idosa Akuntsu não usava roupas além de braçadeiras fibrosas que se apertavam firmes em torno da parte superior do braço, bugigangas coloridas num colar e brincos feitos de casca. Pupak vestia apenas uma tanga de palha seca. A pele de ambos estava pintada de urucum vermelho. Para repelir insetos, tinham esfregado na pele as cinzas de fogueiras abrandadas. Os Kanoê consideravam essa prática uma inegável porcaria; Owaimoro sempre insistia para que tomassem banho.

Tiramantu pegou a velha pela mão e a encaminhou a Altair, que sorriu e meneou a cabeça.

"Esses são os homens que vieram à nossa aldeia", disse Tiramantu à mulher. A idosa, é claro, não podia entender uma única palavra dita por Tiramantu. Os Akuntsu falavam uma variedade da língua tupari, não kanoê.

Tiramantu e Owaimoro usaram o tradutor e se encarregaram do encontro, tentando orientar Altair e Vincent sobre como deveriam tratar os Akuntsu. No geral, sua orientação era de que não deviam se incomodar em tratá-los bem. Não valia a pena desperdiçar presentes com eles, disseram elas. Aos Akuntsu faltava, segundo os Kanoê, o requinte de valorizar as ferramentas do homem branco.

Altair e Vincent desconfiaram de ciúmes.

"Vá em frente e dê a panela a ela", disse Vincent a Altair.

Altair apanhou uma panela nova, cromada, reluzente e a estendeu à mulher Akuntsu. Owaimoro protestou. Apontou para outra panela, preta e amassada, uma velha panela que Altair tinha usado para si mesmo, e sugeriu que aquele era um presente de boas-vindas mais apropriado para uma tribo tão primitiva.

"Não dê a ela essa panela nova", disse Owaimoro, vendo a mulher idosa acariciar o objeto cintilante. "Ela vai destruir tudo."

"E se você der roupas para eles", acrescentou Tiramantu, "eles vão rasgar tudo. Pegue esta panela e esconda da mulher."

Owaimoro abruptamente arrancou a panela das mãos da mulher e logo se embrenhou no mato para escondê-la, deixando a mulher Akuntsu sem fala, de olhos arregalados e confusos. Poucos minutos depois, Owaimoro voltou, pegou a mão da velha e em sua palma depositou uma cuia de metal. Um prêmio de consolação, Owaimoro parecia dizer, um prêmio que ela acreditava que os Akuntsu deviam se alegrar em receber.

No entanto, em vez dos selvagens violentos para os quais os Kanoê os tinham preparado, Altair e Vincent encontraram Akuntsu gentis e receptivos, sobretudo se considerarmos que eles foram surpreendidos por estranhos que lhes pareciam tão exóticos quanto se tivessem chegado numa nave espacial. Altair ofereceu bolachas salgadas aos Akuntsu, e Pupak se sentou mordiscando--as, contente, enquanto Altair desenroscava a tampa de um pote de Nescafé e colocava uma panela sobre uma fogueira. Sentaram-se em silenciosa comunhão, compartilhando comida e bebida. Pupak não sorria nem franzia a testa. Simplesmente mastigava suas bolachas e experimentava um gole de café, fitando os rostos de seus visitantes. Tiramantu e Owaimoro se sentaram em silêncio na borda da clareira.

Por fim, Pupak levou Altair e Vincent até a principal clareira Akuntsu para conhecer o resto da tribo. A mulher idosa embalou a comida e as ferramentas em sacos de corda que carregava em seu dorso recurvado e adentrou a floresta com o auxílio de uma longa bengala. Depois de um percurso de vários minutos, alcançaram o acampamento, que consistia em quatro grandes ocas cônicas.

Konibu estava sentado de pernas cruzadas sobre um dos tocos de árvore que a tribo dispusera na clareira à guisa de cadeiras. Ele e Pupak baforavam o tabaco suave que tinham enrolado em folhas secas. Altair, vestindo apenas bermuda e suas botas de caminhada, sentou de pernas cruzadas ao lado de Konibu, oferecendo-lhe sorrisos amáveis, esperando a aceitação do chefe. Passado um momento, Konibu estendeu a mão na direção de Altair e começou a apalpar de leve a pele de seu antebraço e de suas pernas.

"Você é tão peludo!", disse ele na língua akuntsu.

Os amplos sorrisos dos dois homens marcaram o início do que se tornaria um longo e por vezes estranho relacionamento entre os Akuntsu e a Frente de Contato.

Nos dois anos seguintes, Marcelo, Altair e o resto da equipe observaram os Kanoê e os Akuntsu levarem adiante seu relacionamento por vezes forçado. Se aquelas duas tribos, com tantas diferenças entre si, podiam aprender a conviver, talvez houvesse esperança para o membro solitário de uma tribo desconhecida vivendo em algum lugar nas matas circundantes. Quem sabe um dia, depois de levadas para uma área protegida pela Frente de Contato, todas essas tribos pudessem viver juntas e em paz.

Enquanto as relações triangulares entre os Kanoê, os Akuntsu e a Frente de Contato continuavam a evoluir, o único entre eles que parecia lamentar os esforços da Funai por encorajar novos vínculos tribais era o macaco-prego mascote de Owaimoro.

Era uma criaturinha hiperativa, um novelo irrequieto em perpétuo movimento, ávido por agradar, empoleirado no ombro de Owaimoro. Certo dia, Owaimoro seguiu Altair para caçar macacos perto da aldeia Kanoê. O macaco-prego, como de hábito, estava no ombro dela. Em retrospecto, pode ter sido um engano.

Para atrair macacos, Altair imitou seus uivos assobiados. Ficou parado na floresta, soltou um chamado e então inspecionou a copa das árvores em busca de algum sinal de resposta. Mas naquele dia seus chamados não estavam funcionando. O macaco-prego de Owaimoro parecia divertir-se com as tentativas de imitação de Altair e o corrigiu, oferecendo um assobio genuíno, como se acreditasse que Altair precisava de uma referência para a coisa autêntica. Altair estimulou o macaco a prosseguir.

Em pouco tempo, um pequeno grupo de macacos respondeu ao chamado balançando-se através das copas das árvores na direção de Altair, Owaimoro e seu mascote. Altair esperou até que um deles se aproximasse o bastante, fez mira e puxou o gatilho. Um macaco caiu morto da árvore. O mascote de Owaimoro observou tudo se desenrolar com uma expressão que Altair só pôde interpretar como de atordoado horror.

A partir daquele instante, o macaco de Owaimoro não conseguia ficar de modo nenhum perto de uma arma. Se Altair ou Marcelo se aproximavam com suas espingardas, ele se escondia atrás de Owaimoro e cobria os olhos.

Os membros das tribos Kanoê e Akuntsu não pareciam, por seu turno, compartilhar nada do arrependimento do macaco por ter feito contato com a Funai. Depois que Altair e Marcelo tinham construído o acampamento do rio Omerê entre as aldeias, os Akuntsu e os Kanoê começaram a se ver com muito mais frequência. As tribos costumavam visitar o acampamento da equipe ao mesmo tempo, para relaxar, socializar e dividir refeições. As tribos até começaram a participar de rituais xamanísticos conjuntos, uma vez na presença de Altair, Marcelo e Vincent.

O ritual começou quando Konibu, o chefe dos Akuntsu, usou um pilão de madeira para esmagar sementes de angico numa pequena cuia de coco para obter um pó alaranjado, o rapé. Ele convidou Tiramantu, dos Kanoê, para se sentar perto dele. Konibu levou a mão à cuia e segurou uma pequena porção do rapé no dedo indicador. Ergueu o dedo até a narina e inalou profundamente, fazendo careta, tossindo e batendo no joelho enquanto a fungada queimava em suas cavidades nasais. As sementes de angico têm um leve efeito alucinógeno. Ao contrário do tabaco que Konibu inalava habitualmente durante o dia, esse rapé tinha um propósito sagrado: convocava os espíritos da floresta, diziam eles.

Konibu continuava a inalar e a tossir quando Tiramantu, que se despira de sua camiseta para o ritual, pegou rapé da cuia. Eles se alternavam inalando, deixando as propriedades do rapé penetrar em suas mentes. Grandes moscas pretas enxameavam em volta de seus ombros e costas nuas, mas eles não prestavam atenção a elas. Tiramantu jogou a cabeça para trás e começou a assobiar. Estendeu os braços para os lados e começou a abanar as mãos e a cantarolar: *babaiá, babaiá, babaiá.*

Enquanto Konibu a fitava em estoico silêncio, ela levou as mãos à boca e inalou grandes golfadas de ar: estava sugando os espíritos maus da clareira. Em seguida, estufou as bochechas e soprou, balançando os braços para a frente: estava soprando aqueles espíritos para longe, floresta adentro. Konibu inspecionava o ar à volta deles, como se pudesse ver os espíritos partindo.

Logo Tiramantu se levantou do toco de árvore em que estava sentada e começou a correr em círculos, sacudindo os braços como as asas de um pássaro. Konibu imitou o gesto, sentado no toco. Continuaram a soprar espíritos para longe. Os dois se sentavam, se levantavam, saltavam para cima e para baixo. Juntos, pularam em círculos, batendo palmas e estapeando as coxas, até que ambos desabaram no chão. Konibu ficou deitado, imóvel, mas Tiramantu cantou por cima dele, puxando-o de volta à vida. Passados alguns minutos, ela pulou para cima e agarrou um arco e uma flecha. Seu olhar sugeria que estava fitando alguma coisa que pairava a distância, junto à linha de árvores. Mas logo ela desabou no chão, gemendo de costas. Pousaram moscas sobre o suor de seu rosto. O ritual estava concluído.

Altair e Vincent não sabiam ao certo o que Tiramantu e Konibu viram, mas eles próprios tinham testemunhado um fato histórico: duas tribos inimigas se unindo quase como uma só, participando de um dos rituais espirituais mais sagrados que cada uma delas observava. Mais ainda: as tribos tinham permitido que eles contemplassem tudo aquilo.

À medida que iam conhecendo melhor os Akuntsu e começavam a se comunicar com eles por meio de tradutores, eles passaram a reconhecer a sorte de terem sido aceitos tão depressa pelos Akuntsu. Se a Frente de Contato tivesse abordado sozinha os Akuntsu, sem os Kanoê, a experiência poderia ter sido desastrosa. Gente branca havia se aproximado deles antes, mas não deixara boa impressão.

Os Akuntsu carregavam, literalmente, essa impressão consigo por toda parte aonde iam. Konibu apontava para o tecido cicatrizado que cintilava na pele de seu tríceps como uma sanguessuga reluzente, e Pupak mostrava nas costas marcas de bexiga que Altair e Vincent reconheceram como os estilhaços de balas de espingarda. Por meio de um tradutor de tupari que a equipe contratou, Konibu lhes contou como acontecera.

"Estou só agora, sem irmãos", disse ele. "Os homens brancos mataram todos os meus amigos — *pou-pou-pou*!" Ele vibrou uma das mãos no ar, imitando uma arma. "Mataram eles com revólver, não com arcos e flechas. Fiquei sozinho, e é por isso que tenho esse medo das pessoas que vivem do lado de lá. Foi por isso que fugi delas."

Konibu fez uma pausa para esclarecer um detalhe com o tradutor. "Este cara aqui, e este outro", apontou para Altair e Vincent, "não tenho medo deles. Tenho medo dos homens brancos do lado de lá." Fez um gesto longo com a mão, como que para indicar que "do lado de lá" queria dizer além da floresta: as fazendas que faziam divisa com ela.

O tradutor insistiu por mais detalhes, mas Konibu disse que precisava se deitar. Ele se retirou para sua oca e se estirou em sua rede. Altair e Vincent acompanharam o tradutor oca adentro e se sentaram no chão, que era macio e poeirento por causa das cinzas de uma fogueira adormecida num canto. Ururu, a mulher mais velha, entrou e, pondo as duas mãos em volta da boca, se inclinou sobre Konibu e inspirou profundamente: ela estava sugando o veneno das más lembranças para fora do corpo dele, explicou o tradutor, e em seguida soprando-as para o vento. Quando ela terminou, o tradutor perguntou se os homens brancos tinham atacado a antiga aldeia dos Akuntsu de dia ou de noite.

"Atacaram durante o dia", respondeu Konibu, reclinando-se na rede e apontando para o teto. "Atacaram ao meio-dia, o sol estava ali em cima. Vieram com suas máquinas barulhentas. Mais tarde só achei cadáveres. Mas nunca encontrei o corpo do meu irmão. Não sei se eles podem ter levado o corpo para comer." O rosto do tradutor se abriu num sorriso quando Konibu propôs a hipótese, mas o sorriso se dissolveu quando o chefe Akuntsu continuou a falar. "Os corpos de todas as mulheres estavam lá, e os outros. Eu olhava e olhava, mas não encontrei o dele."

Altair estava sentado aos pés da rede com os braços cruzados sobre os joelhos, perto de Vincent. Altair escutou aquilo com uma expressão de pálido horror e depois perguntou onde estava Konibu quando os brancos atacaram.

"Eu estava fora, pelos lados de cá", disse ele, desenhando um círculo imaginário no ar, indicando uma localização fora da antiga aldeia. "Foi como escapei. Mas a bala deles me pegou no braço." Apontou de novo para a cicatriz na parte de baixo do braço. "Depois daquilo, meu braço ficou muito ferido, muito inchado."

De novo Konibu assegurou a Altair e Vincent que não trazia rancor nenhum contra eles — eram os fazendeiros que o assustavam. "Quando vejo homens brancos, fico aterrorizado. É como se meu coração fosse saltar para fora do peito. Eles vieram com sua máquina que faz muito barulho: *uí-uí-uí*! Desceram para bem junto do povo. Isso nos deixou muito assustados."

Pelos detalhes que conseguiram colher de Pupak e do resto da tribo, Altair e Vincent concluíram que Konibu, Pupak e as mulheres sobreviventes estavam fora da aldeia quando empregados de fazenda armados com motosserras e revólveres limparam a área. Ocorreu-lhes que talvez o índio solitário que estavam rastreando fosse outro sobrevivente do mesmo ataque. Talvez, especularam por um momento, ele pudesse até mesmo ser o irmão que Konibu presumia morto, mas sem ter encontrado o corpo.

Mas os Akuntsu jamais cavavam buracos do modo como o índio solitário fazia, e jamais tinham ouvido falar de algum Akuntsu que fizesse semelhante coisa. O ataque sofrido por eles ocorrera pelo menos dez anos antes, e pela descrição de Konibu, o local da antiga aldeia era próximo da Fazenda Yvipita, não da Modelo. Marcelo começava a suspeitar que, quando tivera seus primeiros embates com o advogado Odair Flauzino em 1985, depois que ele e seu grupo de índios Nambiquara encontraram balas de revólver e cartuchos de espingarda em torno dos vestígios de uma aldeia indígena destruída, tinham sido os Akuntsu o povo atacado. O índio solitário, porém, era com quase toda certeza de uma tribo diferente que sofrera destino parecido.

Quando os integrantes da Frente de Contato descreveram para Konibu a localização aproximada da aldeia dos catorze buracos que tinham encontrado destruída, o chefe disse que não sabia de nada a respeito.

Eles lhe disseram que estavam tentando fazer contato com o índio solitário antes que ele encontrasse um destino semelhante ao do irmão de Konibu e seus companheiros de tribo. Perguntaram-lhe se ele e talvez algumas mulheres Akuntsu estariam dispostos — como Purá e Owaimoro — a se juntar a eles naquela missão. Explicaram a Konibu que se o grupo conseguisse alcançar o índio solitário antes dos fazendeiros, ele talvez tivesse chance de sobreviver em paz num trecho de terra protegida, exatamente como os sobreviventes de sua própria tribo.

A ideia fazia sentido sob muitos aspectos. Mais ainda que os Kanoê, os Akuntsu pareciam se assemelhar ao índio solitário, particularmente no fato de não usar roupas. Talvez o índio tivesse empatia com os Akuntsu. No mínimo, a presença de mulheres numa das expedições da equipe emprestaria uma atmosfera mais pacífica a qualquer encontro, o faria saber que não vinham promover uma guerra.

Altair ficou encarregado de convencer Konibu a se juntar à equipe, mas primeiro tinha de convencê-lo a subir num dos Toyotas — um pré-requisito para qualquer expedição. Nenhum dos membros da tribo jamais pusera o pé num veículo de qualquer tipo antes.

Quando viram a caminhonete pela primeira vez, os Akuntsu se recusaram a se aproximar dela. Estava cheia de espíritos maus, disseram — *ouça o rugido disso, veja como balança*! Lentamente, porém, com muito esforço, Altair conseguiu garantir-lhes que a coisa não era tão má quanto acreditavam. Abriu as portas e os conduziu para mais perto da caminhonete, encorajando-os a dar uma boa olhada dentro. Depois que deram uma espiada rápida, Altair subiu, sentou e convidou Konibu e três das mulheres a se juntar a ele. Isso levou uma tarde inteira de negociações — ele só faltou cair de joelhos e implorar — até que finalmente eles se renderam. Altair, cambaleante, fechou as portas e sentou ao volante. Quando deu a partida e o motor adquiriu vida, os Akuntsu entraram em pânico. Konibu e as mulheres começaram a esmurrar os vidros. Disseram que o barulho os deixava tontos. Queriam sair.

Depois disso, Konibu se recusou categoricamente a permitir que qualquer membro de sua tribo acompanhasse a Frente de Contato numa expedição. Os Akuntsu e os Kanoê só conseguiam conviver após anos de trabalho diplomático. Konibu achava que forçar um encontro com o índio era procurar encrenca. Disse à equipe que, se quisessem encontrar o índio e estabelecer uma relação semelhante à que tinham estabelecido com os Kanoê e os Akuntsu, teriam de fazer isso sem a sua ajuda.

Talvez Owaimoro e Purá já tivessem esquecido quanto uma tribo podia ser perigosa se forçada até os limites, mas Konibu não.

Owaimoro Kanoê com seu macaco-prego de estimação durante uma expedição com a Frente de Contato em 1996

7. Selvagens

No primeiro semestre de 1997, o Ibama impediu temporariamente o corte de árvores na floresta onde Altair tinha encontrado o índio solitário.[1] A proibição era resultado daquele encontro, mas foi um gesto oco: o governo pregou algumas placas em árvores no limite do território, e ficou nisso. Ninguém fiscalizou a proibição. Os fazendeiros continuaram a derrubar árvores, e a Frente de Contato relatou as violações, em vão. A restrição temporária só existia no papel, não no mundo real.

Se Marcelo e sua equipe de fato queriam proteger a terra onde acreditavam estar vivendo o índio solitário, era necessário primeiro que o Ministério da Justiça reconhecesse oficialmente a presença dele. Para tanto, a Funai precisava de um nome de tribo, de uma língua, de uma síntese de seus costumes — *qualquer coisa* que provasse que ele representava uma cultura merecedora de proteção. Só havia um modo de fazer isso: os integrantes da equipe precisavam estabelecer contato com o índio. Sydney Possuelo, o chefe da Divisão de Índios Isolados em Brasília, encorajava a Frente de Contato a lançar mais expedições, reunir mais provas e — se possível — fazer contato com o índio antes que pistoleiros e capatazes tivessem uma oportunidade.

Durante todo o segundo semestre de 1997, Marcelo e o resto da equipe carregaram suas mochilas por incontáveis trilhas na mata, buscando sinais de vida humana em lugares onde nenhuma tribo jamais tinha sido registrada.[2] A cada mês empreendiam uma expedição, de quatro ou cinco dias, que os levava através da floresta reivindicada pelos Dalafini e seus vizinhos. Desde o início, essas explorações se encaixavam num padrão previsivelmente monótono. Encontravam alguns vestígios da presença de um indivíduo na mata em torno da Fazenda Modelo — talvez alguns gravetos pisados e um ou dois cortes numa árvore para extração de mel. Mas nunca punham os olhos no índio em pessoa.

Durante uma jornada de quatro dias em setembro, eles chegaram perto. Marcelo, Altair e Purá encontraram dez árvores diferentes perto das margens de um córrego estreito, que haviam sido perfuradas para extrair mel.[3] Os cortes não tinham mais que dois dias. Na mesma área, localizaram dois jacaratiás espinhosos, derrubados menos de duas semanas antes. Os troncos dessas árvores tinham sido estriados e postos no solo com o lado arranhado para baixo — uma técnica indígena para atrair larvas de insetos comestíveis. Ali perto encontraram um par de jiraus — plataformas suspensas construídas de gravetos, usadas para assar e secar carnes sobre o fogo. No declive lamacento de outro córrego encontraram pegadas humanas de um dia.

Enquanto inspecionavam as pegadas, Altair disse a Marcelo que não conseguia se livrar da sensação de que estavam sendo observados. Disse que era como se a floresta tivesse olhos — dois deles — que viam tudo o que a equipe estava fazendo. Antes de desistir e abandonar as margens do córrego naquele dia, deixaram no chão um facão e uma das flechas de Purá como presentes. Retornaram alguns dias mais tarde; o facão e a flecha estavam intocados.

Cada vez mais as expedições se tornavam árduos exercícios de frustração. Em vez de provas concretas que pudessem preencher as lacunas do histórico do índio, só descobriram mais desmatamento. Em seus relatórios de exploração, Marcelo descrevia as novas clareiras que tinham sido arrancadas às florestas da propriedade dos Dalafini. Usava todos os recursos tipográficos possíveis para chamar a atenção para sua indignação, marcando suas frases com pontos de exclamação, palavras em caixa alta, sublinhando trechos inteiros — mas só encontrava silêncio. Nenhuma multa foi aplicada, nenhuma denúncia registrada. A Frente de Contato até agora não tinha conseguido convencer os reguladores nacionais de que a causa *era importante*. O índio era uma abstração, não uma pessoa real que pudesse inspirar um vínculo emocional. Era uma diferença significativa: a empatia não se prende a uma sombra.

Marcelo não conseguia esconder seu ressentimento. Ao entardecer, depois de armar acampamento para passar a noite, ele normalmente traçava o percurso da equipe em mapas e rabiscava algumas anotações. Enquanto os outros recolhiam lenha e assavam qualquer carne que tivessem conseguido arranjar para o jantar — em geral caititu, tartaruga, macaco-aranha ou peixe —, Marcelo despejava a raiva em seu diário.

Para Marcelo, o índio se tornara um símbolo, um combatente refugiado que se protegia de um mundo moderno corroído pela depravação. Em seu diário, numa noite de setembro depois de ter encontrado mais derrubadas na mata, ele escreveu: "A situação desse índio é uma vergonha para a sociedade brasileira. Jamais pudemos pagar a dívida que temos com eles depois de dizimar populações inteiras, e agora, neste momento, nem sequer podemos garantir as mínimas condições de sobrevivência. Que ganância é essa que permite essa barbaridade e sua impunidade!!!".

Marcelo acreditava que sua causa era sagrada, que os pecuaristas eram bandidos, fora da lei, que precisavam ser levados aos tribunais. Esse tipo de retidão pode irritar as pessoas, especialmente se tais pessoas não compartilham a indignação. Em Rondônia, a opinião inflexível de Marcelo sobre os fazendeiros e madeireiros não recebia o apoio entusiasta da população em geral, porque os fazendeiros e madeireiros eram a população geral. Os integrantes da Frente de Contato podiam recitar quanto quisessem a última versão da Constituição, mas não passavam de palavras no papel — tal como as restrições temporárias impostas sobre a exploração da madeira na floresta do índio. Naquele pequeno canto do mundo, ainda eram os caubóis contra os índios, e os caubóis eram os mocinhos.

Ao longo de sua história, o Brasil tem se debatido para decidir que papel os índios devem desempenhar na história nacional. A política oficial e a opinião pública têm concordado algumas vezes, outras, não.

Na segunda metade do século XIX e nas primeiras décadas do XX, uma escola de pensamento positivista se difundiu a partir da Europa e criou firmes raízes na classe média brasileira.[4] Rapidamente ela cresceu e se tornou algo semelhante a uma teologia. Um de seus sumos sacerdotes foi Cândido Rondon, o lendário explorador das florestas, fundador do primeiro Serviço de Proteção ao Índio, a quem o estado de Rondônia deve seu nome.

Segundo os positivistas, as culturas evoluíam em estágios específicos, das sociedades primitivas para as maduras. As tribos nativas da Amazônia representavam o primeiríssimo estágio da evolução cultural, marcado pelo animismo, ou pela crença de que qualquer objeto natural podia ter um espírito. Os positivistas achavam que tais tribos eram incapazes de pensamento racional. Mas, desse estágio de primitivismo cultural, os positivistas acreditavam que as tribos podiam evoluir até estágios mais avançados de desenvolvimento: do animismo ao politeísmo, daí ao monoteísmo e por fim ao racionalismo ilustrado. Rondon acreditava que, com auxílio, os índios poderiam saltar os estágios médios de desenvolvimento e pousar direto na luz da modernidade. Ele ensinava aos agentes do Serviço de Proteção ao Índio que pacificar os índios ajudava a preservar a possibilidade da transição bem-sucedida deles para a modernidade. Rondon criou um lema com vistas a guiar os agentes em suas missões pacificadoras: "Morrer se preciso for; matar, nunca".

Depois de ter deixado a Casa Branca, o presidente americano Theodore Roosevelt fez uma exploração da Amazônia com Rondon em 1914 e observou que o efeito do positivismo entre as tribos brasileiras era frequentemente a conversão religiosa — um resultado que os positivistas jamais buscaram, mas que parecia agradar ao ex-presidente dos Estados Unidos. "Pode parecer estranho que entre os primeiros frutos dos esforços de um positivista tenha sido a conversão ao cristianismo daqueles a quem ele procura beneficiar", escreveu Roosevelt após sua expedição com Rondon.

> Mas, na América do Sul, o cristianismo tem no mínimo o mesmo status que uma teologia. Representa o primeiro passo indispensável para ascender do estado de selvageria. Nos distritos mais bravios e pobres, os homens são divididos em duas grandes classes de "cristãos" e "índios". Quando um índio se torna cristão, ele é aceito e completamente absorvido ou parcialmente assimilado pela rude e simples civilização circundante, e então se move para cima ou para baixo como qualquer outra pessoa entre seus iguais.[5]

A influência do positivismo se dissipou nos anos 1930, quase ao mesmo tempo em que a ideia de relativismo cultural começava a reunir forças nos círculos antropológicos. Os antropólogos começaram a colocar palavras como "primitivo" e "selvagem" entre aspas, argumentando que eram termos ideologicamente tendenciosos e aplicados de forma injusta pelos europeus às sociedades indígenas. A influência dessa ideia foi transformadora — mas, em grande parte, acadêmica. As teorias intelectuais que começavam a penetrar no senso comum *fora dos* círculos antropológicos — teorias que incluíam as de Freud e Jung — reforçavam a ideia de que as culturas indígenas representavam um estágio infantil do desenvolvimento humano. Freud sugeriu que os índios primitivos tinham uma mentalidade quase igual à de uma criança civilizada.[6] Jean Piaget, filósofo suíço cujas teorias do desenvolvimento cognitivo tiveram amplo impacto nos campos da educação e da moral, escreveu que os membros de muitas culturas indígenas tradicionais eram, como as criancinhas, incapazes de distinguir a realidade objetiva de sua própria subjetividade.[7]

A concepção do nativo como criança se infiltrou profundamente no Brasil e guiou suas políticas. No Código Civil de 1916, os índios foram definidos como "pessoas relativamente incapazes", e receberam o mesmo status legal dos menores e dos deficientes mentais.[8] Esse status permaneceu mesmo depois que o país promulgou o Estatuto do Índio de 1973, que estipulava que os índios precisavam viver sob a tutela do Estado, na forma da Funai. Em seu livro de 1988 intitulado *Os índios e o Brasil*, o antropólogo Mércio Pereira Gomes resumiu as consequências das filosofias que por décadas se combinaram para formar a flexível espinha dorsal da política indígena brasileira:

> Tudo considerado, o índio se tornou uma espécie de filho bastardo da nossa civilização — mais do que isso, um filho bastardo doente, pois é visto como se sofresse de uma doença terminal, inexoravelmente condenado à morte. O dever social e humanista, senão cristão, do Estado, portanto, seria aliviar os sofrimentos dessas pessoas e assegurar que elas encontrem a morte com dignidade.

Marcelo odiava o conceito do índio-criança. Era adepto da concepção do relativismo cultural de que sua própria cultura era apenas diferente — nem melhor nem pior — que a dos índios. Mas, como representante local da Funai, o trabalho de Marcelo era servir-lhes de guardião. Por ser filosoficamente oposto àquele conceito, seu trabalho era crivado de paradoxos. Acreditava que os índios tinham o direito à autonomia política. Se alguns índios queriam se manter desligados do resto da sociedade e outros queriam integrar completamente suas tribos no mundo moderno, que assim fosse — Marcelo, porém, achava que *eles* deviam ter a liberdade de fazer a escolha. Suas culturas tinham o direito de ter êxito — ou fracassar — sem interferência de pessoas como ele. Mas, por azar, a intrusão da sociedade moderna já tinha começado, e as aldeias indígenas estavam sendo literalmente soterradas no processo. Sem pessoas como ele, as culturas indígenas jamais teriam a chance de exercer aqueles direitos. O trabalho da Frente de Contato, sobretudo no tocante ao índio solitário, era em si mesmo um paradoxo: precisavam contatar o índio isolado para que ele tivesse o direito de ser deixado em paz.

Na época em que a Frente de Contato começava a buscar o índio, a lei brasileira havia começado a compartilhar a opinião de Marcelo de que as culturas indígenas tinham o direito inalienável de sobreviver. Poucos meses antes de Marcelo e Altair partirem no encalço do índio solitário, um júri de Rondônia considerou um homem culpado de genocídio contra uma tribo indígena — o primeiro veredicto do gênero na história do Brasil.[9] O julgamento levou muito tempo para ser concluído: o homem culpado, um seringueiro acusado de matar índios Oro-Win e incendiar sua aldeia, recebeu sua sentença mais de trinta anos depois de cometer o crime. Poucos meses mais tarde, outro tribunal acatou as acusações contra homens responsáveis por atacar índios da tribo Yanomami.

Esses veredictos ilustravam a radicalidade com que as opiniões legais sobre os índios tinham mudado numa única geração. Em 1969, quando Marcelo estava no colegial, o representante permanente do Brasil junto às Nações Unidas alegou que a violência contra os índios da Amazônia não se qualificava como genocídio se fosse perpetrada por razões econômicas, como se apoderar de suas terras.[10] Depois de anos de debates, contudo, agora os tribunais brasileiros e a Constituição tinham começado a atribuir um valor mais alto às culturas indígenas.

Para a infelicidade de Marcelo, o respeito pelas culturas individuais não se irradiara das decisões das cortes supremas para a maioria do resto da população. Mesmo os que ocupavam posições de poder pareciam fora de sincronia com os tribunais. Nos anos 1990, tornara-se politicamente incorreto rotular em público os índios de selvagens inexoravelmente primitivos que atravancavam o destino manifesto do Brasil. De vez em quando, porém, alguma autoridade federal mapeava indiscretamente a distância entre a Constituição do país e suas opiniões pessoais. O sociólogo Hélio Jaguaribe, depois de ser nomeado secretário de Ciência e Tecnologia do governo Collor, disse a jornalistas que o Brasil precisava "sair do pântano do subdesenvolvimento e do atraso, ou enfrentaremos uma convulsão social difícil de calcular".[11]

Dois anos depois, levou a ideia mais adiante ao definir o papel que os índios brasileiros deveriam desempenhar no salto do país para um estágio mais avançado de desenvolvimento: papel nenhum.

"Não vai haver índio no século XXI", disse Jaguaribe durante um seminário. "A ideia de congelar o homem no estado primário de sua evolução é, na verdade, cruel e hipócrita."[12]

Desembaraçar as tribos indígenas amazônicas dos estereótipos dos selvagens nus retratados nos velhos romances de folhetim é às vezes mais fácil de fazer a distância que de perto. Tais clichês costumam ser mais fortes nas áreas onde as pessoas vivem mais próximas das tribos, onde alguns habitantes locais têm visto por si mesmos que as tribos reais de vez em quando participam, *sim*, de atividades que parecem brutais e ferozes. Os integrantes da Frente de Contato sabiam disso melhor do que ninguém. Também sabiam que tais exemplos não definiam a vida tribal, assim como um crime selvagem numa cidade como São Paulo não definia a cultura brasileira não indígena. Mas exemplos ocasionais de violência indígena permaneciam como coisas da vida e ajudavam a explicar por que a população geral de Rondônia frequentemente achava difícil ver as culturas tribais como algo além de primitivas, anárquicas e ameaçadoras.

Numa tarde de 1997, Altair passava uma temporada no acampamento do rio Omerê quando a prima de Purá, Owaimoro, cruzou o terreiro.[13] Ela caminhava da aldeia Kanoê rumo à aldeia Akuntsu para colher bananas de um amontoado de bananeiras que crescia por lá.

Na manhã seguinte, às sete horas, quando contatou Marcelo por rádio para lhe transmitir seu relatório diário, Altair mencionou que vira Owaimoro partir rumo à aldeia Akuntsu, mas não a tinha visto regressar. As duas tribos estavam convivendo, porém um membro dos Kanoê jamais passaria a noite na aldeia Akuntsu. Era simplesmente inconcebível.

Mais tarde naquela manhã, Purá chegou à base da Funai visivelmente desnorteado. Owaimoro ainda não tinha voltado. Deixara o macaco em casa, o que sugeria que não pretendera demorar muito. Purá temia que algo terrível tivesse acontecido.

Todos sabiam que Owaimoro tinha a capacidade de irritar os Akuntsu. Era cabeça-dura e estava convencida de que a tribo Kanoê era superior aos Akuntsu.

Altair, Purá e um assistente da Funai partiram do acampamento pela manhã e seguiram o caminho mais provável de Owaimoro rumo ao bananal. Depois de três quilômetros de caminhada, chegaram a um milharal perto da aldeia Akuntsu. Ali localizaram uma cesta jogada no chão, emborcada. Bananas e mamões se esparramavam junto dela. Purá reconheceu a cesta como de Owaimoro.

No limite do milharal viram rastros que iam na direção da aldeia Akuntsu. Ao se aproximarem da aldeia, viram fumaça subindo de onde ficavam as ocas da tribo.

Alcançaram a aldeia e descobriram que quatro das cinco ocas — todas, menos a de Konibu — haviam sido incendiadas. O fogo tinha parado de arder, mas rolos de fumaça continuavam a se erguer vagarosos de cada uma delas.

Vasculharam o terreno da aldeia em busca de pistas que lhes revelassem o que acontecera. Estava uma bagunça. Havia lixo espalhado pelo chão. Alguns pertences dos Akuntsu foram deixados nas ocas, embora a maioria tivesse sido removida. No meio da clareira, descobriram que o chão fora manchado com algo que parecia galões de tinta escura. Era sangue.

Purá congelou. Seus olhos começaram a se encher de lágrimas.

Altair percebeu um fino rastro de sangue que levava à periferia da clareira da aldeia. Ele desaparecia num pequeno trecho de mata secundária que crescera sobre um canteiro de verduras que fora abandonado pelos Akuntsu anos antes. Altair e o assistente seguiram o rastro enquanto Purá ficava para trás, na aldeia.

Vários metros adentro na mata espessa, encontraram o corpo de Owaimoro. Tinha sido golpeada até a morte com um facão. Feridas profundas se abriam em seu pescoço, braços e pernas.

Quando Altair ressurgiu na clareira, Purá examinou seu rosto.

"Owaimoro?", perguntou.

Altair confirmou com a cabeça e Purá chorou.

Os Akuntsu a tinham matado. Como ditava o costume da tribo, eles tinham de abandonar a própria aldeia depois de tirarem a vida de uma pessoa e incendiá-la — uma tentativa de limpar o terreno de maus espíritos rondantes. Recolheram a maioria de suas coisas e começaram a construir uma nova aldeia a alguns quilômetros de distância.

Altair podia apenas especular sobre os motivos dos Akuntsu. Mais tarde, quando conseguiu falar com Konibu e os demais, a tribo reconheceu o ato, mas se recusou a falar dele em detalhes. Por fim, Konibu responsabilizou Pupak, o único outro homem da tribo. Altair desconfiava que a condescendência autoritária de Owaimoro com os Akuntsu fizera Pupak chegar, por fim, ao seu limite. Mas seria para sempre apenas uma desconfiança.

No dia em que descobriram o corpo de Owaimoro, Altair e Purá retornaram ao acampamento da Funai e Altair contatou Marcelo pelo rádio para lhe contar o ocorrido. Altair em seguida acompanhou Purá ao acampamento Kanoê para dar a notícia ao resto de sua tribo.

Os Kanoê ficaram arrasados. Purá e a mãe reuniram todos os pertences de Owaimoro em cestas e começaram a jornada funerária através da mata, de volta ao lugar onde ela morrera.

Retiraram o corpo de Owaimoro de onde jazia e o puxaram de volta à única oca dos Akuntsu que não tinha sido queimada. Puseram o corpo lá dentro junto com todos os pertences dela. Planejavam cremar o corpo.

Antes de atear fogo à oca, Purá levou o macaco de Owaimoro até a beira do acampamento. Com um bastão de madeira, matou o animal a pauladas. Depois, carregou seus restos para a oca. Pôs o macaco ao lado de Owaimoro e ateou fogo à oca.

Sacrificar o macaco era um ato final de amor pela prima. Queria que o companheiro mais querido de Owaimoro a acompanhasse. Na morte, como na vida, eles permaneceriam juntos.

8. Desistindo

Reduzida a quatro sobreviventes, a aldeia Kanoê ficou envolta na quietude. Vivendo sob um legado de massacre e suicídio, os Kanoê sempre estiveram propensos a longos silêncios, mas nos meses seguintes à morte de Owaimoro, tais silêncios pareciam menos meditativos que lúgubres.

Os Akuntsu tinham abandonado sua aldeia carbonizada e construído uma nova, a uma curta caminhada de distância, mas o frágil andaime que respaldara as relações entre as duas tribos havia desmoronado. Apenas dois anos depois de as duas tribos terem começado a sair de seu extremo isolamento por intermédio da Frente de Contato, a solidão novamente começava a cingi-las.

Sem a interação social entre as tribos, os integrantes da Frente de Contato se tornaram os únicos vínculos humanos com o mundo exterior das ocas cobertas de palha de cada tribo. Purá às vezes visitava o acampamento do rio Omerê, sentava fora de uma das barracas da Funai e chorava. A barreira linguística que o separava dos agentes da Funai deixava incomunicadas as pontas mais agudas de sua dor.

Os pessoal da Frente de Contato ficara fora do conflito entre os Kanoê e os Akuntsu. Mas alguns deles não podiam evitar certo sentimento de culpa. Era incontornável o fato de que as ações da equipe — o contato inicial, o estabelecimento do acampamento do rio Omerê — ajudara a reunir as duas tribos, talvez depressa demais. Tinham encorajado a aliança entre as tribos e acelerado o ritmo das interações tribais.

No entanto, mesmo que a Funai tivesse sem querer contribuído para o conflito, seus funcionários concluíram que assumir um papel ativo na resolução do homicídio só complicaria a situação. Acreditavam que as tribos deveriam decidir por si mesmas como lidar com aquilo. E cada tribo decidiu, por si mesma, que um período de esfriamento era o procedimento mais sensato. Suspenderam indefinidamente suas relações.

Os Akuntsu se afastaram da Funai, recolhendo-se em sua nova aldeia. Mas os Kanoê continuaram a buscar a companhia da Frente de Contato. Pelo menos a conexão pessoal entre os integrantes da equipe e os índios se fortaleceu depois da morte de Owaimoro.

Purá tinha visto as consequências sombrias de estender a mão para outra tribo, mas isso não o impediu de se oferecer para acompanhar a equipe que se preparava para mais uma expedição no encalço do índio solitário em 1º de agosto de 1998.

Não estava muito claro por que Purá queria ir. Jamais estivera. Ele sempre tivera alguma curiosidade acerca do modo de vida do índio, mas não parecia particularmente interessado na possibilidade de vir a conhecê-lo. Quando Altair repetia o relato de seu encontro solitário com o índio do lado de fora da oca, Purá sorria e dava de ombros, como se dissesse que na sua opinião Altair era meio louco por se aproximar de um índio desconhecido. Por isso, quando Altair refletia sobre o que estava por trás do entusiasmo de Purá em se unir à expedição, pensava que tinha algo a ver com camaradagem ou, talvez, a simples excitação de explorar lugares novos. Frequentemente Purá voltava dessas viagens com uma cesta cheia de suprimentos, como pedaços de taquara que podiam ser usados como pontas de flecha, plumas insólitas ou frutas raras que não eram fáceis de encontrar perto da aldeia Kanoê. Encontrar ou não o índio parecia fora de questão para Purá. Era a excursão que parecia lhe interessar, não o objetivo pretendido.

No início de 1998, a equipe tinha descoberto mais vestígios de que o índio estava em atividade contínua. Ele parecia estar sempre um passo adiante dos fazendeiros que continuavam a desmatar trechos de selva em suas propriedades. No segundo semestre de 1997 e no primeiro de 1998, Marcelo e Altair encontraram várias ocas adicionais que o índio abandonara à medida que os lenhadores derrubavam mais floresta em torno da Fazenda Modelo.[1] Algumas dessas ocas pareciam ter sido construídas num só dia e logo abandonadas quase no mesmo prazo. Durante uma expedição, em junho de 1998, encontraram duas ocas. A localização destas sugeria que ele estava se movendo nos limites da propriedade, reagindo ao movimento dos lenhadores. Às vezes ele se restringia à propriedade dos Dalafini, às vezes cruzava para dentro da floresta reivindicada por outros fazendeiros. Em julho de 1998, funcionários da propriedade de Jaime Bagattoli — que incluía a selva onde haviam encontrado a primeira oca dois anos antes — contaram à Frente de Contato que tinham visto o índio de novo, embora ele tivesse desaparecido quase instantaneamente.[2]

A linguagem dos memorandos de Marcelo para a sede da Funai durante todo o ano de 1998 assumiu um novo teor de urgência, um teor que às vezes beirava o desespero. Até então, a resposta oficial do órgão tinha sido a de esperar para ver. Marcelo tentava dizer a seus superiores que, se continuassem a esperar mais tempo, veria uma tragédia se desdobrar bem diante de seus olhos:

> A situação do índio está cada vez mais complicada com esse clima de insegurança permanente, diante da movimentação frequente de não índios ao redor da sua casa. Trabalhadores estão roçando e derrubando a mata onde ele estava se escondendo, não tendo mais um mínimo de tranquilidade para viver, caçar, ou mesmo de derrubar uma pequena roça de subsistência. Enquanto isso, as pessoas que estão lhe expulsando devastam centenas de hectares de floresta nativa ilegalmente, desconhecendo as determinações dos órgãos fiscalizadores ou até mesmo negando-se em cumprir decisões judiciais. A Funai precisa reconhecer oficialmente sua existência e ter determinação política para garantir o direito de ele sobreviver, considerando suas possibilidades para o futuro. Neste momento e nesse clima conturbado como se encontra a região, essa possibilidade fica cada vez mais remota e complexa.

Os diretores da Funai responderam que estavam de mãos atadas: não podiam reconhecer oficialmente a presença do índio enquanto não soubessem mais acerca dele — um nome de tribo, uma história para contar. Em outras palavras, precisavam de contato. Ao escrever de volta à Funai, Marcelo garantiu que os chefes em Brasília reconheciam que não eram os únicos que labutavam em circunstâncias aquém das ideais — rastrear o índio era como perseguir um fantasma. Sua filiação tribal ainda era de todo desconhecida. Marcelo jamais ouvira falar de um índio mais evasivo: rastreá-lo se tornara o mistério mais atordoante que o sertanista já havia enfrentado.

A Funai contratou antropólogos para tentar reunir uma descrição tribal especulativa do índio com base nos fragmentos de informação que a Frente de Contato coletara. Por falta de nome melhor, chamavam-no de "o Índio do Buraco", apegando-se à característica única de suas moradias que o separava de outras tribos locais.

Os buracos encontrados em suas ocas levaram alguns antropólogos e indigenistas na Funai a especular que ele poderia ser remanescente de um grupo de índios Sirionó, tribo seminômade da Bolívia cujo único instrumento agrícola é um bastão para escavar e cuja única arma é o arco e a flecha. No início do século XX, observadores acreditavam que a cultura Sirionó era uma das mais primitivas do mundo.[3] Os primeiros jesuítas receberam alguns deles em suas missões, mas a maioria foi dispensada como insuperavelmente incivilizada.[4] Anos mais tarde, os antropólogos desenvolveram uma visão mais caridosa da cultura Sirionó: não é que a cultura fosse primitiva e tosca, mas sim que fora empurrada até a beira da aniquilação pela varíola, pela gripe e pela destruição de seu território. Tal como os Akuntsu, os Sirionó falavam uma língua do tronco tupi-guarani.

Mas os antropólogos e o pessoal da Frente de Contato acabaram abandonando a ideia de que o índio solitário pudesse ser o único remanescente de um grupo Sirionó. Nenhum índio Sirionó cavava buracos dentro de suas ocas como fazia aquele índio. Também usavam arcos muito maiores. E quando Altair se deparou com o índio solitário em 1996, tentou uma saudação em tupi, à qual o índio não respondeu. A teoria Sirionó era tão frágil quanto qualquer outra. A equipe simplesmente não podia, sem contato, fornecer à Funai uma filiação tribal para o índio.

Marcelo insistia que seus chefes imaginassem por um instante o que poderia estar passando pela mente do índio enquanto tentavam fazer contato com ele. Quando resumia sua defesa dos índios isolados de Rondônia em cartas para os chefes, ficava claro que Marcelo se referia a um índio em particular:

> A primeira coisa óbvia é que a situação desses índios é uma calamidade, vergonha nacional. Foram envenenados, alvejados, dizimados, tiveram casas e roças des-

truídas e agora são proibidos de se fixar e viver em paz. Nossos trabalhos se complicaram definitivamente em função das inúmeras expulsões a que foram submetidos. Estamos numa situação ímpar, pois diante de toda esta situação fundiária conturbada, obrigatoriamente teremos que ter paciência e determinação em tentar nos apresentar como "civilizados" diferentes daqueles que eles conhecem. Os índios estão obviamente muito desconfiados e se escondem ardilosamente, dificultando bastante nossa procura.

Sydney Possuelo, o chefe da Divisão de Índios Isolados da Funai em Brasília, se solidarizava com Marcelo. Possuelo acreditava que os índios isolados deviam permanecer isolados e que o contato quase sempre enfraquecia as tribos. Mas, dada a velocidade e a extensão do desmatamento em Rondônia, Possuelo achava que naquele caso a morte do índio solitário era inevitável; os fazendeiros e madeireiros o matariam, mais cedo do que mais tarde.[5] Diante disso, o contato era necessário, e Possuelo estimulou Marcelo e equipe a se embrenhar na selva e continuar a busca, que foi exatamente o que eles fizeram.

A Funai dá a seus sertanistas um "manual de campo", um documento de 71 páginas que contém conselhos práticos destinados a equipes de contato que se preparam para entrar na selva em busca de índios que nunca interagiram com ninguém de fora de sua tribo.[6] Algumas partes do manual parecem conversas de técnico no vestiário, exortando as equipes a incentivar "camaradagem, companheirismo e confiança". A maior parte, no entanto, é francamente prática, cheia de listas do que levar na bagagem. A todo momento o manual insiste que é preciso desconfiar de tudo, inclusive da competência dos próprios sertanistas em lidar com a selva. Na página 54, os candidatos a explorador leem: "Constatar no meio da selva — quando não existe mais possibilidade de adquiri-la — o esquecimento da agulha de costura ou seringa descartável pode gerar um contratempo contornável, ou provocar uma tragédia". Poucas páginas adiante: "Cuidado com as calças jeans novas, elas costumam provocar assaduras na parte interna superior das coxas".

Marcelo e sua equipe confiavam mais no próprio juízo do que nos conselhos a eles transmitidos pela sede em Brasília. Nunca usavam os uniformes que a Funai tinha sonhado para seus sertanistas — vestes militares, bermudas e meias longas, que supostamente seriam reconhecidas pelos índios de imediato, de modo que as tribos poderiam distinguir os sertanistas dos fazendeiros e de outras pessoas. E, em vez de checar os 230 itens que o manual lhes sugeria embalar para expedições — uma lista que incluía tudo, de filtro solar a escovas de dentes —, confiavam mais na própria experiência.

Seus limites eram definidos por suas mochilas individuais: modelos de 72 litros, feitos de uma lona verde que era leve o bastante para se deixar cair quando vazia, mas firme o bastante para suportar uma carga máxima de vinte quilos. Altair e Vincent achavam que uma relação de custo-benefício começava a ficar comprometida a partir dos 25 quilos — acima disso, o peso extra não valia o luxo que qualquer item adicional poderia oferecer. O peso máximo para Marcelo era menor — ele gostava de limitar sua bagagem a dez quilos ou menos.

Redes eram item obrigatório para todo mundo. As redes da equipe eram de náilon leve, pesando cerca de meio quilo, e eles as enrolavam até ficarem do tamanho de um jornal de domingo. As redes são ideais para os climas quentes, mas se a temperatura cair abaixo dos quinze graus à noite, o que era comum, o ar frio penetrava pelo tecido fino do avesso da rede e se infiltrava diretamente nos ossos. Se quisessem dormir bem em noites assim, era essencial um fino cobertor de 1,8 metro por 3 metros, que podia ser enrolado completamente em volta do corpo. Se não fosse tão frio, tudo o que precisavam era de um lençol de algodão ultrafino.

Outra necessidade era um facão, a ferramenta mais útil que um explorador pode carregar na selva. Canivetes ocupavam um lugar ligeiramente inferior nessa hierarquia das necessidades. Repelente de mosquito era considerado em geral um desperdício de espaço de bagagem, ao passo que se julgava pertinente um fino quadrado de tela mosquiteira, pois era mais leve do que uma lata de repelente, menos complicado e mais eficiente. Uma lona plástica que pudesse ser amarrada a árvores e usada como abrigo contra a chuva era um acréscimo esperto para qualquer bagagem, mas uma tenda completa era exagero. Estojo de costura, corda, estojo de primeiros socorros e sabão eram itens essenciais, mas esbanjar espaço com água potável talvez fosse a pior afronta à eficiência da jornada na selva — córregos e rios eram fáceis de achar, e a água era limpa e fresca. Um par sobressalente de sapatos ou botas era considerado uma extravagância. Mas a fita isolante, usada para remendar sapatos e botas, sempre tinha seu lugar num canto da mochila. Varas de pescar eram supérfluas porque a selva fornecia um suprimento inesgotável de taquaras, embora valesse a pena levar linha de pescar e anzóis.

Quando se previa que a expedição duraria mais do que alguns dias, levava--se pó antisséptico e antibióticos, que normalmente, porém, eram deixados para trás em andanças mais curtas. Cada um embalava apenas uma muda de roupa: uma camiseta extra, meias e calças. Toalhas eram opcionais; Marcelo nunca levava toalha por achar que sua camiseta extra dava conta do serviço.

Muito do peso que carregavam era comida seca, como arroz, feijão, macarrão, açúcar e café — de seis a nove quilos de pó por pessoa numa jornada de duas semanas. Às vezes levavam carne-seca, mas em geral se valiam da floresta para obter proteína. Caititus e macacos-aranha eram a caça preferida, porém às vezes caçá-los e esfolá-los não fazia sentido. Demorava quase três dias para quatro pessoas comerem um macaco-aranha de tamanho médio. Isso significava que seriam obrigados a carregar o resto da carne nas costas por ao menos dois dias. Do ponto de vista do peso, matar animais grandes em geral não valia o esforço.

O "manual de campo" deixa muito claro que essas questões estão longe de ser triviais, e a ênfase obsessiva que dá aos ínfimos pormenores da preparação expedicionária chega a parecer levemente neurótica: algumas partes do manual dão a entender que os sertanistas não só devem estar preparados para o desastre, mas também esperar que aconteça. Quando aborda o estresse que acompanha os primeiros encontros entre tribos e sertanistas, a solidariedade do autor anônimo do manual parece ser aos exploradores, e não aos índios:

> Ninguém jamais poderá imaginar quanta força moral precisa um homem despender para dominar a insuportável irritação nervosa causada pelo fato de sentir--se incessantemente cercado, vigiado e estudado nos seus menores atos, por gente que ele não pode ver, de quem nem sabe o número, a quem não quer molestar nem rechaçar, mas antes agradar e atrair, e que no entanto só procura o momento propício para o assaltar e matar.

Em seu livro *Indigenism*, publicado em 1998 nos Estados Unidos, a antropóloga brasileira Alcida Rita Ramos sublinhou o que considerava uma evidente omissão no manual sertanista da Funai, uma omissão que, segundo ela, traía o problema fundamental do órgão: "Sintomaticamente, o manual é quase mudo sobre como essas equipes deveriam ou não se comportar uma vez que se vissem frente a frente com os índios".[7]

Purá terminou de fazer sua bagagem para a expedição na manhã de 1º de agosto, vasculhando dentro de sua oca em busca de um feixe de flechas para levar consigo. Marcelo, Vincent e Altair esperavam na clareira com o resto da tribo Kanoê.[8]

Fazia dias que Tatuá estava nervosa; ela se preocupava com o filho, Purá. Temia que os mesmos espíritos maus que recentemente tinham feito adoecer seu neto Operá pairassem sobre a expedição. Desde a morte de Owaimoro, Purá era mais importante do que nunca para a tribo. Se qualquer coisa acontecesse ao único homem adulto do grupo, a sobrevivência dos Kanoê correria sério perigo.

Marcelo e Altair se ajoelharam perto de Tatuá e do neto, cuja barriga doía. Tentaram convencê-la de que tomariam conta de Purá durante a viagem. Altair passou a mão de leve nos cabelos dela, no esforço de afugentar um pouco da tensão que havia no ar. Olhou dentro dos olhos do menino e sorriu.

Purá surgiu de sua oca, pronto para ir. Mas, antes que o grupo partisse da aldeia, Tatuá fez sinal para Vincent, pedindo-lhe que viesse até ela. Queria dizer algo a ele, e Vincent se concentrou na linguagem corporal de Tatuá para tentar decodificar a mensagem. Ela exibia uma fisionomia de preocupação enquanto apontava para o ventre de Vincent. Estava visivelmente inquieta. Mas Vincent não podia entender por quê.

Ao mesmo tempo, Purá agarrou um bocado de carne de tartaruga que vinha defumando no fogo — um petisco para a estrada. Vincent, que tinha lutado contra uma diarreia depois de comer carne de tartaruga na primeira vez que esteve com os Kanoê três anos antes, supôs que Tatuá estivesse tentando alertá-lo para ter cuidado e não adoecer de novo. Vincent não ligava muito para as superstições tribais, de modo que não deu muita bola para a preocupação de Tatuá.

Poucos dias depois, ele recordaria aquele momento e pensaria que a mulher talvez se referisse a alguma outra coisa, de que seu sexto sentido estivesse captando os sinais de algum tipo mais sério de perigo. Em seguida, ele riria e despacharia a ideia da cabeça. Decerto estava dando crédito excessivo a Tatuá. Seu gesto podia significar qualquer coisa.

* * *

Com a espingarda agarrada à mão esquerda, Altair se esgueirava por um labirinto de samambaias. Era agosto, estação seca. Fazia mais de dois meses que não caía uma gota de chuva, o que deixava o ar espesso com partículas de fumaça dos incêndios que devoravam os limites da floresta a quilômetros de distância. Os insetos zumbiam dentro dos feixes de luz que penetravam o dossel da mata. O farfalhar de folhas secas acompanhava cada passada. Marcelo, Vincent e Purá o seguiam cada vez mais fundo na selva, enxugando o suor dos olhos enquanto caminhavam.

Vinham marchando havia três dias quando encontraram uma trilha levemente pisada. Depois de segui-la, Altair localizou um buraco meio escondido. A terra solta ao seu redor sugeria que tinha sido cavado nas últimas 24 horas. Enquanto os outros inspecionavam a arapuca, Altair descobriu marcas no chão que indicavam que alguém se desviara da trilha para seguir um curso nordeste mata adentro. Num trecho de lodo macio, encontrou uma pegada fresca de pé humano descalço.

Altair fez sinal a Purá para que olhasse a pegada. Inclinando-se para o chão, Altair pôs ambas as mãos em torno da impressão para medi-la do calcanhar ao dedão. Quando levantou as mãos para mostrar a Purá o quanto era grande, Altair as manteve separadas por cerca de quarenta centímetros. *É enorme*, Altair tentava lhe dizer, *um perfeito monstro!*

Altair estava brincando. A pegada era um pouco mais larga que o comum, mas não mais comprida que a do próprio Purá, que devolveu o sorriso a Altair.

Quando se reuniu aos outros em torno do buraco, Altair encontrou um pedaço de madeira com uma ponta larga e afiada. Era um bastão para escavar, provavelmente o mesmo que o índio usara para cavar a armadilha. Altair segurou o bastão e o desferiu contra o solo seco, tentando imaginar como o índio teria criado sua armadilha com espetos no fundo. Cavar um buraco daquele modo levaria no mínimo um par de horas de trabalho exaustivo.

Seguiram adiante, com Marcelo abrindo caminho, até que localizaram uma pequena oca dentro de uma minúscula clareira. As palmas sobre o teto não estavam secas e pardacentas como as que cobriam as outras ocas que tinham encontrado. Essas estavam verdes, como se tivessem sido colhidas recentemente.

Purá se imobilizou e fez sinal aos outros. Tinha ouvido alguma coisa.

"*Quietos!*", sussurrou Marcelo para o grupo.

Ficaram imóveis e ouviram: um farfalhar. Era o índio. Estava perto da armadilha que eles acabavam de abandonar, talvez a inspecionando em busca de alguma presa capturada.

Correram na direção dele, mas o índio evaporou. Era como se tivesse encontrado uma fenda na cortina de folhagem verde-escura atrás dele e deslizado em silêncio para fora da cena.

Na verdade, tinha disparado rumo à oca. Estava dentro dela.

Eles retornaram à oca. Altair baixou a espingarda e se aproximou da estrutura.

"Oi, amigo", disse Altair. Não houve resposta, mas através de uma fina brecha no teto Altair pôde ver os olhos do índio, espiando-o.

Altair se voltou para os outros. "Ele está lá", disse, "de pé dentro da oca."

Não podiam ver o índio, mas através de pequenas fendas no teto detectaram movimento. Vincent apontou sua câmera de vídeo para Altair, que se aproximava muito devagar da oca. Através das pequenas aberturas na parede, ele pôde divisar que o índio estava de pé.

Os homens se entreolharam por um momento, avaliando em silêncio a situação, tentando imaginar como convencer o homem a vir para fora da oca e se juntar a eles. Altair se despiu de sua camiseta, achando que o índio talvez se relacionasse mais facilmente com ele se pudesse ver que, debaixo das roupas, aqueles homens estranhos eram essencialmente iguais a ele. Altair deu alguns passos cuidadosos adiante, até ficar a cerca de três metros da oca. Notou que algo estava se projetando do teto, esgueirando-se no lugar.

"Vejam", disse Altair. "Uma flecha lá dentro." Era exatamente igual à que Altair tinha visto quase dois anos antes, em seu encontro anterior com o índio. Quando Altair recuou alguns passos, a ponta da flecha desapareceu dentro da oca.

"Calma", disse Altair. "Calma, amigo."

Altair novamente pisou devagar na direção da oca, e novamente a flecha emergiu do teto. Fixando o olhar dentro da oca, Altair mal conseguia distinguir a forma do índio: parecia que ele estava de pé com o arco esticado. Altair recuou devagar, mostrando as palmas das mãos, para indicar que estava desarmado. Uma vez mais a flecha desapareceu enquanto Altair se retirava. Era como se o índio estivesse traçando uma linha imaginária no chão, três metros ao redor da oca. Uma linha que dizia: *Mantenha distância.*

"Venha para fora, amigo", disse Altair, em português. "Não viemos lhe fazer mal."

Marcelo deduziu que era o momento de Purá tentar falar com o índio. Ele se virou e incentivou Purá a dar um passo adiante. Talvez o índio solitário se acalmasse com a visão de outro índio. "Fale com ele", disse Marcelo a Purá.

Purá avançou poucos centímetros na direção da oca, como se estivesse se aproximando de uma cobra prestes a dar o bote. "*Mampi no*", disse Purá na língua kanoê. *Não dispare.* O índio dentro da oca não reagiu.

Purá ficou assustado e deu vários passos para trás. Marcelo puxou Purá pela manga da camiseta, indicando que ele a tirasse e tentasse de novo; talvez o índio se comunicasse com Purá se visse que ele não estava vestido em roupas de homem branco. Purá assim fez e se aproximou da oca pela segunda vez — e de novo a flecha despontou para fora da parede da oca. Dessa vez a flecha surgiu num impulso repentino, como se enfatizasse seu aviso de manter distância.

"Não, não, não", disse Marcelo, suplicando ao índio e pulando depressa para trás. Marcelo ergueu a palma da mão levantada na direção da oca e ofereceu um sorriso tranquilizador. "Calma, calma."

O índio não dava o menor sinal de que desejava interagir, mas Marcelo não queria deixar a oportunidade escapar-lhe das mãos. Depois de rastreá-lo por dois anos, Marcelo enfim tinha posto os olhos no índio; não podia simplesmente dar-lhe as costas e voltar para casa. Se ao menos conseguisse quebrar a resistência daquele homem, tudo entraria nos eixos. A Funai poderia catalogar oficialmente sua filiação tribal, abrindo a possibilidade de preservar de modo permanente sua terra e reduzir as ameaças ao seu meio de vida. Se aquele fosse o último integrante de uma tribo moribunda, como Marcelo começara a suspeitar, então os antropólogos poderiam estudar sua cultura e os linguistas analisar sua língua antes que ambas caíssem na extinção. Ninguém podia garantir que Marcelo e o resto da equipe teriam outra chance tão boa de contato novamente. Tinham de tirar o máximo proveito dela.

Se estava nervoso, Marcelo não demonstrava. Imaginava que, se o índio sentisse que ele estava tenso, as coisas podiam ficar perigosas. Quando Marcelo contou aos outros — "Ele ainda está me mostrando a flecha" —, sua voz tinha a cadência cantalorada de uma professora de jardim da infância que não queria excitar as crianças e desejava parecer tão meiga quanto um cordeiro.

Ninguém se mexeu por alguns minutos. Ninguém falou. Cantos de aves enchiam o silêncio.

Purá nem de longe parecia tão calmo quanto Marcelo. Começou a inspirar profundamente, usando braços e mãos para recolher os maus espíritos do ar à sua volta e na direção de sua boca. Em seguida, virou-se e os soprou para longe, selva adentro. Bateu palmas. Esfregou as mãos e arrastou os pés numa dança rítmica.

Ainda que tivesse limpado o ar dos espíritos, nem por isso havia eliminado a tensão. A flecha do índio ainda se projetava para fora do teto, com a ponta letal insinuando-se para fora.

O encontro se tornara um empate nervoso. A manhã se fez tarde. O grupo armou uma pequena fogueira na clareira e preparou o almoço. Marcelo se aproximou desajeitadamente da oca e deitou ao solo algumas varetas de taquara que Purá tinha coletado. Estava oferecendo-as de presente ao índio solitário. A cobertura da oca farfalhou com violência e Marcelo se agachou atrás de uma árvore, temendo que o índio disparasse. "Não, não, não."

Passados mais alguns minutos, Marcelo lhe ofereceu um machado. Aproximou-se da oca e estendeu o machado com uma das mãos, com o cabo para a frente. O sol brilhava dentro dos olhos de Marcelo, ofuscando sua visão. Ele protegeu os olhos com a mão livre e enxotou os insetos que começavam a pousar em seu rosto suado. Voltando o foco para a oca, viu a flecha surgir novamente.

Depois de algum tempo, Altair decidiu olhar mais de perto. Ficou de quatro e começou a se arrastar rumo à oca. Bateu no chão com o machado que Marcelo tinha deixado para o índio: uma pancada oca. "Aqui, este machado é seu", disse Altair. Atirou comida para a frente da oca. "Este inhame também."

De novo o grupo aguardou uma reação do índio, mas não veio nenhuma.

Uma hora e pouco depois, Altair fez uma busca na mata e encontrou um bambu de 4,5 metros. Era semelhante a algo que um saltador olímpico usaria. Altair pendurou um pote de comida na ponta da vara e — mantendo-se atrás da linha imaginária que o índio traçara em torno da oca — bamboleou a comida na direção da abertura da oca. O índio não se mexeu.

A frustração estava se transformando em desespero. Eles achavam que a segurança do índio dependia de fazerem contato, mas ele não dava brecha.

Tudo o que precisavam era de uma pequena fenda em seu escudo defensivo, algo que lhe provasse que não seria prejudicado se fizesse contato com eles. Porém ele permanecia em guarda, a postos para atacar.

Vincent, nesse meio-tempo, caminhou pelo círculo até o lado da oca. Espiando através das lentes de sua câmera de vídeo digital, dirigiu o foco para uma das brechas no teto. A trama fina e luminosa de uma teia de aranha cobria a brecha, captando a luz do sol. Vincent fez um close no rosto do índio. O homem fitava intensamente Marcelo e Altair, que agora inspecionavam a lateral da clareira, notando que o índio tinha plantado mandioca ali.

Ampliando o zoom de modo a atravessar a fenda no teto, Vincent obteve uma tomada nítida do homem: era sem dúvida o mesmo índio que seu assistente tinha filmado durante o encontro de Altair dois anos antes.

Tinha os cabelos pretos e compridos. Esparsos tufos de pelo facial cercavam sua boca. Uma pequena cicatriz se estendia pela aresta superior do pômulo direito.

Altair de novo tentou chegar mais perto da entrada da oca engatinhando. Vincent pôde ver o índio soltar a mão direita do arco. Levantou essa mão de leve e Vincent viu que ela segurava um facão velho, de cabo quebrado, que ele provavelmente surrupiara de um dos acampamentos dos funcionários da fazenda. Parecia estar levantando o facão para desferi-lo em Altair se ele tentasse entrar. Quando Altair chegou perto da entrada, viu a lâmina erguida e bateu em retirada.

A equipe se reuniu, sem saber o que fazer em seguida. O índio parecia paralisado pela incerteza. Embora armado, nada indicava que ele quisesse lutar. Estava na defensiva, não na ofensiva. Isso lhes permitia continuar a forçar o contato, na esperança de ajudá-lo a recuperar um mínimo de estabilidade no que devia ter sido uma existência aterrorizante.

Começaram a levantar hipóteses que explicassem a indecisão do índio. Talvez, pensaram, o homem não tivesse *escolhido* não falar com eles; talvez fosse fisicamente incapaz de falar. Talvez fosse de uma tribo vítima de açúcar envenenado, que talvez o tivesse deixado surdo e mudo. Sabiam que tais hipóteses eram tiros no escuro, mas... *e se*? Eles sentiam que agora era impossível desistir.

Quando o impasse atingiu sua quinta hora, o desespero começou a devorar as inibições de Altair. Desaparecida a cautela, ele se pôs novamente a engatinhar, chegando a poucos centímetros da oca. A flecha estava apontada na direção dele.

"Não, você não precisa dessa flecha aí", disse Altair, implorando. "Vamos. A gente não vai fazer nada com você."

Altair começou a cutucar a abertura da oca com a vara de bambu, tentando obter uma visão do interior. O índio golpeou a vara, provavelmente com o facão. Altair deixou cair o bambu no chão e agarrou uma banana. "Hummm, uma banana", disse ele. "Hummm, bom. Banana."

O índio não se interessou pela banana. Altair, então, tentou com milho. Caminhou de volta à parte de trás da clareira, amarrou várias espigas de milho e as fixou na ponta da vara de bambu. Como se estivesse pescando, esticou o milho na direção da oca, cuidando de manobrar a vara para *entrar* na abertura.

Altair puxou o bambu de volta e o milho não estava mais lá. O índio, ao que parecia, finalmente aceitara uma oferta.

Mas, poucos segundos depois, o milho voou para fora da oca, intacto. O índio tinha apenas retalhado as espigas em tiras. O gesto parecia temperado pela raiva. Talvez o tivessem pressionado em demasia.

A flecha reapareceu para fora do orifício no teto, e Marcelo e Altair tentaram acalmar o índio falando em Kanoê, repetindo: "*Mampi no*". Vincent se moveu um pouco mais para perto com sua câmera para obter uma visão mais nítida. A flecha se mexeu e logo zuniu para fora da oca.

"Cuidado, Vincent!"

A flecha passou voando por Marcelo na direção de Vincent, errando por um triz o torso do cinegrafista.

Purá tinha visto o suficiente.

Ele se virou e correu tão rápido quanto podia floresta adentro, aterrorizado.

Depois de seis horas e uma experiência quase mortal do lado de fora da oca do índio, o grupo desistiu. Mas, antes de partir, Vincent encaixou sua câmera na forquilha de uma palmeira e apontou-a para a oca. Deixou a câmera rodando e disse aos outros que voltaria um pouco mais tarde para recuperá-la. Talvez ela captasse mais imagens do índio depois que eles tivessem partido, quando ele estivesse calmo e sozinho.

"Provavelmente ele pensou que a câmera fosse algum tipo de arma", presumiu Vincent.

Carregaram a flecha que ele tinha disparado contra Vincent na longa caminhada de volta a seu acampamento, onde Purá esperava por eles. Estava calmo, mas não arrependido. Tinha se assustado e não se envergonhava de admitir.

Foi, conforme descreveu Marcelo em seu relatório da expedição, "uma noite longa e triste".

Depois de seis horas completas tentando convencer o índio de que eles não lhe queriam mal, que não eram em nada semelhantes aos outros brancos que ele conhecera, todos os esforços redundaram em fracasso. Não havia outra palavra para isso. *Fracasso.* Eles deram ao índio todas as oportunidades para se aproximar do grupo. Ofereceram-lhe sorrisos, comida, ferramentas. E a única mensagem que ele lhes enviou foi uma flecha.

Marcelo tentou se colocar no lugar do índio, olhando para a galeria de rostos estranhos fora de sua oca. Que tipo de ideias febris podem ter faiscado em sua mente quando retesou o arco? Quando o índio disparou a flecha, o que imaginou que aconteceria como consequência? A flecha tinha errado Vincent, porém no máximo por alguns centímetros. Teria errado de propósito? Estaria simplesmente tentando afugentar o grupo? Ou estava declarando guerra quando disparou aquela flecha? Teria sido pressionado a tal ponto que se dispôs a arriscar tudo numa batalha desigual de quatro contra um?

Uma única certeza podia ser extraída das expedições: o índio podia ter escapado temporariamente das transgressões de madeireiros e fazendeiros, mas a persistência dos experientes rastreadores da Frente de Contato o estava mantendo numa fuga constante. Cada vez que eles encontravam uma de suas ocas, ele a abandonava para sempre, jamais arriscando um retorno. A contínua busca por pistas da parte dos rastreadores significava que ele nunca conseguiria se estabelecer em um lugar. O desejo de contato era mais um obstáculo do que um auxílio.

Mais tarde, recuperaram a câmera de vídeo de Vincent da palmeira onde ele a tinha deixado. A imagem na fita mostrava a oca, e a grande palma que servia de porta da frente estava no centro do enquadramento. O som dos passos da equipe se dissipava à medida que deixavam o índio em paz. Insetos dardejavam entre a câmera e a oca. No único galho visível em primeiro plano, besouros rastejavam para dentro e fora do quadro. A oca estava completamente quieta.

Passados uns seis minutos, algumas das palmas da oca farfalharam. Na marca 6:12 da fita, uma figura escura se esgueirou para fora por trás da oca, arcos e flechas na mão, e despareceu floresta adentro.

O resto da fita não mostrava nada além de uma imagem estática do teto da oca. O índio a abandonara para sempre.

Uma garoa persistente caiu sobre o acampamento aquela noite, e os integrantes da equipe chegaram a uma dolorosa conclusão: suas boas intenções não valiam nada. Todos os que desejavam que a equipe fizesse contato — os antropólogos e linguistas que queriam estudar sua cultura, os diretores da Funai que precisavam de mais informação antes de poder demarcar sua terra —, nenhum de seus desejos importava tanto quanto os do índio. Estava claro para o pessoal da Frente de Contato que seu trabalho só estava tornando as coisas piores para o índio e que, a despeito do que tentassem, era improvável que ele cruzasse a fronteira que tinha estabelecido. Se estivessem no lugar dele, todos achavam que também teriam resistido ao contato.

Marcelo precisava dizer aos chefes que não sabia mais sobre o índio do que sabia antes da expedição. Mas se perguntava por que a Funai precisava saber mais sobre o índio para lhe oferecer proteção. Era óbvio que se tratava de um índio isolado e, segundo a Constituição, bastava isso para lhe dar o direito sobre a terra e o direito de viver conforme seus costumes. O contato — Marcelo acreditava — já não era a melhor estratégia.

"Ele está só", escreveu Marcelo aquela noite no acampamento. "E parece querer morrer assim. Está no seu direito."

Marcelo tinha desistido de uma tática, mas estava determinado a encontrar outra. Resolveu tentar salvar a terra do índio *e* seu direito a ser deixado em paz.

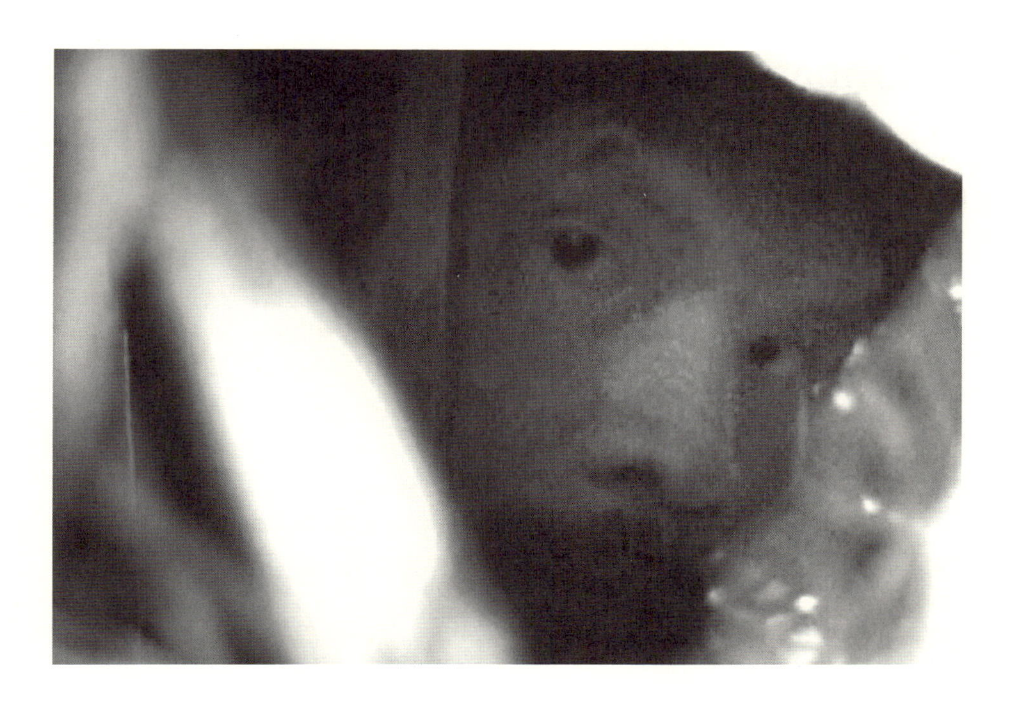

O índio solitário aparece, espiando de uma de suas ocas, em novembro de 1998

9. Linhas de combate

Nos anos 1990, houve uma explosão de negócios em Vilhena. Sua rede de estradas de chão foi asfaltada. Os centros comerciais espalhados perto da BR-364 ficaram lotados de lojas de roupas, joalherias, lojas de material esportivo e sorveterias. Hotéis com nomes do tipo Mirage e Colorado reformaram seus quartos para hóspedes compradores que negociavam com fazendeiros locais, pecuaristas e empresas madeireiras. Prédios comerciais pós-modernos se levantaram no centro da cidade. Novos bairros residenciais se espalhavam por toda a cidade, e, embora seus estilos arquitetônicos fossem feericamente variados, quase todas as casas compartilhavam uma coisa: a madeira rosada que ajudava a tornar a cidade a capital mercantil do sul de Rondônia em meados da década de 1990.

Num dos bairros mais antigos da cidade vivia um médico chamado Newton Pandolpho.[1] Fazia anos que morava ali, e vira a cidade dobrar de tamanho em menos de uma década. Pandolpho tinha um pequeno problema de audição, mas seus ouvidos tinham se sintonizado com um ruído peculiar: o chiado eletrônico do rádio receptor-transmissor de seu vizinho de porta. Toda vez que ouvia aquilo, ele se dirigia para a cerca que separava as duas casas.

O rádio pertencia a Marcelo dos Santos. Até a frustrante expedição de agosto de 1998, ele costumava usá-lo para receber atualizações de Altair e de outros integrantes da equipe sobre a situação do índio solitário. Pandolpho nunca se fartava daquela história. Quando o rádio despertava para a vida, Pandolpho tentava ouvir de longe. Bombardeava Marcelo com perguntas, instruindo-se sobre o caso daquele índio e as últimas aventuras da equipe.

Para Pandolpho, que frequentemente oferecia seus serviços médicos para as tribos aculturadas da região, aquela história resumia à perfeição os conflitos que estavam transformando Vilhena: os embates do novo com o antigo, do moderno com o tradicional, do desenvolvimento com o meio ambiente natural, dos pioneiros da fronteira com os índios.

Marcelo e Pandolpho se tornaram amigos próximos, e quando Marcelo voltou de sua mais recente expedição, mostrou ao médico as imagens de vídeo do encontro da equipe com o índio solitário. Marcelo também explicou seu novo plano: estava preparando um documento formal que apresentaria ao Ministério da Justiça para tentar preservar temporariamente cerca de 53 quilômetros quadrados de floresta para um único homem. Embora o desmatamento já estivesse proibido graças a uma injunção temporária, essa proibição tinha de ser renovada a cada tantos meses e, de todo modo, era ignorada pela maioria dos fazendeiros. Marcelo esperava por algo mais incisivo: uma proibição duradoura que os latifundiários fossem obrigados a respeitar. Numa carta que enviou ao procurador-geral da República, Marcelo rememorou as expedições da equipe, suas investigações sobre o suposto massacre e sua decisão de suspender as pressões para forçar contato com o índio:

> Nos sentimos constrangidos com nossa insistência. O semblante do índio, sempre carrancudo, ansioso, preocupado, e o seu permanente silêncio deixaram clara sua intransigência em querer ficar só. Apesar de demonstrarmos claramente nossa postura de conciliadores, não deixamos de agredi-lo nessa sua manifesta decisão. Esse questionamento foi alvo de nossas preocupações durante todo o tempo do encontro, quando finalmente concluímos que estávamos agredindo esse direito. Resolvemos paralisar a tentativa e direcionar nosso trabalho em outra direção, a de garantir-lhe o direito a ficar só, vivendo sua epopeia ermitã num pedaço de floresta onde não seja expulso sistematicamente. Não abandonaremos as tentativas de aproximação, mas é evidente que teremos que agir com mais cautela sem nos aproximarmos tanto de suas casas e deixar que a iniciativa dessa aproximação parta dele. Para tanto, precisamos, principalmente ele, de um míni-

mo de tranquilidade, sem a presença dos madeireiros, dos funcionários da fazenda e dos caçadores.

"Eles vão lutar com todas as armas", disse Pandolpho a Marcelo quando ouviu o que o vizinho estava propondo. "Vão dizer que você plantou esse índio lá. É o que sempre fazem."[2]

Não era novidade para Marcelo. Ele tinha plena consciência de que, ao requisitar formalmente uma reserva indígena para o índio solitário, estava atraindo para si a ira de toda uma classe política. Mesmo assim, porém, ele o fez.

No princípio, as coisas seguiram ao jeito de Marcelo. A Funai apoiou seus esforços por declarar uma proibição temporária da exploração dos 53 quilômetros quadrados por onde o índio vagava. No início de 1999, o órgão pediu ao juiz federal José Henrique Guaracy a proibição de qualquer alteração física do terreno, incluindo o desmatamento, a criação de novas pastagens ou quaisquer projetos de construção. O terreno incluía partes de duas fazendas: a Modelo, de propriedade dos irmãos Dalafini, e a Socel, de propriedade de um homem chamado Celso de Sordi. O juiz agiu a favor da Funai. A Frente de Contato considerou aquela uma solução temporária, mas os fazendeiros assumiram uma posição mais dura: consideraram aquilo uma farsa da justiça. "É inacreditável."[3]

Denes Dalafini ficou ultrajado. Um repórter da *Folha de S.Paulo* lhe perguntou sobre a tentativa da Funai de declarar sua propriedade fora dos limites do desenvolvimento, e o fazendeiro não escondeu seu desprezo pela manobra legal.

"Não sei por que, com tantos problemas mais sérios pipocando pelo país, a Justiça compra as teses malucas da Frente Guaporé", disse Dalafini.

O outro fazendeiro cuja terra foi afetada, Celso de Sordi, tentou distanciar-se da história, dizendo ao jornal que deixara o processo legal seguir seu curso. Mas os Dalafini sinalizavam que não iam desistir de seus direitos sobre a terra sem lutar.

Denes Dalafini rotulou o caso de "farsa" e disse que a história não tinha fundamento, era uma completa invenção. Se havia um índio em sua propriedade, disse ele, é porque a Frente de Contato devia tê-lo posto ali.

"Nunca existiu aldeia em nossas propriedades, nem palhoça, nem cabana, nem tapera", disse Dalafini. "A Frente Guaporé monta cenários e forja vestígios. Não sei exatamente de que maneira constrói a farsa, mas é uma farsa. Quem me garante que não plantaram os índios lá?"

Os fazendeiros lançaram mão de todos os recursos. Argumentaram ao juiz Guaracy que o próprio governo brasileiro tinha vendido os lotes de terra a eles após emitir "certidões negativas" declarando que não se sabia de nenhuma tribo indígena vivendo na área.

"Se não acharam selvagens naquele tempo, como é que encontram agora?", perguntou Dalafini.

Tal como fizeram antes, os latifundiários e as organizações comerciais de Vilhena chamaram a atenção para o fato de que a Frente de Contato tinha recebido verba de um projeto do Banco Mundial localmente conhecido como Planaforo. O projeto fora autorizado pela instituição financeira internacional para auxiliar o governo brasileiro a oferecer "um quadro coerente de incentivos para o desenvolvimento sustentável de Rondônia".[4] Dalafini sugeria que o vínculo da Frente de Contato com o Banco Mundial, sediado em Washington, era uma prova irrefutável de que a equipe de Marcelo participava de uma conspiração internacional para tirar a Amazônia das mãos dos brasileiros.

"Todo mundo comenta que a Frente depende de recursos estrangeiros. E o dinheiro só vem se arranjarem bons motivos", disse Dalafini.

Mas, de todos os argumentos que aventaram contra a Frente de Contato, a um deles os fazendeiros se agarravam com especial vigor. As imagens de vídeo que Vincent captara no último encontro da equipe com o índio mostravam que ele tinha pelos faciais, incluindo um bigode. *Um índio de bigode?* Os fazendeiros nunca tinham ouvido falar de coisa parecida. De todos os retratos que já tinham visto de índios da Amazônia, não conseguiam se lembrar de um só com pelos faciais. Os índios amazônicos não deixam crescer bigodes, afirmavam os fazendeiros; portanto, o "índio" não podia ser índio coisa nenhuma. Era a prova, diziam, de uma fraude elaborada. A Frente de Contato estava tentando fazer um impostor se passar por índio isolado.

Quando Marcelo, Vincent e Altair ouviram pela primeira vez o argumento do bigode, sua reação instintiva foi rir. Parecia tão estúpido. Eles sabiam que alguns índios deixam crescer pelos faciais, muito embora a maioria preferisse a aparência imberbe. Purá, por exemplo, parecia escanhoado, mas era só porque arrancava todo e qualquer fiapo antes que pudesse crescer. Era uma questão de estética: ele achava que ficava melhor sem pelos faciais, e essa crença tinha sido reforçada pela opinião coletiva da tribo. Muitas tribos por todo o hemisfério ocidental agiam de modo igual. Raspar o rosto era comum, e datavam de muito tempo as crônicas a respeito, de diários de antropólogos até o romance *O último dos moicanos*, de James Fenimore Cooper.[5] No entanto, para surpresa dos integrantes da Frente de Contato, o argumento do bigode foi levado a sério. Gente de toda Rondônia — funcionários públicos incluídos — estava citando a existência do ralo bigode do índio como prova de sua inautenticidade.

O chefe de Marcelo, Sydney Possuelo, tinha sido louvado pelos fazendeiros como o sertanista mais confiável do Brasil — somente porque ele relatara, na década de 1980, que não tinha encontrado provas de tribos indígenas num trecho de selva que mais tarde se tornaria parte da Reserva do rio Omerê criada para os Kanoê e os Akuntsu. Quando os jornalistas lhe trouxeram à baila o argumento do bigode, o experiente sertanista descartou imediatamente a alegação dos fazendeiros. "Há tribos que usam barba", disse Possuelo à *Folha de S.Paulo*. "É o caso dos Araras, no estado do Pará."

A imprensa também consultou Orlando Villas Bôas, na época aos 85 anos, uma lenda viva na história da exploração da Amazônia e o sertanista que estabelecera a primeira reserva indígena da história do Brasil. Tal como Possuelo, Villas Bôas avisou aos jornalistas que o argumento do bigode não era a prova irrefutável que os fazendeiros alegavam ser. Segundo Villas Bôas, a palhoça que aparece nas imagens era "certamente de índio". E prosseguiu: "Vi muitas parecidas durante expedições pela Amazônia". Listou de memória algumas tribos que ele tinha visto com pelos faciais do mesmo tipo. "Não posso garantir, mas toda a cena leva a crer que se trata mesmo de um índio arredio. Sempre houve comunidades indígenas no sul de Rondônia, embora o processo de ocupação do estado as tenha desprezado. Não é impossível que, agora, surja por lá um homem como aquele, desgarrado dos parentes."

Quando o repórter da *Folha* falou com Marcelo, perguntou-lhe como se sentia por ser acusado de inventar a história toda.

"Não invento fatos", disse-lhe Marcelo. "Cavo lá onde ninguém tem interesse em mexer. E acabo encontrando."

Na manhã de 7 de março de 1999, uma série de artigos a respeito do índio solitário foi publicada na *Folha de S.Paulo*. O principal deles se intitulava "Justiça interdita 60 km^2 por um índio":

> Um único homem, nu e arredio, de trinta e poucos anos, cabelos lisos, pele morena, olhos miúdos e levemente puxados, costeleta e bigode pretos, fez a Justiça Federal interditar cerca de 60 km^2 de terra no sul de Rondônia. A área tem quase o mesmo tamanho do município paulista de Osasco, com 65 km^2 e 623 mil habitantes.

A Frente de Contato tinha vencido uma batalha, mas não a guerra. A decisão da justiça não era a vitória permanente que Marcelo tinha esperado — o juiz simplesmente estendeu as interdições existentes contra projetos de desenvolvimento. A proibição expiraria dentro de um ano. A interdição, explicava a reportagem, pretendia permitir que a Frente de Contato continuasse a empreender suas expedições na propriedade até que se encontrasse uma solução de longo prazo. Segundo a matéria,

> A Justiça entende que, assim, o índio estará protegido, e a Funai terá tempo de se aproximar dele, reconhecer seu idioma e sua etnia, saber o paradeiro de seus parentes e avaliar se convém desapropriar a área (total ou parcialmente) para convertê-la em reserva indígena.

Com tempo suficiente, Marcelo esperava que o índio acabasse por se sentir à vontade com a presença periódica da Frente de Contato na selva e que *ele* se apresentasse à equipe. A decisão da justiça dava mais tempo ao pessoal da equipe para cultivar uma atmosfera pacífica, mas não se tinha alcançado ainda o objetivo de Marcelo: criar uma reserva indígena. O único passo real no rumo desse objetivo fora burocrático, porém só isso já disparara um bombardeio de questões entre os agentes brasileiros encarregados de regular as políticas nacionais fundiárias e indígenas.

Proteger uma tribo protegendo terras era algo comum, mas e se a tribo tivesse apenas um membro? Ainda era uma tribo? Poderia realmente existir algo como uma nação de um índio só? A cultura do índio solitário, ou o que sobrava dela, não tinha expectativa de sobreviver a ele. Então essa cultura já estava morta?

Mesmo dentro da Funai havia pessoas fazendo tais perguntas, e poucas se rendiam à ideia de que a terra devesse se tornar, ao fim e ao cabo, a reserva de um homem só.[6] "Já não é possível salvar sua sociedade", disse Roque Laraia, diretor de assuntos agrícolas do órgão. Manter o índio isolado e "protegido" do contato com forasteiros era, na opinião de Laraia, uma forma de "crueldade".

Nas páginas da *Folha de S.Paulo* e outros jornais, o caso se tornou assunto de debate porque atingia em cheio o cerne de um dilema moral básico que tem confundido as sociedades há séculos: vale a pena defender os direitos de um pequeno grupo quando mais pessoas poderiam se beneficiar da eliminação desses direitos ou dessas proteções?

Os psicólogos da ética se referem a isso como o "dilema do vagão desgovernado", nome derivado de uma situação imaginária que eles criaram para ilustrar o problema.[7]

Imagine que um vagão de trem desgovernado está correndo nos trilhos e que à frente você vê cinco operários que não percebem que estão no seu caminho. Você está parado numa bifurcação do trilho e pode puxar uma alavanca para salvar os cinco operários e desviar o vagão para um segundo trilho, onde há um único homem de pé. Você puxa a alavanca?

Agora imagine que você está numa ponte, olhando para baixo, para aqueles trilhos. Você localiza o vagão desgovernado correndo na direção dos cinco operários. Sem acesso à alavanca, a única maneira que você tem de parar o bonde é jogar um objeto pesado no trilho. O único objeto pesado o bastante para deter o vagão é um homem gordo que está de pé a seu lado na ponte. Você atira o homem do alto da ponte sobre o trilho, matando-o e salvando os cinco operários?

As respostas que os informantes dão ao dilema do vagão desgovernado têm se mostrado interessantíssimas para os pesquisadores. O biólogo Marc Hauser e os psicólogos Fiery Cushman e Liane Young publicaram em 2006 uma sondagem feita pela internet com mais de 2 mil pessoas de mais de cem países diferentes, e as respostas corresponderam às de numerosos outros estudos que levantavam a mesma questão. No primeiro cenário, quase todo mundo responde "sim", puxariam a alavanca. Mas no segundo, a maioria dos entrevistados, pesquisa após pesquisa, responde "não", não empurrariam o homem gordo sobre os trilhos. Os informantes tinham diversos antecedentes religiosos, diversas etnias e níveis de educação, e os resultados foram inequívocos: 90% das pessoas consideraram que puxar a alavanca era moralmente permitido, enquanto só 10% das pessoas disseram que era aceitável empurrar o homem da ponte.

Na vida real, os dilemas morais quase nunca oferecem opções tão nítidas. Mas em Rondônia o caso do índio solitário se tornou um dilema do vagão desgovernado. Uma questão ética espinhosa e emaranhada acerca da preservação indígena foi reduzida a uma questão essencial para os brasileiros queimarem as pestanas: você preservaria um pedaço da floresta, muito embora este possa oferecer sustento para dezenas de agricultores e suas famílias, para proteger a vida de um só homem?

No Brasil, a população indígena compõe cerca de 2% da população total, mas vive em mais de 12% do território nacional.[8] Aqueles que acham que as tribos têm terras demais formaram um lobby eloquente na arena política brasileira, e o caso do índio solitário parecia um exemplo cristalino de injustiça cometida em nome da justiça. Os oponentes da reserva, incluindo fazendeiros e parlamentares conservadores, começaram a alegar que, ao escolher "salvar" o índio solitário, o Brasil estava sacrificando um número maior de pessoas que se beneficiariam de uma terra economicamente produtiva. Ao formular seus argumentos, os oponentes da reserva tentavam deixar, tanto quanto possível, o elemento humano fora da equação e apresentá-los de modo abstrato: na sua opinião, abrir a terra para o desenvolvimento não era como empurrar um homem do alto da ponte para deter um vagão; era como puxar a alavanca. Reservar terras para índios podia parecer politicamente correto, sugeriam eles, mas estaria de fato servindo para o bem maior da população em geral?

Não era tão simples, é claro. O caso do índio solitário não podia ser objeto de uma abstração no papel. Os benefícios de se produzir nas terras não podiam ser previstos. Ninguém seria capaz de garantir que o desenvolvimento "salvaria" alguém graças à oportunidade econômica, assim como ninguém poderia dizer que representaria a morte certa para o índio. Era possível que o índio, se removido da terra e colocado numa reserva distante, descobrisse uma vida mais feliz entre outras tribos. Ou não. A única certeza razoável àquela altura era de que o próprio índio não estava interessado em deixar a área.

Ambiguidades à parte, o argumento de que demarcar terras para índios era solapar o bem comum da população mais ampla ganhava impulso Brasil afora. À medida que os latifundiários de Rondônia atacavam a ideia de demarcar terras para o índio solitário, argumentos semelhantes eram aplicados às outras reservas indígenas do país por parlamentares ligados aos interesses agrários e da mineração. Com o tempo, o Supremo Tribunal Federal se veria atravancado por mais de uma centena de causas pendentes que contestavam a legalidade dos territórios indígenas espalhados pelo Brasil.[9]

Entre os políticos mais poderosos do estado de Rondônia na década de 1990 estava um homem chamado Amir Lando.[10] Entre 1972 e 1974, ele fora o chefe do Incra, o órgão que mais tarde emitiria os títulos de propriedade no estado. Em 1998, porém, ele se elegera senador por Rondônia.

Por ter estado envolvido na distribuição de títulos de propriedade, a lei proibia que Lando possuísse terras. Mas toda vez que Marcelo ou Altair perguntavam aos trabalhadores locais o nome do dono da Fazenda Convento — parte da qual tinha sido incorporada à Reserva do rio Omerê para os Kanoê e os Akuntsu —, os trabalhadores pronunciavam o nome do senador. O próprio Lando não se preocupava muito em esconder seu vínculo com a propriedade. Havia uma placa sobre o portão de entrada da propriedade com os dizeres: PROP. AMIR F. LANDO.

Certo dia de 1999, Altair percebeu que alguém estivera cortando árvores na zona da floresta dentro dos limites da Fazenda Convento, muito embora a exploração de madeira ali não fosse permitida. Altair calculou que pelo menos duzentas cabriúvas tinham sido derrubadas. Ele e Marcelo protocolaram uma queixa na Justiça em Porto Velho. Mas Lando negou ser o dono da fazenda. E quando verificaram os registros da propriedade, viram que o dono estava registrado como alguém chamado Leandro Lopes.

Os jornais locais souberam da queixa criminal e da negação de envolvimento de Lando. Ele não era dono da propriedade e, portanto, não podia ser punido. Mas, quando os jornalistas interrogaram as pessoas que viviam perto da propriedade, ouviram a mesma coisa que Marcelo e Altair: Amir Lando era o dono.

Por fim, a identidade de Leandro Lopes foi revelada: era sobrinho da ex-mulher de Lando. Marcelo suspeitou que Lopes fosse um *laranja*.

As negativas de infração à lei da parte de Lando enfureceram Marcelo e Altair, que, num relatório conjunto para a Funai, não o pouparam. Depois de explicar que o índio escolhera evitar contato com a equipe, disseram aos chefes que achavam que políticos locais estavam tentando exercer pressão dentro do governo para remover o índio da área. Acreditavam que Lando, que antes não estivera envolvido nas batalhas judiciais sobre a terra do índio, trabalhava contra eles nos bastidores. Suspeitavam que o senador estava se interessando pelo caso do índio solitário à guisa de desforra contra a Frente de Contato.

> Um senador da República, que tem interesses pessoais neste caso, vem insistentemente solicitando que a Funai agilize o contato com esse índio, com o objetivo claro de transferi-lo dali e assim liberar as terras para seus algozes. Inverteram-se as responsabilidades, parece que a culpa é dele por ter sobrevivido às inúmeras violências que dizimaram seu povo.

Por volta dessa mesma época, em 2000, muitos políticos começaram a se queixar do trabalho da Frente de Contato. Em gabinetes governamentais em Brasília e Porto Velho, um grupo de legisladores pró-fazendeiros decidiu que era a hora de mergulhar muito mais fundo na questão.

10. Os corredores do poder

A legenda ao lado da foto de Marcelo no jornal *Expressão*, de Rondônia, de 29 de abril de 2000, dizia: "A guerra dos caras-pálidas".

> Além de tantas nações indígenas terem sido dizimadas pela ganância furiosa dos fazendeiros invasores, quem protege os índios também acaba sendo ameaçado. É o caso do MDS. No ano passado ele recebeu a comenda "Cavaleiro da Ordem do Rio Branco", das mãos do presidente Fernando Henrique Cardoso (PSDB). Um reconhecimento ao seu trabalho de 24 anos de estudo e preservação dos costumes dos povos indígenas. Mas em Rondônia a coisa é bem diferente. Marcelo revelou ao *Fantástico* que está sendo até ameaçado de morte.

Um repórter do *Fantástico* falou com Marcelo no início de 2000 como parte de uma matéria geral sobre tribos indígenas isoladas Brasil afora. Durante a entrevista, Marcelo mencionou que recentemente havia recebido telefonemas ameaçadores em consequência de seu trabalho a favor das tribos indígenas e que suspeitava que os interesses dos latifundiários estavam por trás dessas ameaças. Depois da transmissão do programa, a imprensa local de Vilhena levou o caso adiante.

Uma placa na entrada da Fazenda Convento alerta os visitantes de que a propriedade pertence ao senador Amir Lando

Entre os tantos fazendeiros "prejudicados" por Marcelo, um é muito poderoso. Além de ser um advogado tarimbado, o fazendeiro em pauta detém um mandato de senador de República. Amir Lando seria dono de 4 mil hectares de terra em Corumbiara, onde moram dez índios...

A matéria prosseguia dizendo que Lando aparentemente usara o sobrinho da ex-mulher como *laranja* para contornar regulamentos sobre conflitos de interesses e que Lando não negou por completo seu envolvimento com a fazenda. Admitiu saber que duzentas cabriúvas tinham sido derrubadas na fazenda, fato que tinha chamado a atenção da Frente de Contato em primeiro lugar. Lando explicou que doara a madeira a instituições de caridade.

O texto também mencionava que as disputas de Marcelo com Lando e outros fazendeiros tinham suscitado uma conversa sobre a possível transferência do sertanista para fora de Rondônia. Marcelo disse ao jornal que não queria partir, porque isso equivalia a uma rendição. "Eu prefiro me demitir", disse.

Na manhã de 10 de outubro de 2000, o deputado Antônio Feijão entrou no prédio da Assembleia Legislativa de Rondônia, que domina todo um quarteirão em Porto Velho.[1] Feijão tinha familiaridade com o prédio — normalmente trabalhava em Brasília, representando outro estado no Congresso Nacional. Mas, como presidente de uma comissão de inquérito da Câmara dos Deputados sobre as atividades da Funai, ele se sentou diante do cavernoso plenário.

Ele e vários colegas parlamentares, muitos dos quais compartilhavam sua opinião de que as reservas indígenas do país eram grandes demais, tinham vindo a Rondônia para investigar o trabalho de Marcelo dos Santos na demarcação de territórios indígenas. As audiências durariam dois dias, e diversos fazendeiros locais foram convocados a depor.

Em busca de indícios de conduta suspeita da parte de Marcelo, os parlamentares se concentraram primordialmente em seu trabalho na demarcação da Reserva do rio Omerê, onde Lando — ou sua família, pelo menos — possuía terras. Os riscos do inquérito estavam bem claros para a Frente de Contato: se o status protegido da Reserva do rio Omerê pudesse ser revertido por meio da contestação da credibilidade de Marcelo, a interdição temporária para o índio solitário não teria a menor chance de ser renovada.

Para os fazendeiros reunidos no plenário da Câmara, Feijão representava um rosto amigo. O deputado se tornara um dos críticos mais declarados das reservas indígenas no Brasil, alegando que os recursos naturais encontrados em algumas delas deviam ser explorados pelo bem do desenvolvimento econômico do país.[2] Seu currículo era música para os ouvidos de cada fazendeiro ávido por explorar terras. Ele denunciara vários grupos humanitários internacionais que apoiavam a ampliação dos direitos indígenas e organizações missionárias católicas, dizendo que a defesa que faziam não passava de um disfarce que escondia seu verdadeiro objetivo: solapar a soberania brasileira.[3] Ele pessoalmente abrira processos legais contra antropólogos, acusando-os de manipular líderes indígenas para estimular conflitos com o resto da sociedade brasileira. Feijão também propusera no Congresso uma lei que avaliaria o "grau de aculturação" entre as tribos indígenas que já tivessem recebido reservas; se fosse determinado que suas culturas tribais já tinham incorporado muito do estilo de vida presente na sociedade mais ampla ao seu redor, elas perderiam o direito à terra.[4] Um ano antes, em 1999, Feijão também patrocinara um projeto de lei que puniria qualquer tribo indígena que prejudicasse o meio ambiente, alegando que as leis ambientais do país eram injustamente parciais e só incidiam sobre os não índios.[5]

Por anos, Feijão tinha sido um enérgico opositor de uma grande reserva no estado de Roraima, perto da fronteira com a Venezuela. Garimpeiros de ouro queriam acesso às terras, que eram ocupadas pelas tribos indígenas Macuxi e Wapixana. A tensão entre as tribos e os garimpeiros explodira no início dos anos 1990.[6] Depois que um grupo de índios sequestrou dois garimpeiros em 1993 e exigiu que sua terra fosse declarada zona proibida para o desenvolvimento, a resposta dos garimpeiros foi sequestrar cinco índios e ameaçar linchá-los. Depois que o bispo de Roraima falou em defesa dos índios, manifestantes enfurecidos puseram fogo em seu gramado. Um homem foi a um programa de rádio local e se ofereceu para matar o bispo "pelo preço justo". Um correspondente do *New York Times* viajou à região para cobrir os conflitos, e um assessor de um grupo de fazendeiros e garimpeiros lhe explicou: "O bispo ainda está vivo. Isso mostra como somos tolerantes, certo? É claro que rezamos toda noite para que ele morra em seu sono".

Feijão não era de Roraima, mas saltou em defesa dos garimpeiros em sua batalha contra os Macuxi e os Wapixana. Antes de entrar na política, Feijão tinha sido diretor do sindicato que representava os garimpeiros ilegais que atravessavam a Amazônia em busca de ouro.[7] Ele chegara à maturidade combatendo ambientalistas e a reação internacional contra sua profissão. Tentando inserir a cultura dos garimpeiros no contexto do resto do tecido social do país, o *Christian Science Monitor* usou a seguinte descrição taquigráfica:

> Muitas pessoas dizem que os mineradores, conhecidos como garimpeiros, são heróis porque criam empregos para os pobres e tornam o Brasil um dos maiores produtores de ouro do mundo. Mas os antropólogos dizem que os garimpeiros, que assolam terras indígenas por toda a Amazônia, estão dizimando tribos inteiras, sobretudo com doenças, mas também com armas. Preocupa aos ambientalistas o uso que os garimpeiros fazem do mercúrio para separar o ouro do cascalho, o qual vem poluindo os rios da Amazônia por muitos anos e contaminando a vida selvagem. Os garimpeiros negam. Gente beberrona e perdulária, vivem dominados por visões do que o ouro pode comprar.

O garimpo que o repórter visitou para escrever o artigo era dirigido por ninguém menos que Antônio Feijão.

Agora, doze anos depois, em 2000, ele estava ajudando como ponta de lança na comissão parlamentar de inquérito em Porto Velho. A investigação parecia ser seu modo de manter uma promessa que fizera no ano anterior: em 1999, Feijão dissera a jornalistas que não lançaria uma CPI sobre a Funai se a demarcação da reserva de Roraima fosse legalmente revogada.[8] E aqui estava ele em Rondônia na manhã de 10 de outubro, chamando fazendeiros à tribuna como parte de uma investigação sobre má gestão da parte da Funai.

Para fazer uma introdução às atividades de Marcelo em Rondônia, a comissão convocou Antenor Duarte para depor. Era um fazendeiro dono de uma parte da terra que fora interditada para formar a Reserva do rio Omerê para os Kanoê e os Akuntsu. Ele e vários outros fazendeiros da região tinham contratado, em Vilhena, o advogado Odair Flauzino para conduzir uma batalha legal contra a reserva alguns anos antes, mas a apelação não teve sucesso. Agora lhe davam uma segunda oportunidade para expor sua queixa, e ele não se fez de rogado.

Antes de começar um depoimento preparado que tinha por alvo o caráter de Marcelo, ele explicou à comissão que sua voz era apenas uma entre muitas na comunidade dos fazendeiros da região, que incluía o senador Amir Lando e outros proprietários. Duarte não perdeu tempo em disparar a principal queixa deles: sugeriu que Marcelo tinha plantado os Kanoê e os Akuntsu na área. Armado com um arsenal de documentos oficiais, disse que suas suspeitas se inflamaram quando olhou para os antecedentes de Marcelo.

"O tráfico de índios não é novidade no histórico de Marcelo", disse Duarte à comissão.[9] Ele contou que em 1981 a Funai interditara uma grande área no estado do Mato Grosso como reserva indígena. No entanto, disse Duarte, nenhum índio vivia naquelas terras na época da interdição, de modo que Marcelo carregou um grupo de índios em sua caminhonete e os transferiu pessoalmente para o território. Duarte disse à comissão que as ações de Marcelo provocaram uma investigação da Polícia Federal, que confirmou tais fatos. Além disso, o proprietário das terras, Luís Morimoto, processou a Funai em 1983 e explicou ao tribunal que não havia presença de índios em suas terras até que Marcelo os transportasse para sua propriedade.

Tecnicamente falando, Duarte estava dizendo a verdade à comissão. No entanto, alguns elementos contextuais importantes foram omitidos.

Marcelo, de fato, *transportara* os índios para as terras de Morimoto. Também era verdade que na área não havia presença indígena antes daquele deslocamento. Mas, antes que tudo isso acontecesse, os índios tinham começado a fazer pressão para a interdição das terras de Morimoto. Disseram que ocupavam o território anos antes da chegada de Morimoto, e que então foram expulsos. Após ouvir o pleito dos índios, a Funai interditou legalmente a fazenda e a declarou território indígena. *Depois* dessa interdição é que Marcelo conduziu os índios para a área, onde eles restabeleceram suas moradias. O agente que avaliou uma investigação policial preliminar concluiu que Marcelo não cometera crime. Ele rejeitou as denúncias de Morimoto.

Mas quando Duarte submeteu essas provas à comissão, a história foi apresentada como uma insinuação, planejada para conspurcar a credibilidade de Marcelo. O retrato de Marcelo que começava a se revelar dentro do plenário sugeria que ele era um mistificador de longa data, tirando índios do bolso do colete para atrair financiamento de agências internacionais e arruinar décadas de progresso e desenvolvimento.

Os fazendeiros que depuseram se referiram repetidas vezes à "certidão negativa" de 1986 assinada por Sydney Possuelo — invariavelmente antepondo a seu nome o título de "o ilustre sertanista". O relatório original de Possuelo, que afirmava não ter encontrado prova de presença indígena na área na época de sua visita, foi citado como sagrada escritura. Não foram mencionadas as observações subsequentes de Possuelo explicando que o relatório não afastava a possibilidade da presença indígena na área antes ou depois de sua expedição.

Como era de se esperar, o fato de a Frente de Contato receber financiamento do projeto Planaforo do Banco Mundial também foi apresentado como condenação. Sugeriram que, ao inventar histórias de índios perseguidos e em fuga, Marcelo estava explorando o sentimento pró-índio da comunidade internacional a fim de obter verba para sua Frente de Contato. Insinuaram que, ao fazer isso, Marcelo estava brincando com questões de segurança nacional. Como suas reservas indígenas ficavam próximas de fronteiras, poderia ser criado um ponto militarmente fraco para a defesa territorial brasileira.

A investigação parlamentar sobre as atividades de Marcelo não terminou com o interrogatório em Porto Velho. Os legisladores que lutavam pelo desenvolvimento tinham encontrado um bode expiatório, vendo em Marcelo alguém que merecia a desonra pública em plano nacional. Mais adiante, uma comissão do Senado em Brasília também vasculhou o trabalho dele, e os parlamentares convocaram três testemunhas para depor: o chefe da associação dos produtores de soja de Vilhena, um antropólogo chamado Carlos Antônio Siqueira e um ex-funcionário da Funai de nome Osny Ferreira.[10]

Ferreira foi o primeiro a depor. Quando se fez o contato com os Kanoê em 1996, Ferreira — ex-funcionário da Funai — tinha alegado que Marcelo arrancara Purá e o resto dos Kanoê da tribo Cinta Larga e os radicara no território do rio Omerê. Suas acusações, embora completamente repelidas pela direção da Funai em Brasília, serviram de base para a campanha pública do advogado Odair Flauzino, que questionava as identidades das tribos.

Ferreira disse aos senadores que na manhã seguinte às filmagens de Vincent do contato inicial com os Kanoê, transmitidas pela televisão em 1996, um grupo de índios Cinta Larga apareceu em sua casa. Os índios, disse Ferreira, sugeriam que os índios recém-descobertos poderiam ser parentes desaparecidos de sua tribo anos antes. Embora tivesse sido demitido da Funai por roubo de propriedade — acusações que ele descreveu mais tarde como politicamente motivadas —, Ferreira conduziu os Cinta Larga de carro até o sul de Rondônia e adentrou a selva com eles até o local da recém-descoberta aldeia Kanoê. Lá, eles encontraram dois membros da tribo Kanoê: a mãe e a irmã de Purá.

Ferreira disse que os Kanoê pareciam famintos. Ele supôs que os índios tinham sido plantados recentemente na área por Marcelo e Altair e, portanto, não estavam acostumados com a região, incapazes de coletar ou cultivar alimento adequado. Ferreira disse que, após o encontro com os Kanoê, ele caminhou cerca de oito quilômetros e descobriu o acampamento da Funai. Lá encontrou Marcelo e Inês Hargreaves, uma enfermeira que trabalhava para a Funasa (Fundação Nacional de Saúde). Ficaram surpresos ao vê-lo, contou ele.

"Como membro da Congregação Cristã do Brasil, estou acostumado a prestar testemunho diante do Senhor", disse Ferreira à comissão, prefaciando o que estava a ponto de contar.

> O Marcelo pôs a mão na cabeça e disse para mim: "Osny, você estragou tudo. Eu estou trabalhando nisso há tanto tempo e você vem aqui estragar tudo". A mesma coisa fez a Inês Hargreaves, que me tratou até mal [...]. Passados alguns meses, o sr. Marcelo fez uma denúncia ao Ministério Público Federal, dizendo que eu tinha levado gripe para aquelas índias. E eu passei, com parcos recursos, sete meses sem poder constituir advogado para me defender do sr. Francisco Marinho e do sr. Osni Belisse, que me acusaram de ter levado gripe para as índias.

Ferreira disse aos senadores que lhes forneceria um depoimento filmado dos Cinta Larga que o acompanharam na viagem, o qual corroboraria suas afirmações. Esse depoimento, contudo, já tinha sido visto antes pelo falecido Orlando Villas Bôas (talvez o mais famoso sertanista da história do Brasil) e repelido como uma falsificação. Segundo Villas Bôas, Ferreira tinha manipulado os depoimentos dos índios, praticamente pondo as palavras em suas bocas.

Mas os membros da comissão trataram Ferreira como fonte confiável. O senador Valdir Raupp, que trabalhara como fazendeiro em Rondônia entre seus mandatos como governador e senador, reagiu ao depoimento de Ferreira com algumas opiniões pessoais.[11] Para Raupp, os agentes da Funai vinham forjando provas de presença indígena para expulsar os agricultores de suas terras. "Parece que a Funai fica cassando esses problemas, criando essas confusões para gerar o conflito."

Em seguida veio Carlos Antônio Siqueira, que se identificou como antropólogo aposentado da Funai que agora trabalhava como assessor para organizações não governamentais. Disse à comissão que, tal como Ferreira, ele visitara a Reserva do rio Omerê para investigar a autenticidade das tribos indígenas. Siqueira disse que tinha se debruçado sobre os primeiros relatórios de expedição de Marcelo e que estes continham várias "falhas de procedimento". As primeiras expedições no rastro dos Kanoê, disse ele à comissão, foram "extraoficiais", e algumas incluíam mais membros de ONGs do que funcionários do governo. Além disso, um dos relatórios de expedição fora datilografado em papel timbrado do Ministério da Justiça e não em papel oficial da Funai.

Siqueira disse acreditar que a aldeia Kanoê fora construída por Marcelo e Altair. O vídeo que Vincent filmara para documentar o encontro inicial com Purá e Tiramantu, contou ele, era uma prova forjada que o tinha deixado chocado.

"Isso não existe, é palhaçada, é teatro", disse Siqueira. "Desculpe, mas é teatro!"

Por fim, depôs Nadir Razini, fazendeiro e chefe da associação local de produtores de soja. Disse ter conhecido Marcelo em 1995. Marcelo queria entrar em sua propriedade, que também ficava perto do que mais tarde viria a ser a Reserva do rio Omerê, para buscar vestígios de presença indígena. Razini, citando o relatório de Sydney Possuelo, não permitiu que ele entrasse sem um mandado. Cerca de quinze dias depois de Marcelo ter voltado com um mandado, um misterioso grupo de quatro estrangeiros apareceu no portão de Razini, querendo acesso à propriedade. Embora Marcelo não estivesse com eles, Razini disse à comissão que suspeitou que eles tivessem algum vínculo com o sertanista por causa do momento daquela visita. Disse aos senadores que os estrangeiros estavam interessados em realizar uma análise mineralógica do solo da área.

"Nenhum deles falava português. Um era holandês, outro era belga, pessoas jovens, usando brinco, cabelo comprido, parecendo hippies", disse Razini à comissão.

O senador Augusto Botelho perguntou a Razini se ele acreditava que os integrantes da Frente de Contato tinham plantado os índios naquela área. Quando Razini disse que suspeitava que sim, mas não tinha certeza, Botelho lhe disse que ele não precisava ter dúvida nenhuma.

"Deve ser uma tática utilizada pelas ONGs para desestabilizar a produção, já que não querem que a Amazônia se desenvolva", disse Botelho, que mais tarde proporia um projeto de lei que tentava liberar as terras indígenas em Roraima para o desenvolvimento.[12] "E Rondônia está na frente de todos os novos estados em desenvolvimento, por isso são mais perseguidos também."

* * *

Marcelo não foi chamado a depor durante a audiência no Senado. Quando depôs durante a investigação em Porto Velho, disse à comissão que suas explorações não pretendiam gerar problemas para os fazendeiros, mas proteger os índios, que era o seu trabalho. Explicou que depois da certidão negativa emitida em 1986 com base no relatório de Sydney Possuelo, um empregado de fazenda lhe dissera que viviam índios na propriedade próxima da área inspecionada e que eles tinham sido expulsos com violência. Foi o que despertou seu interesse inicial. Tentou explicar que, por causa de toda a exploração de madeira nas décadas de 1980 e 1990, era natural que qualquer grupo indígena dali fosse obrigado a migrar regularmente. Mas, a seu ver, esses índios tinham vivido naquelas terras.

"Exatamente no ano de 1986, logo no início, os fazendeiros promoveram um desmate de 10 mil hectares exatamente onde se configurava a presença dos índios, as roças que nós achamos destruídas", disse Marcelo. "Certamente, diante de quatrocentas motosserras trabalhando, de toda a movimentação que houve em cima, os índios que lá estavam migraram."[13]

Se um observador que nada soubesse acerca da batalha entre desenvolvimento e preservação na Amazônia se sentasse naquela sala de audiências, ele poderia ficar com a impressão de que a tensão era resultante exclusivamente do trabalho de Marcelo. Os fazendeiros tinham apresentado um caso convincente, ainda que unilateral, de que ele havia arrancado sozinho os títulos de propriedade das mãos dos fazendeiros, sem consultar ninguém.

Dos mais de vinte parlamentares que participavam da audiência, somente um fez a Marcelo perguntas em sua defesa.

"Senhor Marcelo, o senhor tem o poder de interditar área?"

"Não. Eu não tenho esse poder."

"O que é que você fez?"

"Eu só tenho que levar as informações à hierarquia competente da Funai dentro de um trâmite administrativo, que é a Lei do Nelson Jobim, que regulamenta essa situação."

"E a área foi interditada por quê?"

"Ela foi interditada pelo fato de ser configurada a presença dos índios. Os antropólogos que lá estiveram comprovaram essa presença. O procurador da

República que lá esteve visitando também participou dessa auditoria. Outras pessoas também lá estiveram; outros indigenistas lá estiveram. Todos comprovaram. Mas, tecnicamente, os antropólogos que lá estiveram fizeram levantamento, fizeram laudo antropológico. Em cima desse laudo antropológico é que o presidente da Funai interditou a área, não eu."

Depois da audiência em Porto Velho, os diretores da Funai concluíram que Marcelo se tornara um ímã de controvérsias e que seus opositores tinham tornado impossível para ele trabalhar produtivamente na região. Marcelo, relutante, teve de reconhecer que estavam certos.

Ele jamais se mostrou arrependido, convicto de que tinha sido enganado e julgado de modo sumário. Em épocas anteriores teria empenhado, sem hesitar, tudo o que tinha para limpar seu nome, apesar dos longos reveses sofridos contra alguns dos homens mais poderosos da região. Mas dessa vez não fez isso. Concluiu que Altair poderia estar em posição melhor para terminar o que ele tinha começado. Marcelo adotou uma perspectiva pragmática. Talvez porque estivesse apaixonado.

Pouco antes de os fazendeiros começarem a tentar expulsá-lo do estado, ele conhecera uma mulher chamada Divina, irmã de uma enfermeira com quem tinha trabalhado vintes anos antes, entre os Nambiquara. Quando Marcelo teve de suportar os inquéritos governamentais e as acusações, encontrou refúgio nela.

Divina tinha família em Goiás, a quase 2,5 mil quilômetros dos índios de Rondônia. Goiás lhe ofereceu uma chance de recomeçar, após uma experiência em Rondônia que deixara um gosto amargo no final. Compraram uma casinha tranquila e um pedaço de terra.

Para os fazendeiros, foi uma vitória.

As várias estacas de tronco de palmeira que o índio solitário coloca no fundo de suas armadilhas. Estas estacas foram descobertas perto de uma das ocas antes de serem implantadas num fosso

11. Nem fera nem Deus

Enquanto Marcelo era expulso de Rondônia, o índio solitário era expulso do trecho de floresta pertencente aos irmãos Dalafini. Apesar da proibição temporária de desmatamento, a exploração de madeira tinha continuado num ritmo devastador. No final de 2000, aproximadamente 80% da terra "protegida" da propriedade Dalafini fora desmatada. A maior parte das matas onde o índio tinha vivido foi reduzida a pasto.[1]

Altair e Vincent acreditavam que o trabalho da equipe não devia ser interrompido pelas disputas de Marcelo com os políticos. Eles continuaram a fazer expedições para monitorar a sobrevivência do índio, temendo que a constante redução de seu hábitat o exporia a mais perigos do que nunca. O não contato se tornara parte tão importante de sua abordagem que o grupo mudara de nome. Já não era mais a Frente de Contato do Guaporé: agora era a Frente de Proteção Etnoambiental do Guaporé.

Encontraram mais ocas do índio e descobriram que ele se mudara para uma parte da floresta pertencente a Celso de Sordi, cuja Fazenda Socel limitava com a propriedade Dalafini. Mas Altair e Vincent logo se deram conta de que a migração forçada do índio foi uma bênção totalmente inesperada, graças à entrada em cena de um elemento-surpresa: um grupo de lavradores sem-terra que queriam reivindicar para si parte da Fazenda Socel.

Eram membros do Movimento dos Trabalhadores Sem Terra.[2] O MST se compunha de grupos de lavradores pobres, sem-terra, que montavam acampamentos não autorizados em territórios que consideravam improdutivos. Depois de fixarem seus assentamentos, os grupos tentavam desapropriar a terra na Justiça, alegando que era socialmente injusto manter o título nas mãos de alguém que não estava explorando ao máximo seu potencial. Num país onde cerca de 3% da população é dona de três quartos da terra potencialmente cultivável, o movimento logo se tornou uma entidade política. Em 2000, mais de 1 milhão de sem-terra estavam vivendo em milhares de assentamentos Brasil afora. O movimento se difundiu para outros países e acabou se tornando o movimento social mais importante e poderoso da América Latina. Para os latifundiários, era um pesadelo.

Antes que o MST mostrasse interesse em fincar suas tendas na propriedade Socel, os integrantes da Frente de Proteção consideravam Celso Sordi apenas mais um fazendeiro problemático. Mas quando o MST entrou em cena, Sordi percebeu que a proibição temporária sobre a área de mata de sua propriedade poderia agir a seu favor. Antes que os agricultores sem-terra pudessem estabelecer sua vila improvisada, Sordi chamou a polícia para expulsá-los. Argumentou que aquelas terras que eles tentavam ocupar não eram simplesmente mais uma propriedade improdutiva — era território indígena, especialmente protegido pela lei brasileira. Se o MST estava procurando lugar para montar um novo acampamento, havia muitas outras propriedades que eles poderiam escolher. Mas aquela, alegava Sordi, já tinha sido reivindicada por um índio. Em nítido contraste com os Dalafini, Sordi começou a respeitar a proibição sobre quaisquer alterações na floresta.

Desde o incidente com a flecha, a Frente de Proteção continuara a deixar presentes para o índio, na esperança de que este um dia percebesse que estavam ali com fins pacíficos e que ele poderia, se necessário, recorrer a eles. Em 2000, pela primeira vez, o índio começou a aceitar aqueles presentes. Recolhia as sementes, facões e frutas. Durante uma expedição, Altair notou que ele plantara algumas das sementes que lhe tinham deixado e que criara uma horta viçosa.

A aceitação dos presentes por parte do índio deu a sensação de uma minivitória depois de uma longa temporada de derrotas. Parecia que ele finalmente tinha concluído que a Frente de Proteção não queria lhe fazer mal.

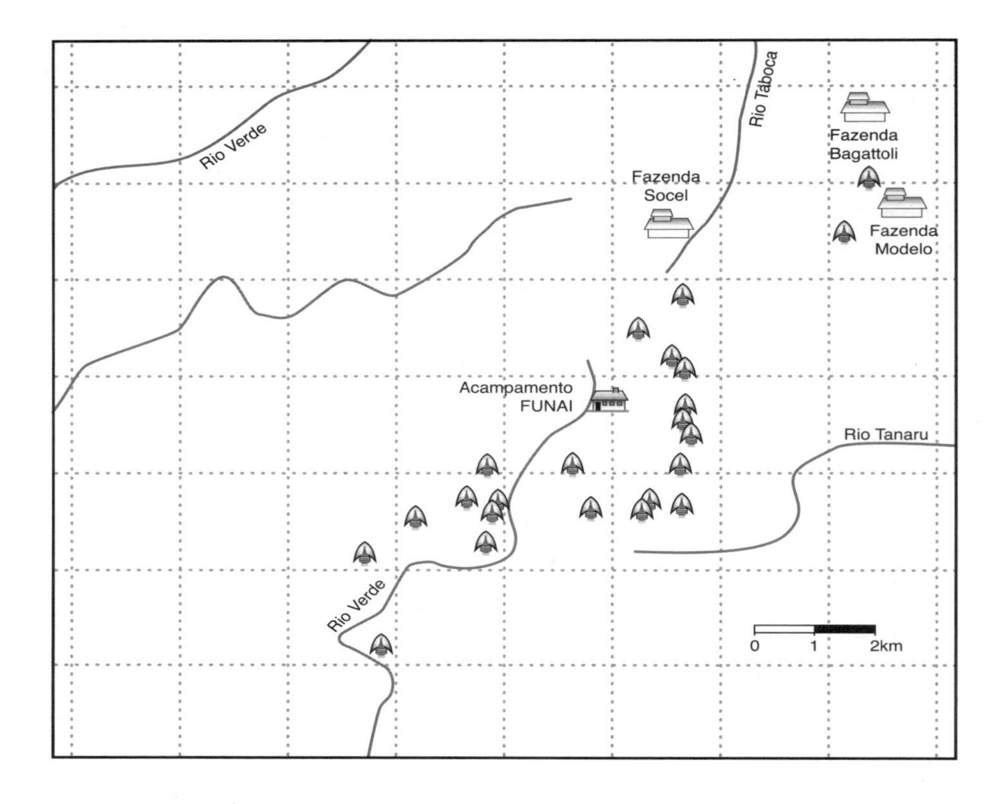

Para Altair, o índio logo poderia querer iniciar contato. Se acreditasse que eles eram inofensivos, o índio talvez concluísse que desenvolver um relacionamento seria algo de seu maior interesse. O conflito de Marcelo com os políticos não podia ter vindo em pior momento, mas ele cuidou para que Altair e Vincent empreendessem o trabalho de campo necessário que ele não poderia supervisionar. Três semanas depois de Marcelo ter prestado depoimento em Porto Velho, Altair e Vincent visitaram a fazenda de Sordi. Queriam ver se era legítima a aparente mudança de atitude do fazendeiro acerca da presença do índio em suas terras e que novas oportunidades ela poderia abrir para eles.

A sede da Fazenda Socel era um humilde conjunto de estábulos e barracões no centro de um pasto encharcado.[3] A carcaça enferrujada de um pequeno avião a hélice, quase invisível acima da grama alta, fora deixada a apodrecer ao lado do estábulo principal. Empregados montados em cavalos suados pastoreavam o gado. Quando Altair e Vincent encontraram Sordi dentro de um dos barracões, ele os convidou a sentar a uma mesa de madeira carcomida e serviu a cada um um copo de café.

Altair e Vincent mal conseguiam acreditar. Nenhum fazendeiro jamais os recebera de modo tão amistoso. E, ainda por cima, Sordi era o primeiro fazendeiro a realmente querer que suas terras fossem interditadas em benefício dos índios.

Sordi estava sentado num banco e ouvia atentamente, puxando fundas tragadas de seu cigarro, enquanto Altair explicava que o índio — pelo que podiam determinar — parecia estar vivendo uma existência mais estável e fixa desde que passara a vagar pela propriedade de Sordi. Em vez de desdenhar os presentes da equipe, o índio agora aceitava o milho e a mandioca que tinham deixado para ele, chegando mesmo a plantá-los. Mas Altair explicou que a interdição das terras por parte da Funai expiraria de novo em poucos meses. Se o índio não tivesse feito contato com a Frente de Proteção até lá, Altair queria a palavra de Sordi de que ele seria protegido.

Sordi não reclamou. A equipe tinha sua permissão para explorar totalmente suas terras sempre que quisesse e para fazer o que fosse necessário para proteger o índio. Pegou seu maço de cigarros e ficou batendo na mesa com ele.

"A verdade é que esse índio é um ser humano exatamente com nós, certo?", disse Sordi. "Acho que devemos ter paciência com ele."

Altair pegou um maço de baralho que estava sobre a mesa e embaralhou as cartas, balançando a cabeça em concordância. Logo começou a rir. "Bem, é ótimo que o senhor pense desse jeito", disse Altair, "porque não é assim que pensam seus vizinhos por aqui."

O encontro tinha sido curto e simples, mas foi o tipo de interação que elevou o ânimo de Altair quando o caso do índio solitário parecia uma causa perdida. Afinal, depois de tudo o que tinham enfrentado, se um fazendeiro conseguia se solidarizar de verdade com a causa, então qualquer outra coisa seria possível.

Às seis horas de uma manhã úmida de novembro de 2000, Altair e Vincent partiram da fazenda de Sordi e se embrenharam na floresta para verificar se o índio ainda estava vivendo ali.[4] Paulo Pereira, o funcionário contratado que regularmente se juntava a eles nas expedições, também os acompanhava, bem como três índios da tribo Sakirabia. Esses índios viviam na Terra Indígena rio Mequéns, a várias horas de carro a oeste da Reserva do rio Omerê.

Os Sakirabia, um grupo que contava ao todo umas oitenta pessoas, falavam uma língua pertencente à mesma família linguística tupari dos Akuntsu. Após viverem anos na Reserva Mequéns, muitos dos Sakirabia também falavam fluentemente o português. Altair imaginava, com otimismo, que se encontrassem o índio e ele quisesse falar, não faria mal ter os índios por perto. Talvez encontrasse neles um vínculo que não tinha encontrado em Purá.

Embrenhavam-se na selva, com as botas pesadas de lama, os jeans empapados até os joelhos. Os mosquitos voejavam em torno de seus rostos. Altair ia na frente, marchando com sua mochila e seu rifle, com as costas nuas salpicadas de mordidas vermelhas inchadas. Paulo o seguia, carregando um feixe de palmas que pretendiam deixar como presente para o índio. Os índios Sakirabia carregavam cestas abarrotadas de legumes.

Altair verificou o progresso da marcha com seu GPS portátil, checando também a rota com uma antiga bússola de metal. Depois de algumas horas, Altair encontrou o lugar onde deixara ferramentas e sementes vinte dias antes. Os presentes tinham sumido.

Inspecionaram a área, seguindo algumas das trilhas naturais que cruzavam a floresta, até que passaram por um jatobá que atraiu o olhar de Altair. Um anel tinha sido talhado em volta do tronco — a marca que costumava sinalizar que uma das ocas do índio podia estar por perto. A poucos metros dali, encontraram uma arapuca cheia de estacas pontiagudas. Minutos depois, encontraram uma oca.

Já tinha sido abandonada. Altair se agachou para entrar e viu o habitual buraco no centro da oca. As cinzas frias e espalhadas de uma fogueira se acumulavam num canto. No chão, uma velha cuia feita de folhas de bananeira secas e rijas.

"O que você acha que devemos fazer?", perguntou Paulo.

Altair olhou para a oca e percebeu que era muito semelhante às que tinha encontrado na Fazenda Modelo: pequena, construída às pressas, coberta com uma camada desajeitada de palha dispersa. Nem de longe era tão sólida quanto a oca com paredes de madeira em que o índio vivia quando Altair pôs os olhos nele pela primeira vez, em dezembro de 1996. Ele e Vincent presumiram que o índio construía as ocas menores quando se sentia ameaçado e só fazia as mais resistentes quando estava mais confiante que não precisaria abandoná-las depressa. O fato de o índio ter aceitado presentes e viver num trecho de floresta que não estava sendo cortado sugeriu-lhes que agora ele poderia estar vivendo num abrigo mais permanente.

"Vamos seguir andando", disse Altair.

Seguiram em fila indiana através da selva. Depois de encontrarem dois esconderijos de caça, Paulo levou um dedo à boca.

"Psiu."

Tinha ouvido algo e agora seguia o som. Depois de caminhar vários metros na direção do ruído, entraram numa pequena clareira onde havia milho, mandioca e mamão plantados.

Na borda da clareira, Altair colocou a mão numa paxiúba para se equilibrar enquanto se inclinava para a frente a fim de espiar a horta. Na margem oposta localizou outra oca. Uma vez que o índio vinha aceitando os presentes, Altair concluiu que era conveniente se aproximar um pouco mais, caso o índio estivesse pronto para iniciar contato. Mas Altair não queria assustá-lo, por isso se virou para os outros e levantou a mão, fazendo sinal para que ficassem quietos. Seguindo Altair, o grupo avançou devagar e em silêncio. A lama da clareira estampava pegadas recentes. Um fino rolo de fumaça subia em espiral do topo da oca, como se alguém estivesse cozinhando algo lá dentro.

"Acho que ele acabou de deixar a oca", sussurrou Altair para os outros. "Ele ouviu a gente chegar."

Os outros espiaram de olhos arregalados por sobre os ombros de Altair, atentos a qualquer sinal de movimento.

"Vamos nos esconder ali e esperar por ele", disse Altair, apontando um posto de observação oculto entre árvores. "Talvez ele volte."

Eles desapareceram sob as árvores e se agruparam em torno da base de outra paxiúba, cuidando para não fazer sons estalados enquanto matavam os mosquitos que pousavam em seus rostos. Após vários minutos observando a oca, Altair sugeriu que deixassem presentes para o índio na entrada, incluindo novas ferramentas de corte que, sabiam, ele acharia úteis.

"Vamos deixar os machados e facões para ele", disse Altair.

Altair e Paulo se aproximaram primeiro, certificando-se de que a oca estava vazia antes de dar aos outros um sinal positivo. Altair olhou para dentro da oca de mais perto enquanto os outros se juntavam a ele. A fumaça estava subindo de uma grelha de madeira, onde eram assadas em fogo brando as costeletas de um caititu e a carcaça de um tatu. O porco tinha assado até ficar com um tom marrom dourado. Era como se tivessem interrompido o índio justo quando ele estava prestes a comer.

Outra cuia de folha de bananeira estava no chão, cheia da polpa amarela da pupunha. Penas de jacu estavam caídas no chão — já tinham sido separadas, provavelmente para serem usadas em flechas. Um grande feixe de flechas prontas se empilhava num ângulo, perto do látex coletado de seringueiras para tochas de iluminação.

No centro do piso espreitava o buraco. Duas tábuas compridas corriam ao longo de dois de seus lados, emoldurando as mechas de cipó fibroso que pendiam acima da boca do buraco. Era como se o índio tivesse desdobrado uma rede frouxa acima do buraco. Tinha de ser o lugar onde ele dormia.

Altair tirou algumas fotografias e colocou as ferramentas perto da entrada da oca. Em seguida, voltaram para a orla da clareira a fim de esperar. Ao passarem pelo milho e pela mandioca, Vincent notou que as plantas tinham o aspecto de algum tempo de maturação.

"Eu diria que ele ficou pelo menos três meses", presumiu, medindo os caules.

Esperaram por uma hora, vigiando a oca, e logo desistiram. Se quisesse iniciar contato, o índio teria se aproximado deles.

Por todo o tempo que esperaram, e mesmo enquanto se arrastavam para montar acampamento mais perto da fazenda de Sordi, Altair não conseguia se livrar da sensação familiar de estarem sendo observados.

Durante os quatro anos em que tinham rastreado o índio, as miudezas de sua vida cotidiana que haviam recolhido e os indícios observados em seus arredores tinham se juntado como os fragmentos de um caleidoscópio. A cada nova descoberta, eles se recombinavam de novas maneiras. Tinham descoberto o que ele comia, onde dormia, com que frequência caçava, a que distância perambulava, as plantas que apreciava e as que não o atraíam — quase todos os elementos de seu estilo de vida. Cada um dos sertanistas tinha passado tempo suficiente na selva para conseguir imaginar em detalhes aquele modo de vida rusticamente independente: sabiam que gosto tinha o tatu defumado, tinham bebido dos córregos cristalinos da selva, haviam passado noites calmas aninhados em torno do brilho dourado de uma tocha de látex no meio da vasta floresta, sabendo que ninguém mais poderia ouvir seus gritos se algo desse errado. Mas o que não conseguiam compreender era a inconcebível extensão da solidão emocional do índio. Enquanto eles podiam a qualquer momento recorrer ao apoio de uma vasta rede de colegas, amigos e familiares que estavam sempre acessíveis com uma chamada de rádio, o índio não tinha ninguém. Era apavorante imaginá-lo existindo dentro de um vácuo de completa solidão, dia após dia, semana após semana, *ano após ano*, sem a companhia de outra alma, sem nenhuma forma mínima de comunicação.

Os humanos são bichos sociais. Somos programados para ter companhia.[5] Quando somos separados dos outros contra nossa vontade, sofremos uma transformação bioquímica. Mesmo o isolamento moderado, como ficar separado de um grupo por um período curto, em geral dispara a produção de mais hormônios do estresse. Os níveis da pressão sanguínea frequentemente sobem. Depressão clínica e tendências suicidas podem se tornar mais pronunciadas. O pensamento pode ficar turvo. Os especialistas em cognição descobriram que os dendritos, condutos através dos quais a informação flui para as células cerebrais, podem se encolher ou desaparecer por completo quando as interações com outras pessoas são cortadas. Se deixada sozinha tempo bastante, uma pessoa pode, sem exagero, perder o juízo.

No entanto, como sabe qualquer um que já tenha buscado privacidade para recuperar o controle das ideias, uma pequena dose de solidão pode fazer maravilhas para o senso de clareza de uma pessoa. Místicos, eremitas e filósofos — desde os monges do deserto do início do cristianismo até Henry David Thoreau — sempre louvaram os benefícios da solidão voluntária. Rousseau afirmava que somente quando sozinho sentia que ficava cheio "do que a natureza queria".[6] Mais recentemente, o autor católico americano Thomas Merton prezava a solidão como um objetivo nobre em si mesmo.[7] Os solitários "se retiram no silêncio terapêutico do deserto, da pobreza ou da obscuridade", escreveu Merton, "não a fim de orar pelos outros, mas para curar em si mesmos as chagas do mundo inteiro".

Contudo, existe uma grande diferença entre uma caminhada contemplativa pela mata, ou uma breve viagem de acampamento, e ter de escavar uma existência completamente sozinho nessa mata, fugindo ao contato humano —

seja por necessidade, seja por opção — durante anos. A mera ideia desse tipo de solidão — o estar *completamente* sozinho — tem perturbado e enfeitiçado os pensadores há séculos. Quando confrontados com o conceito, alguns o rejeitaram categoricamente; existir em tal estado é tão contrário à natureza humana que qualquer um sujeito a ele deixaria, em certo sentido, de ser humano. Aristóteles explicou: "Aquele que é incapaz de viver em sociedade, ou não precisa disso por ser suficiente para si mesmo, tem de ser ou uma fera ou um deus".[8] Em outras palavras, cada ser humano é incompleto e precisa de outros para se tornar inteiro — "a outra metade", conforme definiu Platão no *Banquete*. O filósofo búlgaro contemporâneo Tzvetan Todorov, tal como Schopenhauer antes dele, traça uma linha entre os conceitos de vida e de existência: uma pessoa pode viver sozinha, mas só *existe* com o auxílio de outras.

> O homem *vive* talvez inicialmente em sua pele, mas começa a *existir* apenas a partir do olhar dos outros. Cada um de nós nasce duas vezes: na natureza e na sociedade, para a vida e para a existência; tanto uma como outra são frágeis, mas os perigos que as ameaçam não são os mesmos. O homem é um animal, mas não é somente isso.[9]

Tais reflexões filosóficas podem parecer abstratas e etéreas porque a história tem fornecido pouquíssimos exemplos na vida real de indivíduos verdadeiramente isolados — a hipótese permanece tão boa quanto não testada. A solidão do Índio do Buraco era tão extrema que parecia não ter precedentes. Contemplar de que modo exato um ser humano reagiria a tais circunstâncias é, em grande medida, território virgem para as ciências, em parte porque um indivíduo verdadeiramente isolado seria — por definição — extraordinariamente difícil de observar com utilidade científica.

Tem havido tentativas esporádicas, contudo, de estudar o comportamento de pessoas que sobreviveram a longos períodos de isolamento, embora os sujeitos — náufragos, prisioneiros, astronautas — jamais tenham experimentado isolamento tão prolongado ou tão radical quanto o do índio solitário. Alguns desses estudos, embora limitados, demoliram algumas suposições amplamente sustentadas. Em 1932, uma menina, apelidada de "Isabelle" por pesquisadores da Universidade da Califórnia, foi resgatada após ter passado seus seis primeiros anos acompanhada apenas da mãe, que era surda e muda.[10] A criança, nascida fora de um casamento, tinha sido mantida num porão escuro todos os dias de sua vida até então, junto com a mãe, que fora marginalizada pelo resto da família. Os pesquisadores presumiram que a ausência de comunicação com outras pessoas sem dúvida teria prejudicado o cérebro da menina — uma hipótese que parecia razoável, dado o fato de que a criança, aos seis anos e meio, parecia incapaz de falar, apenas grunhia. De início, os especialistas acharam que ela fosse surda, como a mãe — do mesmo modo como Marcelo e Altair suspeitaram que o índio pudesse ser surdo, já que parecia tão refratário aos apelos dos sertanistas. Quando, no começo, os pesquisadores de Berkeley testaram a capacidade verbal de Isabelle, os resultados foram os mais baixos possíveis. Mas logo aconteceu algo curioso que levou os pesquisadores a reconsiderar suas hipóteses de que ela tivesse um retardo mental: a menina começou a aprender, com velocidade estonteante. Dois meses depois de conseguir vocalizar sua primeira palavra, Isabelle começou a formular frases. Passados nove meses, ela sabia ler, escrever e recontar uma história depois de tê-la ouvido. Sete meses depois, tinha um vocabulário de 1,5 mil a 2 mil palavras. Dentro de dois anos, ela havia alcançado o nível educacional de uma criança comum de oito anos. Seu QI triplicara em um ano e meio.

Mas projetar o exemplo de Isabelle sobre outro sobrevivente de isolamento extremo é arriscado, pois as reações dos solitários variam amplamente, segundo a limitada pesquisa. Nos anos 1950, as agências de inteligência do governo dos Estados Unidos, preocupadas com os efeitos que o isolamento forçado poderia ter sobre americanos submetidos à lavagem cerebral comunista, concluíram que era quase impossível prever o efeito de ser lançado em semelhante situação: tudo dependeria do indivíduo.[11] "As diferenças individuais na reação ao isolamento são provavelmente maiores do que a qualquer outro método", afirmava um memorando da CIA a respeito do isolamento forçado. "Alguns indivíduos parecem capazes de suportar períodos de isolamento prolongados sem efeitos deletérios, enquanto um período relativamente breve de isolamento empurra outros indivíduos à beira da psicose."

Entre os que saem da experiência relativamente incólumes, a maioria tinha aceitado a situação desde o início, em vez de lutar contra ela. Um estudo clínico de 1963 que examinou sobreviventes de isolamento forçado prolongado descobriu que:

> o isolado, quando quer sobreviver, em geral adota uma resiliência introspectiva ou interna a fim de lidar com as circunstâncias da solidão [...]. Essas pessoas costumam adquirir uma convicção arraigada de que controlarão a experiência; tornam-se extremamente motivadas e dedicam a maior parte de suas horas de trabalho à aquisição de novas habilidades científicas ou técnicas.[12]

A chave para preservar a lucidez em tal situação parece estar em como uma pessoa reage à perspectiva que alguns consideram aterrorizante: um futuro cheio de longas porções de tempo desestruturado. Se a pessoa não for imediatamente arrasada por essa perspectiva assustadora, alguns estudos sugerem que sua experiência continuada com o isolamento pode ajudar a fortalecer sua firmeza mental, permitindo-lhe lidar melhor com desafios que poderiam lançar outras pessoas na depressão. Pesquisadores da Noruega descobriram que pessoas que passavam a vida em fazendas remotíssimas, separadas de todo mundo exceto dos membros da família, reagiam muito melhor a certas formas de estresse do que os sujeitos socializados.[13] Após serem submetidos a cinco horas de privação sensorial, por exemplo, os acostumados a longos períodos de isolamento sofreram significantemente menos com a experiência do que outros criados em ambiente urbano.

Se existe uma generalização que se pode fazer com base nos vários estudos que ajudam a prever reações ao isolamento extremo, é a seguinte: o que conta mais não é o grau de isolamento real da pessoa, porém o grau de isolamento que a pessoa *sente*. Os que ficaram isolados por longos períodos costumam inventar substitutos imaginários para os vínculos humanos a fim de se proteger do trauma psicológico. "Estudos de caso sobre pessoas que passam por isolamento extremo sugerem que elas bem depressa começam a manter conversas com pessoas imaginárias, entidades religiosas ou animais", segundo estudo publicado no *Journal of the Association for Psychological Science*.[14] Imaginários ou não, esses vínculos ajudam.

"A mente é um dispositivo formidável e pode gerar outras pessoas em nosso ambiente, mesmo que outras pessoas não existam de fato ali", disse Nicholas Epley, psicólogo social da Universidade de Chicago e um dos autores daquele estudo. "A única coisa que conta para a saúde física é a solidão percebida, não a solidão real. Você pode estar sozinho na mata, por conta própria, e mesmo assim se sentir conectado, se for profundamente religioso, por exemplo.

É como se houvesse outro agente ali com você. De igual modo, alguém pode estar casado há quarenta anos e se sentir totalmente sozinho."[15]

Por todos os indícios que haviam coletado, os integrantes da Frente de Proteção não tinham dúvidas de que o índio passava a maior parte do dia ocupado com a árdua tarefa da sobrevivência básica. Mas ela não consumia as 24 horas de seu dia. Ele tinha de ter momentos de ócio, ocasiões em que não se dedicava inteiramente ao trabalho prático. Toda vez que encontravam uma de suas ocas, estavam certos de que encontrariam por perto uma árvore com um anel entalhado em volta do tronco, quase à altura da cabeça a partir do chão. Os entalhes não eram feitos para obter mel ou látex, e não eram fundos o bastante para fazer que a árvore acabasse tombando. Perguntaram a índios de outras tribos que propósito poderiam ter aqueles anéis, mas ninguém tinha a resposta. Davam a impressão de não ter nenhum propósito prático. E tal resposta não parecia incomodar os outros índios. Os anéis, sugeriram eles, provavelmente eram marcas espirituais, os sinais exteriores do sistema de crenças que agia em seu mundo interior.

Talvez esse sistema de crenças ajudasse a mantê-lo. Os outros índios, incluindo os Kanoê e os Akuntsu, presumiram automaticamente que o índio solitário seguia um código espiritual transmitido a ele por seus anciãos. Toda tribo conhecida da região contava histórias que ajudavam a explicar seu lugar no mundo. Tinham mitos de origem, seus próprios Adões e Evas. Povoavam a floresta e os rios com espíritos. Uma única árvore podia assumir uma importância quase sagrada em meio à flora da selva, podia ser rica de histórias, podia respingar mito e significado.

Algumas tribos da região diziam que dois irmãos eram os criadores do mundo.[16] Outras, que o Sol e a Lua foram os primeiros seres humanos, antes de serem despachados para o céu. Várias tribos contam a história de uma grande inundação que varreu quase toda a humanidade; algumas falam de um casal que se manteve à tona do dilúvio, assegurando a sobrevivência da raça humana. Os Nambiquara diziam que a agricultura brotou de um menino que tentou explicar ao pai, sem sucesso, o conceito de mandioca.[17] Quando o menino morreu, seu corpo foi transformado em todos os legumes que a tribo acabaria cultivando: os ossos das pernas se tornaram raízes de mandioca, seus olhos se tornaram sementes de abóbora, os dentes se tornaram grãos de milho e assim por diante.

Na primeira metade do século XX, o antropólogo francês Claude Lévi-Strauss conviveu com as tribos conhecidas dessa região e estudou suas mitologias. Descobriu que várias delas acreditavam na existência de um espírito fluido, estranho e invisível, algo que permeia a floresta e que pode ser tão bom quanto mau.[18] Os índios frequentemente "capturavam" esses espíritos por meio da gesticulação dos braços. Após terem se apoderado dos espíritos, os pajés tentavam curar doenças sugando e soprando tais espíritos nos corpos de seus pacientes. Décadas mais tarde, as tribos ainda faziam a mesma coisa. Todos os integrantes da Frente de Proteção presenciaram tais rituais em ação. Os Kanoê e os Akuntsu os executavam o tempo todo. Purá tinha tentado convocar esses espíritos quando ficou do lado de fora da oca do índio solitário, sacudindo os braços com crescente urgência enquanto fitava a flecha do índio que se projetava para fora da oca.

"Os fantasmas desempenham um papel considerável nas crenças dos índios do rio Guaporé", escreveu Lévi-Strauss em *As estruturas elementares do parentesco*. "Segundo os Aruá, os fantasmas são as almas dos mortos que retornam do reino de Minoiri para prejudicar seus inimigos e proteger os amigos, principalmente os pajés."

Os mitos tribais transmitiam códigos morais de geração a geração, detalhando os terríveis castigos — ser devorado por vermes, engolido por cobras, violentado por antas — que recaíam sobre os culpados de adultério, incesto, gula ou canibalismo. A tribo Aruá de Rondônia contava a história do "Homem que comeu as esposas", uma figura lendária que acabou canibalizando a si mesmo depois de descobrir o sabor da própria carne. Seu espírito se transformou num jatobá ao morrer, e a partir de então cresceram na árvore pontas de flecha de excepcional qualidade. Os índios podiam colher as pontas de flecha da árvore como se fossem frutas penduradas. A tribo se valeu dessas pontas de flecha até que um homem — conhecido na história como o Teimoso — se recusou a aceitar a generosidade da árvore. Segundo o mito, o jatobá nunca mais produziu boas pontas de flecha, somente feias, imprestáveis. A antropóloga Betty Mindlin registrou em 2002 essa história tal como narrada por Awünaru Odete Aruá, membro da tribo Aruá de Rondônia:

> Disse o mestre:
>
> "Meu genro e eu, o homem que comeu as esposas, já tínhamos ensinado as

pessoas que nascerão no futuro — elas não teriam que trabalhar para fazer pontas de flecha. Tudo o que precisavam fazer era vir e apanhá-las. Mas como o Teimoso não me ouviu, essas serão as pontas de flecha que ainda estão por nascer."

Ele pegou uma das feias pontas de flecha e a jogou no chão. Ali cresceu uma taquara e foi assim que nasceram as pontas de flecha que usamos.

"Os filhos dos que ainda não nasceram terão de trabalhar duro para fazer flechas!"

E é assim que é hoje: temos muito trabalho para fazer flechas.[19]

As linhas entre o mundano e o mágico se confundiam nessas histórias, que eram tão comuns que com toda a certeza, em algum momento, o índio solitário tinha sido instruído numa mitologia semelhante.

Esses mitos transmitidos, que ele agora não transmitia a ninguém, teriam se combinado com um estoque pessoal de lembranças. Altair, Marcelo e Vincent imaginavam cenas de carnificina e horror. O fato de ter visto morrer o resto de sua tribo contaminara cada lembrança dele, acreditavam, manchando o passado com ódio e dor.

Então, durante uma expedição no final de 2000, Altair encontrou um minúsculo arco numa das ocas abandonadas pelo índio. Era diferente dos que ele usava para caçar. Era pequeno demais para servir a qualquer finalidade prática. Parecia um brinquedo, semelhante ao que Purá fizera certa vez para Operá, seu sobrinho pequeno.

O que era aquilo? Por que um homem no limite da pura sobrevivência se daria ao trabalho de carregar consigo algo tão pouco prático? Que sentido ele podia encontrar num brinquedo de criança, quando não havia criança nenhuma em seu universo?

Algumas possibilidades surgiram. Podia ser uma lembrança que o índio resgatara de sua aldeia destruída, um suvenir para se lembrar de um menino que ele algum dia conhecera. Ou podia ter feito o arco ele mesmo, talvez pela mesma razão: permitir-lhe tocar uma lembrança distante.

Altair não podia ter certeza. A maioria das tribos enterrava ou cremava os pertences da pessoa junto com o cadáver, mas essa mesma regra se aplicaria ao último sobrevivente de uma tribo?

A possibilidade de que o índio estivesse sentindo falta da companhia de parentes que perdera parecia arrasadoramente triste, e podia interromper de súbito as conversas dos integrantes da equipe. Sentando-se no meio da floresta à noite, comendo tatu e tentando imaginar como seria estar na posição dele — esses eram os tipos de pensamentos que podiam fazer até o mais endurecido dos exploradores da selva mergulhar num silêncio taciturno e prolongado.

Pouco depois de Altair ter encontrado o arco em miniatura, Paulo Pereira — o assistente regular da Frente de Proteção — perambulava pela mata próxima à Fazenda Socel, com outra leva de presentes para o índio. Ele se aproximou da mesma oca que a equipe descobrira na visita anterior, quando encontraram o tatu e as costelas de caititu assando no interior. Mais uma vez, o índio não estava em casa, mas suas flechas e cuias estavam lá. Todos os indícios sugeriam que ele ainda morava ali. Pela primeira vez, não fugira depois que a equipe descobrira uma de suas ocas.

Aquilo foi um marco. Paulo achou que significava que o índio estava ficando mais à vontade com eles, que seu receio estava cedendo, pouco a pouco. O milho e a mandioca viçosos, presumivelmente plantados com as sementes que tinham dado a ele, fortaleciam a sensação de que começavam a tecer um relacionamento com ele, um relacionamento que afinal exibia os mais pálidos sinais de respeito e confiança mútuos.

Paulo se afastou da oca radiante, excitado. Alguns metros mata adentro, ouviu uma voz.

"Ho!"

Paulo congelou. Virou-se e viu o índio, de pé entre as árvores, a cerca de quinze metros de distância. Tão depressa quanto seu grito tinha soado, o índio desapareceu. Não correu, mas rodeou calmamente uma árvore e sumiu na floresta.

Paulo, atordoado, se refez do espanto. Foi quando notou que estava de pé próximo à beirada de um dos buracos-armadilhas do índio, forrado de estacas pontudas. Mantendo-se imóvel no lugar, deu-se conta de que o índio gritara para avisá-lo da cilada perigosa, para impedir que ele caísse lá dentro. Altair tinha pisado numa dessas armadilhas durante uma expedição em 1997, mas foi salvo por sua volumosa mochila de lona, que impediu sua queda e o salvou de um empalamento certo. Paulo não estava carregando mochila; ele teria caído sobre as estacas pontudas com todo seu peso se não tivesse sido alertado.

O índio estava se transformando de abstração em uma personalidade, de um completo estranho em alguém em quem eles começavam a pensar como amigo. No entanto, permanecia anônimo. Ainda se referiam a ele por meio de generalidades: ele era "o Índio do Buraco", ou "o Índio Solitário", ou simplesmente "o Índio".

Mas ele precisava realmente de outro nome? Se não mantinha relações com nenhum ser humano, para que um nome? Em seu mundo de um só, onde nenhum nome era necessário para defini-lo como indivíduo, ele pensaria em si mesmo como *o* homem?

Para os índios da região, os nomes eram coisas escorregadias. Os Nambiquara, por exemplo, não tinham um nome para sua tribo antes que Rondon os "descobrisse" em 1907.[20] Eles nem sequer pensavam em si mesmos como uma tribo. Os brasileiros lhes deram aquele nome. Entre si, eram simplesmente "o povo".

A mesma ambiguidade ficava evidente no plano individual dentro das tribos da região, incluindo os Kanoê. Purá nem sempre tinha se chamado Purá — era chamado de Operá até emprestar esse nome ao filho recém-nascido da irmã. De igual modo, Konibu, da tribo Akuntsu, era chamado de Baba antes de ter sido mordido por uma cobra venenosa que a tribo chamava de *konibu*. Os nomes não eram considerados permanentes e não eram investidos de muita importância. A individualidade de uma pessoa não estava presa a seu nome; não saber o nome de alguém não significava que sua identidade ou existência fosse menos definida.

Era semelhante ao conceito aristotélico de que a existência ou identidade depende de outras pessoas, ou ao conceito metafísico do idealismo subjetivo que costuma ser resumido numa charada filosófica: se uma árvore cai e não há ninguém por perto para ouvir, ela faz algum som?

Os índios não acreditavam que a existência ou a identidade dependesse da percepção de outra pessoa. A árvore que cai na floresta *sempre* faz um som.

A Frente de Proteção jamais deu um nome ao índio solitário porque ele não precisou de um. Eles não o inventaram. Ele existia, mesmo que ninguém soubesse seu nome.

Já fazia dois anos do assassinato de Owaimoro. Após um período de retiro enclausurado, os Akuntsu restabeleceram contato com a Frente de Proteção. Mais uma vez, eram visitantes regulares do acampamento da Funai. Tinham até mesmo retomado relações com os Kanoê, uma quebra de gelo que tinha mais a ver com necessidade do que com qualquer outra coisa.

Certa tarde, no início de 2000, uma tempestade desabou sobre a floresta, uma poderosa exibição de som e de fúria que despejou chuvas torrenciais por cima das ocas e rachou os troncos das árvores para exibir seus cernes brancos como osso.[21] A floresta ganhou vida com o uivo do vento e os estalos torturados de árvores estilhaçadas. Os sete membros da tribo Akuntsu se amontoaram em suas três ocas até que uma grande árvore na margem de sua clareira balançou e tombou. Caiu diretamente em cima de duas das ocas. O membro mais jovem do grupo — uma menina de uns catorze anos, sobrinha de Konibu que ele adotara como filha — morreu na hora.

Konibu também se machucou, e o resto da tribo o puxou de debaixo da árvore tombada. Seu corpo estava esfolado e ferido, e sua perna direita, esmagada. O fêmur havia se estilhaçado sob o peso do tronco. Dois dias depois, após terem tentado cuidar dele com remédios naturais e compressas, Pupak caminhou até o acampamento da Funai em busca de ajuda. Adonias e uma enfermeira da Funasa trilharam com ele os quase dez quilômetros de volta à aldeia dos Akuntsu. Adonias então fez o caminho de volta para falar pelo rádio com Marcelo e Altair, que estavam em Vilhena.

Às quatro horas da manhã, Altair deixou Vilhena com outra enfermeira e um grupo de três índios Nambiquara que levou consigo, caso precisassem carregar Konibu para fora da aldeia. Chegaram ao acampamento da Funai às oito horas e levaram outras três horas e meia para atravessar a selva lamacenta até as ocas dos Akuntsu. Konibu delirava de dor. Nas cinco horas seguintes, Altair, Adonias e os índios se revezaram para carregá-lo através da mata numa rede. Quando alcançaram o acampamento da Funai, os outros membros da tribo Akuntsu suplicaram a Altair que não levasse seu líder para longe deles. Altair, porém, através de uma língua de sinais improvisada, garantiu-lhes que Konibu logo retornaria, e finalmente conseguiu convencê-los a deixá-lo conduzir Konibu ao hospital regional em Vilhena.

Após deixar Konibu e as enfermeiras no hospital, Altair dirigiu quinhentos quilômetros por estradas de barro até outra reserva indígena para encontrar um índio falante de tupi que a equipe empregara anteriormente como tradutor com os Akuntsu, e voltou correndo com ele para o hospital em Vilhena na tarde seguinte. Os médicos tinham recomendado uma cirurgia de urgência e disseram que precisariam transferir Konibu para um hospital maior, no Mato Grosso. Aquela tarde, Konibu — um homem que até a véspera se recusara a viajar em qualquer tipo de veículo — foi posto num avião e enviado a Cuiabá, uma cidade com mais de meio milhão de habitantes.

Doze pinos de metal foram instalados em sua perna. Depois de quase um mês de terapia num centro indígena, Konibu afinal retornou à sua tribo. Os outros tinham ficado arrasados por sua ausência. Pupak contraíra pneumonia e as mulheres tinham dificuldade de manter qualquer alimento no estômago.

Para Konibu, a experiência na cidade tinha sido esmagadora. Por meio do tradutor, disse a Altair que a vida moderna à qual fora exposto não lhe interessava. Queria mais do que nunca voltar ao conforto da floresta. Depois da experiência, porém, chegou a uma difícil conclusão: se ele e o resto da tribo quisessem sobreviver em seu ambiente isolado, precisariam demais de um pajé que pudesse ajudá-los a superar qualquer ameaça de doença. Como ele era o único membro da tribo iniciado nas artes espirituais — e como precisava de assistência tanto quanto qualquer outro —, Konibu foi obrigado a convocar a única pessoa que conhecia capaz de dar conta da tarefa: Tiramantu, a irmã de Purá, da tribo Kanoê.

Nos dois anos desde o assassinato de Owaimoro, as relações entre as duas tribos tinham congelado totalmente. Mas, por coincidência, ao mesmo tempo que Konibu se recuperava, os Kanoê foram atacados por um grave surto de doença estomacal. Tiramantu e o filho sofriam tanto que a Frente de Proteção os transportou para Vilhena para receber tratamento médico. Purá e Tatuá temiam que eles morressem.

As ameaças à saúde forçaram as duas tribos a enfrentar a fragilidade de sua existência. Em fevereiro, os Kanoê e os Akuntsu se reuniram no acampamento da Funai. Tiramantu e Konibu quebraram o gelo com um ritual de rapé. Limparam o ar de quaisquer espíritos ruins que pudessem estar flutuando entre eles.

Nos meses seguintes, ambas as tribos começaram a se ver com mais frequência. No final do ano, estavam mais amigas do que nunca.

Os Kanoê acreditavam que qualquer outra tragédia empalidecia em comparação à ameaça galopante da extinção tribal, e estavam dispostos a perdoar qualquer coisa, mesmo um assassinato.

A ararinha-azul é um pássaro de cauda longa que depende da rara árvore caraibeira, nativa somente de um pequeno rincão do Nordeste brasileiro, para fazer ninho.[22] Nos anos 1980, depois que o pássaro se tornou um prêmio para colecionadores e muito de seu hábitat foi destruído pelo desenvolvimento, considerou-se a ararinha-azul praticamente extinta. Os poucos sobreviventes conhecidos da espécie viviam em cativeiro, nas mãos de colecionadores. Então, no início dos anos 1990, moradores próximos da cidade de Curaçá começaram a avistar um pássaro na mata que se parecia extraordinariamente com a ararinha-azul, incentivando ornitólogos e ativistas a empreender uma busca cerrada nas matas do Nordeste brasileiro. Com a ajuda de um vídeo filmado durante expedição por pesquisadores de campo, os especialistas determinaram que a ave localizada era o último sobrevivente conhecido de sua espécie na natureza. Após coletar penas de muda, um professor da Universidade de Oxford finalmente realizou testes de DNA e determinou que o pássaro era um macho.

A notícia da existência da ararinha-azul solitária mobilizou gente no mundo inteiro.[23] O Ibama formou um grupo que foi chamado de Comitê Permanente para a Recuperação da Ararinha-azul. Campanhas de coleta de fundos no Reino Unido e nos Estados Unidos levantaram dinheiro para sua proteção. Simpósios internacionais debateram estratégias para salvar a ave. Os jornais o apelidaram de "sr. Solitário".

A ararinha-azul tinha tentado se acasalar com uma fêmea de espécie diferente, mas seus esforços reprodutivos estavam fadados ao fracasso.[24] Depois de ter debatido se capturava o pássaro para tentar criá-lo em cativeiro, o comitê decidiu que ele deveria permanecer na natureza, em seu hábitat nativo: se a espécie tivesse qualquer chance de sobrevivência natural, as gerações seguintes precisariam de um "mestre" para servir de exemplo de como sobreviver por conta própria. Decidiram tentar apresentar o último sobrevivente a uma fêmea criada em cativeiro. Os ornitólogos trabalharam com a fêmea durante meses a fim de prepará-la para ser solta na natureza. Finalmente, ela foi solta em 1995. Relatos iniciais da compatibilidade dos dois pássaros atiçaram o otimismo, mas eles não conseguiram acasalar. Passadas sete semanas, a fêmea morreu, aparentemente vítima da colisão com um fio de eletricidade.

Cinco dias antes de Marcelo ser espezinhado pela CPI em Porto Velho, os cientistas localizaram pela última vez a única ararinha-azul na natureza. No final de novembro, os jornais e canais de televisão de todo o mundo noticiavam que se acreditava que o pássaro estivesse morto, pelo jeito atacado por um predador.

"O pássaro segurou a barra com firmeza, contra todas as probabilidades, por toda uma década, e sua morte é uma absoluta tragédia", disse Tony Jupiter, ambientalista britânico que ajudou nos esforços de conservação. "Os conservacionistas tiveram dez anos para tentar manter essa espécie na natureza, e isso sem dúvida leva a pensar se não teria sido possível fazer mais."[25]

Enquanto a mídia internacional lamentava a morte do pássaro, Purá, o último homem de sua tribo, continuava sua própria campanha para salvar sua linhagem. Se algum dia ele viesse a ter um filho, suas opções de casamento simplesmente começavam e terminavam em Inoté, uma garota Akuntsu com cerca de dezessete anos. Pouco depois da reconciliação das duas tribos, Purá começou a anunciar seu interesse em alto e bom som. Sorria para ela com malícia, em seguida lhe afagava os cabelos.[26] Eles se sentavam e conversavam, nenhum dos dois entendendo de fato o que o outro dizia, e ele massageava a palma da mão dela enquanto ela o fitava intensamente nos olhos. Ela parecia lisonjeada pela atenção e não fez nada para deter as investidas dele. Mas Purá era o mais perfeito cavalheiro: jamais a tocou sem que Konibu estivesse presente para supervisionar a corte. Segundo o costume, se os dois fossem se reunir, essa união precisava da bênção de Konibu. Enquanto Purá afagava o antebraço de Inoté, o velho chefe se sentava a pouca distância dos dois, de olho em cada movimento deles. Até então Konibu decretara que qualquer casamento entre as duas tribos teria de esperar.

O índio solitário também era o último de sua tribo e, quando morresse, sua linhagem e os atributos únicos de sua cultura morreriam com ele. A Frente de Proteção tinha unido os Kanoê e os Akuntsu, e essa aliança estava permitindo que ambas as tribos sobrevivessem e, possivelmente, até crescessem. Mas os integrantes da Frente de Proteção não podiam deixar de ponderar se tinham dado ao índio solitário todas as oportunidades para impedir a extinção sumária de sua tribo, sua língua, suas tradições.

Quando um novo intérprete capaz de falar com os Akuntsu visitou o acampamento do rio Omerê em novembro de 2000, Altair recordou a fracassada tentativa de convencer Konibu e as mulheres Akuntsu a acompanhá-los numa expedição para tentar encontrar o índio solitário. Eles empacaram com medo do Toyota, mas agora que Konibu tinha viajado numa caminhonete e até num avião, Altair achava que poderia valer a pena tentar de novo. E se o chamado Índio do Buraco pusesse os olhos nas mulheres Akuntsu e tivesse as mesmas ideias românticas de Purá?

Quando o tradutor abordou o assunto com Konibu, o chefe respondeu que não poderia se aproximar do índio solitário sem ter sido convidado por ele. Altair deixou o assunto de lado e passou a falar de outra coisa. Não teve chance de voltar ao tema porque, em algumas semanas, o presidente da Funai — o mesmo homem que o designara para substituir Marcelo apenas algumas semanas antes — lhe informou que estava demitido.

Tão logo a notícia da demissão de Altair chegou à imprensa, agentes da Funai de todo o Brasil protestaram. Quando Marcelo fora transferido de Rondônia, muitos tinham aventado suspeitas de que Amir Lando estivesse por trás da decisão. Agora que Altair fora demitido, sem explicação, eles tornaram públicas as suspeitas. Liderando a denúncia estava Sydney Possuelo, o chefe da Divisão de Índios Isolados da Funai e o homem que tinha sido o supervisor direto de Marcelo e Altair. As demissões, disse Possuelo, foram feitas sem consulta a ele. O serviço telegráfico da *Folha de S.Paulo* difundiu por todo o país, em 18 de dezembro, as afirmações de Possuelo.

Possuelo denunciou que a demissão de Altair resultava de uma negociação por baixo do pano entre Lando, que era o presidente da Comissão de Orçamento do Congresso Nacional, e o presidente da Funai, Glenio da Costa Alvarez. Possuelo contou à sucursal da *Folha* que Alvarez lhe dissera ter recebido pressão política para se livrar de Altair: "O senador Lando, que possui terras na área, está por trás disso", disse Possuelo.

Tanto Lando quanto Alvarez negaram as acusações de Possuelo, mas suas negativas foram recebidas com ceticismo em algumas partes de Rondônia. No início de 2001, o editorial da *Folha do Sul*, de Vilhena, sublinhou a ligação entre Lando e a demissão:

Depois de fazer da vida de Marcelo dos Santos um inferno, forçando o indigenista a se mudar para fora do estado, Lando conseguiu a demissão de seu substituto, Altair, "o Alemão". Coincidentemente, a alocação de orçamento federal para a Funai dobrou depois que o "Alemão" foi arrancado de seu posto.

A perda de Altair era um revés mais devastador do que a mudança de Marcelo para Goiás. Todos na Frente de Contato odiaram ver Marcelo partir, mas Altair e Vincent ainda tinham a total intenção de levar a cabo o trabalho de Marcelo. Sua missão parecia óbvia e era percebida como nobre. Com um pouco de otimismo, poderiam quase racionalizar a mudança de Marcelo como uma bênção disfarçada: Marcelo parecia feliz com Divina e podia fazer-lhe bem manter alguma distância entre ele e os fazendeiros de Rondônia por enquanto. Mas quando Altair viu seu emprego ir por água abaixo, muitas esperanças ficaram abaladas. Com Altair de fora, Vincent perdera seu único vínculo remanescente com a Funai. Os três homens que tinham exposto o caso do índio solitário anos antes de repente se viram impotentes em Rondônia.

Diferentemente de Marcelo, Altair jamais fora visto como uma figura polarizadora entre as pessoas da região. Conquistara uma reputação de indigenista paciente e bem-humorado, e suas ações nunca foram alvo do tipo de vigilância que Marcelo enfrentara. Não fizera coisa nenhuma que pudesse ser considerada uma ofensa inflamada — exceto ser um confidente íntimo de Marcelo. A demissão de Altair parecia de todo arbitrária e incitou ONGs e defensores dos índios, que protestaram contra a decisão por ser evidentemente injusta. Mas não tinham como revertê-la. Permitiu-se que Altair conservasse um emprego na Funai desde que ficasse fora de Rondônia — uma condição absurda que ele não estava em posição de discutir. Mudou-se primeiro para Mato Grosso e depois para Minas Gerais, onde sua mulher tinha família e onde se juntou a um novo grupo regional da Funai.

Altair quis ver o lado bom da coisa. O Brasil é um país enorme, com muitas áreas a explorar, e sempre havia a oportunidade de que ele conseguisse estabelecer vínculos próximos com outras tribos indígenas em seu novo território, tal como fizera com os Kanoê e os Akuntsu. Podia lamentar o quanto quisesse o fato de a Funai tê-lo traído, mas esse mesmo órgão lhe propiciara um meio de vida respeitável e uma posição de relativa autoridade, muito embora lhe faltasse qualquer tipo de educação formal.

Vincent não foi tão caridoso. Teve nojo da Funai, por achar que o órgão tinha sentenciado o índio solitário à morte ao demitir seus protetores mais dedicados. Suas visitas a Rondônia cessaram. A seu ver, a história do índio solitário tinha efetivamente terminado. E era uma tragédia inqualificável.

Mas na sede da Funai em Brasília, um funcionário pelo menos não tinha desistido. Sydney Possuelo — o homem que os fazendeiros de Rondônia não cansavam de elogiar depois de sua visita ao estado em 1986 — estava determinado a tentar concluir o trabalho que vinha monitorando de longe fazia anos.

Aos sessenta anos, Possuelo tinha explorado mais do interior da Amazônia do que qualquer pessoa viva. Ao ponderar sobre como seguir adiante agora que seus principais agentes em Rondônia tinham sido removidos, ele decidiu assumir um papel mais ativo. Quanto mais estudava o caso do índio solitário, mais acreditava ter descoberto um conflito que condensava perfeitamente as tensões que ele tinha visto se formar por décadas em toda a Amazônia.

Sydney Possuelo na juventude

12. Maior do que a vida

Em 1959, Sydney Possuelo tinha dezoito anos e ansiava por aventura.[1] Até aquele momento, vivera nos subúrbios de São Paulo, desejando estar em outros lugares. Quando os amigos queriam jogar futebol, ele queria perambular com sua atiradeira por um pequeno trecho de mata. Passava horas lendo sobre os espaços selvagens brasileiros na revista *O Cruzeiro* e logo sonhava em rasgar trilhas através de selvas densas, mapeando territórios desconhecidos, descobrindo terras novas. A cidade em que morava era imensa, mas a vida ali parecia pequena. Mesmo quando criança, Sydney tinha predileção pelo épico.

Para testar esses sonhos, o adolescente embarcou num pequeno avião militar do Correio Aéreo Nacional e se amarrou no compartimento de carga junto com as caixas e envelopes. Seu destino era o Parque Nacional do Xingu, que era pouco mais do que uma grande mancha no mapa, um espirro disforme de tinta verde. As únicas pessoas que viviam ali eram índios, e a área estava prestes a ser explorada pelos mais famosos aventureiros da época: os irmãos Villas Bôas. Os quatro irmãos eram etnólogos que vinham atravessando as paisagens mais selvagens da América do Sul. Durante meses Sydney escrevera a eles, implorando para se juntar à equipe. Tinha descoberto que a irmã dos Villas Bôas morava em São Paulo e se plantou do lado de fora da casa dela. Ficou pairando em volta dela feito uma mosca, oferecendo-se para ajudá-la em qualquer coisa que um adolescente ansioso dotado de energia ilimitada pudesse fazer, só para ter uma chance de conhecer os homens que àquela altura ele já considerava heróis. Quando os irmãos a visitaram, ele correu até uma loja para lhes comprar cigarros. Estava ávido por aventura, e eles finalmente se renderam.

Quando pousou, o avião derrapou até a beirada da pista de aterrissagem, enterrando o nariz no atoleiro. Uma chuva de envelopes caiu em volta de Sydney enquanto o aparelho vibrava até parar. Ele e o outro passageiro do avião, um sargento do Exército, pularam para fora do compartimento de carga e foram saudados por um homem que rapidamente apanhou um trator para ajudar a desatolar o avião e trazê-lo para terreno mais sólido. O homem enganchou a extremidade de um cabo de aço no trator e o sargento enganchou a outra ponta na pequena roda traseira do avião. Mas, antes que o sargento tivesse fixado com firmeza o cabo no avião, o homem no trator começou a puxar. Sydney, de pé ao lado do sargento, viu o cabo ficar teso. O dedo do sargento ficou preso entre a roda e o cabo e pipocou para fora, caindo na lama aos pés de Sydney, completamente decepado.

Sydney correu para buscar ajuda, direto a um posto avançado do CAN perto da pista de pouso. Ali ele experimentou o primeiro de seus incontáveis encontros com os índios da Amazônia.

Escorregou na lama bem quando alcançava o posto avançado e começou uma queda longa e tragicômica — as pernas escarrapachadas em busca de algo sólido, os braços rodopiando para não perder o equilíbrio, a boca escancarada. Aterrissou com um tombo. Ao se levantar, viu uma centena de índios Kayapó rindo dele.

Sua primeira impressão dos índios amazônicos foi exata e inequívoca: *filhos da puta!*

Uma das mais celebradas carreiras na história indigenista brasileira começava de modo embaraçoso, com palavrões resmungados. Sydney tinha cruzado a linha rumo à aventura, pura e simplesmente. Os índios ficavam em segundo plano. Foi o relacionamento com seu mentor, Orlando Villas Bôas, que começou a mudar tudo aquilo.

Acredita-se que os irmãos Villas Bôas tenham sido os primeiros não missionários a viver permanentemente com os índios da Amazônia. Começando nos anos 1950, Orlando, sobretudo, foi rotulado pela mídia brasileira como a reencarnação do espírito do reverenciado explorador e herói nacional Cândido

Rondon. De fato, perto do fim da vida, Rondon acolhera os irmãos Villas Bôas como seus protegidos.

Quando Sydney aterrissou na selva, os irmãos faziam o trabalho de campo para criar a primeiríssima reserva indígena da América do Sul, o Parque Indígena do Xingu, com 20 mil quilômetros quadrados, área equivalente à do estado de Alagoas.

Há anos os irmãos vinham insistindo na ideia das reservas, dizendo às autoridades que os índios mereciam um anteparo de terra para protegê-los da sociedade moderna. Tal como a maioria dos indigenistas que viriam na esteira dos Villas Bôas, Sydney adotou a filosofia deles: os índios podiam ter que se adaptar ao mundo moderno, mas deveriam ser eles a marcar o ritmo dessa mudança.

Antes de morrer aos 88 anos em 2002, Orlando Villas Bôas recebera as mais altas honrarias por trabalho humanitário concedidas por um amplo leque de entidades internacionais, desde a Royal Geographic Society em Londres até o governo da Alemanha.[2] Mas Orlando também colecionara láureas mais perigosas, e foram estas que atraíram a imaginação de Sydney e o levaram a seguir a mesma trilha.

Algumas das feridas de guerra mais óbvias de Orlando provinham de seus embates com a malária, e ele não se fazia de rogado quanto a deixar que as pessoas soubessem sobre elas. Afirmava ter lutado contra a doença mais de 250 vezes durante sua carreira como explorador e defensor dos índios.

Durante sua própria carreira de mais de quarenta anos como explorador, Sydney, que se designava como "o carrapato no pescoço de Orlando",[3] nunca deixava uma peleja contra os tremores da malária passar por ele sem acrescentá-la à sua própria folha corrida. As contas da malária se tornaram uma espécie de régua para medir suas aventuras. Sydney facilmente espantava novos conhecidos com histórias sobre um de seus encontros com tribos isoladas no meio da selva, mas parava abruptamente se seus ouvintes parecessem demasiado assombrados. "Sabe, o Orlando teve malária mais de duzentas vezes", dizia Sydney, tentando injetar um contexto mais sóbrio à conversa.[4] "Eu só tive 39, até agora." Ele parecia modesto e reservado, mas sem dúvida considerava as lutas contra a doença tropical como medalhas de honra, e as usava com tanto orgulho quanto o frasco cilíndrico de remédio antimalária que pendia da corrente em volta de seu pescoço.

No ano 2000, o cabelo fino e encaracolado de Sydney e sua barba desgrenhada ficaram pontilhados de fios grisalhos e seu rosto exibia as cicatrizes de uma vida árdua. Na década de 1970, durante uma altercação com um posseiro, cinco de seus dentes foram quebrados pela coronha do revólver do outro homem.[5] Nos anos 1980, fora sequestrado por índios Mentuktire, irados com o plano da Funai de reduzir o tamanho de sua porção da Reserva do Xingu. Tinha quebrado costelas em aterrissagens forçadas de avião, e durante as expedições, ao longo do tempo, tinha visto morrer oito de seus homens. Seu olho esquerdo tinha literalmente pulado para fora da órbita num acidente de motocicleta em 1998, mas nada teve a ver com exploração na selva: estava visitando os Tuaregue, uma tribo nômade do Saara, depois de viajar para a região a fim de receber uma medalha humanitária do rei do Marrocos.

No início dos anos 1990, Sydney ocupou brevemente o cargo de presidente da Funai, mas desistiu do posto para voltar à sua verdadeira paixão: chefiar a Divisão de Índios Isolados do órgão, que ele fundara em 1987. Ainda viajava regularmente, mas seu domicílio fixo era em Brasília, um apartamento em uma das superquadras. Fotografias de suas expedições enfeitavam as paredes, porém não eram as imagens definidoras da decoração.

Havia estátuas de Dom Quixote sobre os tampos das mesas. Pinturas de Dom Quixote pendiam das paredes. Várias edições do épico seiscentista de Cervantes repousavam em estantes.

Sydney tinha um fraco por aventuras épicas, e nenhuma história o atraíra mais que a do idealista cavaleiro manchego. Lera a obra pela primeira vez aos oito ou nove anos, numa edição em português adaptada para crianças. Quando a releu na adolescência, a imagem de Dom Quixote se fixou em sua mente como um modelo de virtude: um homem que sempre lutava pelo que achava ser o certo, mesmo que o resto do mundo pensasse que era louco. Dom Quixote pensava poder mudar o mundo, e Sydney não conseguia imaginar nada de mais heroico. Havia uma elegância simples no código do cavaleiro, lutando pela justiça, defendendo os fracos, cumprimentando as senhoras com o chapéu. Ainda que o resto do mundo considerasse tais coisas resquícios enferrujados de uma era passada, Sydney achava que a vida devia se pautar por esses termos. Lutar pelo bem das tribos do país se tornou sua empreitada nobre, e ele mergulhou no papel com absoluta dedicação.

Alguns de seus colegas na Funai balançavam a cabeça diante desse romantismo teatral, mas ele não se incomodava.[6] Cada uma de suas três ex-mulheres acabou por se dar conta, mais cedo ou mais tarde, de que muito cedo ele tinha encontrado seu verdadeiro amor; apesar de seu charme e cavalheirismo, o coração de Sydney já fora conquistado pelos índios e por sua empreitada a fim de ajudá-los. Ele se libertava de seus casamentos como se estivesse abrindo uma trilha na selva com um golpe de seu facão. Se alguém lhe perguntasse sobre as três ex-mulheres, ele respondia: "Elas já deixaram de ser Penélopes".

Marcelo, Altair e alguns de seus colegas consideravam Sydney um sertanista, mas nem sempre concordavam com seu estilo intransigente. Durante anos tinham lhe enviado relatórios e atualizações sobre as últimas reviravoltas na trilha do índio solitário, e a reação de Sydney costumava ser a mesma: continuem em frente; façam contato antes que os madeireiros o façam.

Sydney se tornara famoso por defender uma política oficial de proteção aos índios que os deixasse em paz, uma filosofia que mais de um autor tinha rotulado de "quixotesca".[7] Mas ele acreditava que o índio solitário enfrentava uma ameaça iminente à sua vida, e era só questão de tempo até que ele sucumbisse.

Às vezes havia exceções às regras, pensava Sydney. O índio solitário precisava ser salvo. Como o último da tribo, era um caso extremo, praticamente único na história mundial.

Nos primórdios do século XIX, os índios da ilha de San Nicolás, a cerca de setenta quilômetros da costa da Califórnia, foram reduzidos de aproximadamente trezentos indivíduos para apenas sete.[8] Mercadores de peles do Alasca tinham dizimado a tribo quando as águas ao redor da ilha se revelaram ricas de lontras e focas. Em 1835, um grupo de padres de uma missão católica de Santa Barbara (Califórnia) alugou uma escuna para recolher os sobreviventes e transportá-los para a missão. Segundo alguns dos relatos oitocentistas sobre o resgate, poucos minutos depois de terem partido da costa rochosa da ilha com os índios a bordo, percebeu-se que um bebê fora deixado para trás. O capitão do barco decidiu que dar meia-volta na arrebentação turbulenta era um risco que não valia a pena correr. Desesperada, a mãe do bebê pulou no mar e nadou rumo ao litoral da ilha açoitado pelo vento. Os homens a bordo da escuna logo a perderam de vista. Ela foi dada como morta, afogada num mar encapelado.

Outros relatos, menos dramáticos mas talvez mais realistas, sugeriam que a tripulação da escuna apenas deixou um índio para trás; partiram às pressas da ilha diante de uma tempestade iminente sem terem feito uma contagem cuidadosa do número de índios.

Seja como for, dezoito anos mais tarde um caçador de lontras relatou ter visto pegadas humanas na ilha supostamente desabitada. Quer tenha nadado do barco até a praia ou tenha sido apenas abandonada pela tripulação, havia uma mulher vivendo sozinha na ilha. Sobrevivera a todos os outros de sua tribo — todos os que foram transportados com êxito para a missão estavam mortos no momento em que o caçador de lontras descobriu as pegadas dela.

Uma equipe de busca desembarcou na ilha no verão de 1853 e a encontrou, vestida com penas de cormorão, esfolando uma foca. Parecia ter cinquenta anos de idade e falava um dialeto só seu. Se algum dia houve um bebê com ela, essa criança agora estava morta. Com apenas um punhado escasso de legumes, na maioria raízes e tubérculos para comer, a mulher tinha sobrevivido caçando e vasculhando as poças de maré, comendo moluscos e focas. Fora exposta a quase duas décadas de tempestades violentas e isolamento.

Foi transportada para a missão. Um padre a batizou e lhe deu o nome de Juana María. Logo se tornou uma curiosidade local e empolgava as plateias visitantes com seus cantos e danças. Mas, poucas semanas depois de ter chegado à missão, ela desenvolveu disenteria e morreu, antes que se pudesse reunir os pormenores de sua sobrevivência.

Cinquenta e oito anos mais tarde, o último índio "selvagem" dos Estados Unidos foi descoberto em Oroville, Califórnia.[9] Era da tribo Yahi, um grupo cuja população caíra drasticamente durante a Corrida do Ouro. Um massacre perpetrado por criadores de gado em 1865 deixou apenas trinta sobreviventes. Durante os quarenta anos seguintes, os Yahi decresceram em número até que, em novembro de 1908, um único índio restou. Parecia ter cerca de cinquenta anos. Permaneceu sem companhia humana até a manhã de 29 de agosto de 1911, quando cães latindo do lado de fora de um matadouro despertaram um grupo de açougueiros e os alertaram sobre um homem esquálido acocorado contra a cerca do curral, vestindo nada mais do que um retalho de lona de cobrir carroças.

O xerife local o trancou na cadeia de Oroville. "O homem selvagem de Deer Creek" foi uma sensação imediata. Os jornais detalhavam como ele tinha sido arrancado da Idade da Pedra e depositado no mundo moderno. Um antropólogo da Universidade da Califórnia em Berkeley, chamado Alfred Kroeber, leu as reportagens e se lembrou das histórias que tinha ouvido sobre a "Mulher solitária de San Nicolás". Kroeber enviou um telegrama ao xerife solicitando que o índio passasse à custódia da universidade. O colega antropólogo de Kroeber, professor Thomas Waterman, viajou até a cadeia e descobriu que o índio falava um dialeto do Yana, língua que Waterman tinha estudado.

Os antropólogos transferiram o índio para San Francisco, onde começaram a decifrar sua história. Três anos antes, um grupo de agrimensores tinha encontrado uma aldeia habitada por quatro índios Yahi: o homem, sua mãe, sua irmã e um ancião. O índio e a mãe conseguiram se esconder dos agrimensores, enquanto a irmã e o ancião fugiram e nunca mais foram vistos. O índio sobrevivente mais tarde disse aos antropólogos que acreditava que a irmã e o ancião haviam morrido logo depois: afogados ao tentar atravessar um rio ou devorados por pumas ou outro predador. Sua mãe morrera quase imediatamente depois de terem sido obrigados a abandonar a aldeia, disse ele.

No campus da universidade, os antropólogos vestiram o índio com roupas modernas: calças, uma camisa abotoada de cima a baixo, paletó e gravata. Ele morava no novo museu de antropologia, junto com múmias egípcias e os crânios e ossos de outros nativos americanos.

O fato de o índio não ter nome logo criou problemas. Kroeber, sabendo que os índios da Califórnia quase nunca informavam o próprio nome, disse aos jornalistas que atribuir um nome ao homem era inadequado e inútil. Mas essa explicação não satisfez a exigência pública de que o índio fosse nomeado, de modo que Kroeber, muito relutante, o chamou de "Ishi", palavra *yana* para "homem".

Ishi, quando estava só, arrancava seus pelos faciais com pinças que fizera de lascas de madeira, recusando-se a imitar a preferência dos homens brancos pela barba. Nos primeiros dias no museu, explicou que se sentia um forasteiro em seu novo mundo. "Eu sou um; vocês são os outros; essa é a natureza inevitável das coisas", foi como Kroeber traduziu sua opinião acerca de seus conhecidos recentes.

Não tardou para que empresários de vaudevile e parques de diversões sufocassem Kroeber com ofertas para levar Ishi em turnês. Empresas cinematográficas clamavam por uma chance de filmá-lo. O museu era inundado por visitantes querendo tirar fotografias e apertar a mão de uma relíquia viva e pulsante da Idade da Pedra. O homem que passara quase três anos sem qualquer contato humano foi repentinamente rodeado por multidões tagarelantes. Tinha se tornado, literalmente, uma peça de museu.

Suas aparições públicas no museu foram limitadas a duas horas e meia nas tardes de domingo. Às vezes ele mostrava como encordoar um arco ou talhar pontas de flecha. Construiu varetas de madeira que usava para fazer fogo. Kroeber o levou em passeios de carro até o mar e ele praticava o arco e flecha no parque Golden Gate. Um jornal o convidou a assistir a um espetáculo de vaudevile no teatro Orpheum; Ishi aceitou, sentou-se na primeira fileira dos camarotes e riu junto com a multidão quando um repentista declamou no palco: "*And sitting in the box you see/ The Indian from de universitee*" [E sentado no camarote se vê/ o índio da universidade]. Ele aprendeu a amarrar uma gravata de nó corredio depois de uma única demonstração. Recusava-se a ser fotografado nu. Era fascinado por apitos, caleidoscópios e palitos de fósforos. Aprendeu um pouco de inglês, que usava com imprevisível habilidade. Quando uma senhora lhe perguntou se acreditava em Deus, ele disse: "*Sure, Mike*" (Claro, Mike).

Nos cinco anos seguintes, os cientistas estudaram quase tudo a seu respeito. Maravilhavam-se com o modo como ele caminhava descalço pela mata sem quebrar gravetos ao pisar. "Ele salta com o dedão do pé, que é surpreendentemente forte em sua flexão e abdução", escreveu o dr. Saxton Pope. "Seu método de locomoção é o de pequenos passos, cada pé deslizando ao longo do solo enquanto o toca. Nem o calcanhar nem a frente do pé parecem receber o choque do passo. O pé é posicionado com muito cuidado, não batendo nem martelando o solo. Ele avança com os dedos do pé virados para dentro."

Quatro anos e meio depois de ser descoberto, Ishi morreu no museu, de tuberculose.

Kroeber supôs que Ishi não gostaria que seu corpo fosse dissecado numa autópsia, e requisitou que seus restos mortais fossem cremados. Temia que Ishi pudesse se tornar alvo de uma curiosidade ainda maior depois de morto do que quando vivo. "Temos centenas de esqueletos indígenas que ninguém vem estudar", explicou Kroeber depois da morte de Ishi. "O principal interesse nesse caso seria um mórbido prazer romântico." Ele tinha bons motivos para ficar preocupado, pois a história estava repleta de casos de nativos sobreviventes que foram sentenciados a macabras vidas pós-morte. O último homem nativo sobrevivente da Tasmânia, por exemplo, foi alternadamente exumado e reenterrado depois de sua morte em 1869 por médicos que acreditavam que ele fosse o elo perdido entre seres humanos e macacos. Um médico decepou a cabeça do cadáver do tasmaniano, outro ficou com as mãos e os pés, outro, com as orelhas e o nariz. Guardaram as partes do corpo como suvenires. Um dos médicos usou a pele do tasmaniano para fazer uma bolsa de guardar tabaco.

A requisição de Kroeber não foi atendida, e os médicos realizaram a autópsia. Um jornal de San Francisco publicou um poema "Ao falecido sr. Ishi", uma semana depois de sua morte:

Tu não te encaixavas. Teus modos eram outros.
Essa vida de hospício era demasiado estranha.[10]
Foi uma pena terem te encontrado, irmão.

Durante anos circularam rumores de que o cérebro de Ishi fora adquirido pelo Smithsonian Institute. Os rumores eram verdadeiros. Em 1999, o cérebro foi descoberto, conservado em álcool etílico, num depósito, em Maryland, do Museu Nacional de História Natural. Em resposta ao clamor público, o Smithsonian despachou o cérebro para índios da tribo Redding Rancheria e Pit River, considerados descendentes aparentados dos Yahi. O cérebro de Ishi foi enterrado numa cerimônia privada em Deer Creek Canyon em agosto de 2000.

Sydney Possuelo sabia que, quando se tratava de conduzir dignamente "últimos da tribo" da vida selvagem para a vida moderna, os encarregados de fazê-lo quase sempre estragavam tudo. A lista de pessoas na história que tinham suportado o tipo de isolamento em que o índio solitário estava vivendo era extremamente breve, mas havia um homem ainda vivo que experimentou de perto um mergulho semelhante na solidão. Por coincidência, Sydney o conhecia bem.

Seu nome era Carapiru, um índio que foi separado do resto de sua tribo no Nordeste brasileiro depois que colonos abriram fogo contra sua aldeia e a incendiaram em 1978.[11] Na opinião de Sydney, o que aconteceu com Carapiru depois da separação dava uma rara prova de que o mundo moderno tinha a capacidade, de vez em quando, de fazer a coisa certa. Se o destino cooperasse, o choque de civilizações nem sempre precisava terminar em tragédia.

A aldeia de Carapiru ficava perto de um riacho cor de café no estado do Maranhão, e sua destruição foi rápida. Um grupo de colonos atacou e matou a tiros vários membros da tribo e fez que os poucos sobreviventes se espalhassem em diferentes direções mata adentro. Um único sobrevivente foi encontrado: um menino de cerca de oito anos de idade, que ficara enroscado numa cerca de arame farpado depois de fugir da aldeia. Um posto local da Funai se encarregou dele, colocando-o com outros índios numa reserva próxima.

Carapiru estava sozinho na mata no momento do ataque. Depois de ter visto que sua aldeia fora saqueada e destruída, ele começou a caminhar pelo mato sem outro plano além de sobreviver. Por dez anos ele caminhou para o sul, atravessando os morros cobertos de mata do Nordeste, até a cidade chamada Angical, na Bahia. Ao todo, ele tinha caminhado cerca de 1,5 mil quilômetros.

Durante esses anos, evitou a civilização tanto quando pôde, embora frequentemente se visse circundando cidades e assentamentos rurais, caminhando ao longo de ferrovias, cruzando estradas. Carregava seus arcos e flechas e uma bolsa de palha onde levava duas panelas, uma vara de fazer fogo e um conjunto de outras necessidades que iam se alternando.

Em outubro de 1988, os moradores de Angical, uma modesta cidade de casas simples de tijolo, ouviram um porco aos guinchos atravessando a cidade em louca disparada. Uma longa flecha de madeira estava enfiada em seu flanco.

O povo da cidade sabia que a flecha era um sinal de que havia índio por perto. Fazia sentido: durante semanas, os moradores tinham percebido que alguns de seus animais — porcos e galinhas principalmente — haviam desaparecido. Se havia um índio espreitando fora da cidade, capturando seus animais, eles queriam encontrá-lo.

Organizaram uma equipe de busca e varreram a zona rural. Encontraram Carapiru no mato. Em vez de resistir ao avanço dos moradores — ele poderia facilmente ter fugido —, Carapiru na verdade pareceu feliz ao vê-los. Sorriu quando se aproximaram. Entregou o arco e as flechas sem queixa.

Levaram-no para a cidade e vestiram seu corpo nu com um short. Ele aceitou a comida e sorria para os homens, mulheres e crianças amontoados ao redor para dar uma boa olhada num verdadeiro índio selvagem.

A Funai não tardou a saber da história. Os funcionários do órgão não souberam fazer outra coisa senão chamar Sydney, que tinha fundado a Divisão de Índios Isolados um ano antes, em 1987. Sydney tampouco sabia muito bem o que fazer, mas estava ávido por conhecer o índio.

Com outro sertanista, Wellington Gomes Figueiredo, Sydney dirigiu até Angical e encontrou Carapiru vivendo entre os moradores da cidade.

De início, a identidade tribal do índio foi um mistério. Anos antes, Sydney enfrentara uma árdua expedição de 37 dias através da floresta virgem do Maranhão para encontrar membros da remota tribo Awá-Guajá. Quando viu Carapiru, suspeitou que o índio poderia ser um Awá-Guajá. A língua de Carapiru era semelhante e seu cabelo era ligeiramente cacheado — um traço incomum entre a maioria dos índios brasileiros, mas não desconhecido entre os Awá-Guajá. Não podiam deixar Carapiru na cidadezinha e, sem ter mais aonde levá-lo, os dois sertanistas puseram Carapiru no carro de Sydney e o levaram para Brasília, a 650 quilômetros de distância.

Enquanto atravessavam campos e fazendas e, finalmente, entravam numa cidade de 2,5 milhões de habitantes, tanto Wellington quanto Sydney se perguntavam o que Carapiru podia estar pensando. Sem capacidade de entender sua língua, eles só podiam imaginar. Mas Sydney tinha quase certeza de que Carapiru devia se sentir esmagado pela paisagem urbana que se desdobrava ante seus olhos. De todas as cidades do mundo, nenhuma poderia parecer mais fora deste mundo do que Brasília, para alguém não acostumado ao mundo moderno. A capital fora criada nos anos 1960, entre o *Sputnik* e os *Jetsons*, para ser a "cidade do futuro", e sua arquitetura irredutivelmente modernista levou o crítico de arte australiano Robert Hughes a rotulá-la de "horror utópico".[12] Mas Sydney achava que, como os mais destacados etnólogos e os principais serviços para indígenas estavam baseados ali, Brasília era o melhor lugar para levar Carapiru, ao menos por algumas semanas, até que os dirigentes da Funai decidissem exatamente para onde enviá-lo.

Carapiru absorvia tudo com assombro silencioso, olhando sem dizer palavra para fora da janela enquanto se aproximavam do bloco de apartamentos onde Sydney morava com a mulher, a filha e o filho mais novo. Durante as próximas semanas, o prédio de seis andares seria o lar de Carapiru também.

Dentro do apartamento, Sydney remexeu em seu guarda-roupa e vestiu Carapiru com uma camisa azul de botões. Carapiru ficou parado diante de uma das janelas e cuspiu no vidro, espantado com sua transparência. Água na torneira era um milagre. Já a televisão pareceu demais para ele absorver: não prestava muita atenção a ela, observando as reações da família à tela mais do que a própria tela.

A mulher de Sydney e a empregada ajudaram Carapiru no banheiro, esfregando-o lentamente com sabonete. Sydney usou o toalete para mostrar a Carapiru para que servia o vaso de porcelana e como ele fazia desaparecer a água suja com uma descarga. No jantar, foi apresentado a copos, colheres e garfos, e o ajudaram a cortar a carne.

Orlando, o filho de três anos de Sydney, logo ficou amigo de Carapiru. Orlando estava acostumado a se ver rodeado de índios. Não era incomum que um hóspede do apartamento dos Possuelo usasse um cocar de penas ou uma placa de madeira que esticava o lábio inferior até este tomar a forma de um pires. Mas Orlando nunca tivera um camarada como Carapiru: um companheiro constante que jamais parecia cansado de brincar. Quando Sydney ia para a sede da Funai durante o dia, Carapiru brincava com Orlando na sala de estar, vendo desenhos de *Tom e Jerry*. Orlando irrompia numa cantiga infantil e Carapiru o acompanhava na percussão, batendo uma colher na mesa. A mulher de Sydney os via brincar juntos e imaginava como devia ser a vida que Carapiru tinha deixado para trás. O modo como ele se comportava com Orlando e a irmã, Fernanda, a fez imaginar que Carapiru algum dia podia ter tido uma família.

Carapiru não conseguia dormir numa cama, por isso Sydney pendurou uma rede para ele no quarto de hóspedes. Cerca de duas semanas depois que Carapiru foi morar com eles, Sydney percebeu um cheiro horrível vindo do quarto. Imaginou que poderia ser comida velha. Durante as primeiras refeições que lhe serviram, ele observou Carapiru juntando comida, enrolando-a na aba da camisa para carregá-la ao seu quarto. Ele parou de fazer isso depois que lhe explicaram que ele podia simplesmente ir até a cozinha pegar comida a qualquer momento que sentisse fome. Sydney inspecionou o quarto atrás de comida podre escondida, olhando nos armários, sob as pilhas de roupas, nos cantos — e não encontrou nada. No entanto, o cheiro persistia. Finalmente, Sydney olhou para fora da janela. Vários centímetros abaixo da janela, uma placa de concreto se projetava do prédio. Lá estava uma grande massa de excremento humano — datando de duas semanas, pelo visto —, tostando ao sol sobre a placa. Carapiru o vinha descartando pela janela. Sydney não conseguia alcançar a placa de concreto para limpá-la, por isso puxou uma mangueira desde o banheiro para lavar tudo, criando uma chuva de merda literal enquanto a água suja escorria pela lateral do edifício. Os vizinhos do andar de baixo não gostaram muito.

Tão logo Carapiru chegou a Brasília, a Funai começou a tentar determinar de que tribo ele provinha e chamou especialistas para ouvir seu padrão de fala. Especialistas do Summer Institute of Linguistics — entidade norte-americana sem fins lucrativos que documenta línguas por todo o mundo — disseram que ele provavelmente vinha da tribo Avá-Canoeiro, do Brasil Central, embora Sydney afirmasse que ele parecia ser Awá-Guajá.

Sydney tentara contatar um membro da tribo Awá-Guajá chamado Gei para lhe pedir que viesse a Brasília, mas não conseguiu encontrá-lo. O único falante de Awá-Guajá que a Funai conseguiu encontrar foi um rapaz de cerca de dezoito anos de idade. Ele também falava português, tendo passado a maior parte da vida numa reserva no Maranhão. Lá as pessoas o chamavam de Benvindo.

"Benvindo é o nome dele?", perguntou Sydney ao telefone com um agente da Funai no Maranhão. "Benvindo. Certo, então ouça: pegue o primeiro ônibus que sai de São Luís e venha para cá. Eu pego vocês dois na rodoviária."

Quando Benvindo foi apresentado a Carapiru, os dois se entenderam bem. Pareciam compartilhar um vínculo mais profundo do que uma simples língua. Benvindo cravou os olhos em Carapiru e ficou olhando para ele em silêncio por trinta longos segundos antes de se virar para Sydney e dizer: "Eu conheço o rosto desse homem".

Sydney ficou surpreso, mas calculou que a história não era assim tão mirabolante — se Carapiru era Awá-Guajá, então era bastante provável que Benvindo viesse da mesma aldeia e reconhecesse Carapiru da juventude. Mas o rapaz continuou e a história ficou mais estranha: "Acho que ele é meu pai".

Os dois tinham uma surpreendente semelhança física, mas Sydney não acreditou. A coincidência era delirante demais. Sydney lhe perguntou se havia algum modo de provar aquilo, se ele recordava alguma coisa particular acerca do pai. Benvindo disse que o pai tinha uma cicatriz nas costas, logo abaixo do meio da coluna. Os dois levantaram a camiseta de Carapiru. Sydney viu a cicatriz, exatamente onde Benvindo a descrevera.

Os linguistas do Summer Institute se mostraram céticos quando ouviram o relato. Achavam que a história de Benvindo devia ser um caso de confundir desejo com realidade. Os especialistas se aferraram a sua teoria de que Carapiru devia ser Avá-Canoeiro. Para resolver a questão, a Funai encontrou falantes de português dessa tribo e os trouxe para Brasília para tentar falar com Carapiru. Benvindo também compareceu. Estações de televisão cobriram o encontro como se fosse um evento esportivo.

"Não consegui entender nada", disse a um repórter de televisão o índio Butikal, dos Avá-Canoeiro, após ter ouvido Carapiru falar. "Só ouvi bobagem."

Mas Benvindo entendeu tudo. Antropólogos concordaram que Carapiru era, de fato, um índio Awá-Guajá. Era da mesma aldeia destruída de onde Benvindo fugira aos oito anos de idade, quando foi descoberto num campo próximo, preso numa cerca de arame farpado. Carapiru aceitou o filho que acreditava ter perdido para sempre.

Poucos dias depois, Sydney acompanhou Carapiru numa viagem à Reserva Indígena Caru, aonde Benvindo tinha sido levado pouco depois de encontrado. Voaram até o Maranhão e depois remaram numa canoa rio Pindaré abaixo, rumo à reserva. Ao meio-dia, as poucas dezenas de índios que ali viviam se reuniram em torno de Carapiru, que sorria, admirado, enquanto lhe cantavam cânticos de boas-vindas.

Dez anos depois de ter partido sozinho, Carapiru se via em meio a índios, embora só um fosse de sua própria tribo. A transição para sua nova vida não foi tranquila. Pouco depois de ter se mudado para a reserva, ele construiu sua própria oca na floresta, ligeiramente afastada da aldeia onde viviam os outros.

Hoje na casa dos cinquenta anos, Carapiru é considerado um exemplo vivo de como um índio isolado pode emergir da solidão e se readaptar à comunidade, se tratado de maneira adequada. Ainda vive na área da reserva, mantém um relacionamento íntimo com Benvindo e é amistoso com os índios das outras tribos. Mas às vezes desaparece floresta adentro, por mais de uma semana a cada escapada.

Os agentes da Funai encarregados da reserva acreditam que ele, de vez em quando, anseia pela solidão com a qual aprendeu a viver por tanto tempo.

Depois de ter fundado a Divisão de Índios Isolados da Funai, Sydney ganhou fama internacional como o rosto da política brasileira do não contato. O filme *Amazon*, exibido mundo afora em cinemas IMAX, apresentava Sydney como um protetor emblemático das culturas isoladas.[13] A *National Geographic* publicou uma reportagem de capa sobre uma de suas expedições e citou suas palavras: "Uma vez feito o contato, começa o processo de destruição do universo deles".[14] Em 1998, a revista *Times* o chamou de "um herói para o planeta". A *New York Times Magazine* o descreveu como uma voz que clama no deserto, travando uma guerra quase solitária contra oponentes que acreditavam que os índios isolados deviam ser incorporados à sociedade mais ampla. A reportagem prosseguia:

> Mas, apesar de toda a sua sagacidade, Possuelo se ergue praticamente sozinho, isolado à sua própria maneira, tanto quanto os índios que rastreia. Ele também pertence a uma estirpe em extinção. Há menos de doze sertanistas em todo o Brasil dignos desse nome, diz ele, que não receberam seus títulos como recompensas políticas. E muitos gostariam de ver seu projeto desaparecer.
>
> De fato, é impossível imaginar a visão de Possuelo sem Possuelo... Possuelo sabe que seus críticos incluem não só industriais, políticos, generais e acadêmicos, mas também colegas sertanistas. Tal como a dos antropólogos, a glória destes sempre cresceu ao apresentar novas culturas para o resto do mundo, como se as tivessem dado à luz. Contudo, por mais impossível que sua busca possa parecer, Possuelo está determinado a mudar a mentalidade das pessoas. "Eu proponho exatamente o contrário", disse Possuelo. "Digo que a glória está em não descobri-las."[15]

Mas, no caso do índio solitário de Rondônia, Marcelo e Altair tinham sido defensores mais ferozes do não contato do que Sydney. Para ele, a ameaça ao meio ambiente do índio era tão severa que arriscar o contato se tornara um mal necessário. A recolocação numa outra reserva tinha funcionado com Carapiru, e Sydney achava que podia funcionar também nesse caso.

Sydney estava encarregado de achar um substituto para Altair na liderança dos esforços para resolver o dilema do índio solitário. A delicadeza da situação do índio exigia que alguém se dedicasse completamente à tarefa. Mas Sydney não confiava na maioria dos sertanistas da Funai para fazer o trabalho direito. Precisava de alguém que compartilhasse da "Visão Possuelo". Por fim, decidiu que, para encontrar essa pessoa, só precisava olhar em algumas portas no corredor de seu próprio apartamento.

Orlando Possuelo, o filho de Sydney cujo nome é uma homenagem ao maior sertanista que conhecera, era apenas adolescente. Mas Sydney era só um adolescente quando embarcou naquele avião do Correio Aéreo Nacional e partiu para o Mato Grosso. Sydney localizou no filho o mesmo espírito inquieto e aventureiro que guiara sua própria vida, como se tivesse sido transmitido no sangue. O rapaz conhecia a vida ao ar livre: tinha passado mais tempo na selva antes da puberdade do que muitos exploradores na vida toda, e sua experiência com índios tinha sido, para dizer o mínimo, única.

Sydney sabia que, se o índio solitário pudesse segurar a barra por mais um ano apenas, para que Orlando concluísse o ensino médio, Sydney estaria em condições de designar a pessoa perfeita para chefiar em Rondônia uma Frente de Proteção Etnoambiental revigorada.

Nos meses subsequentes à demissão de Altair, Sydney ficou de olho na situação em Rondônia, supervisionando uma equipe que assegurasse que a terra do índio não fosse destruída. Pouco mais de um ano depois, Sydney começou a levar Orlando consigo em expedições da Funai, preparando-o para uma posição de liderança na Divisão de Índios Isolados.

Quando já tinha vinte anos de idade, no final de 2004, Orlando Possuelo se tornou o chefe da equipe encarregada de expedições para contatar o índio solitário. Orlando embarcou num avião para Rondônia, que aterrissou em segurança, sem o drama que o pai experimentara quando embarcara em sua primeira aventura como sertanista em treinamento.

Entretanto, o voo de Orlando também era o início de uma grande aventura.

Sydney Possuelo e o filho Orlando, fotografados na casa de Sydney em Brasília, 2007

Orlando Possuelo (centro, primeira fila) lidera uma expedição em 2005 em busca do índio solitário, acompanhado por um grupo de índios da Terra Indígena Massaco, em Rondônia. O grupo foi fotografado em frente a um dos buracos característicos cavados pelo índio solitário

13. Mais uma tentativa

Orlando Possuelo mal se estabelecera em Rondônia e já estava prostrado num leito de hospital.

Sua temperatura tinha começado a subir na manhã em que alugou uma casa para servir de nova sede da Frente de Proteção Etnoambiental do Guaporé.[1] Enquanto dirigia pelas estradas barrentas de volta ao acampamento do rio Omerê para passar a noite, ficou ensopado de suor. Depois de se arrastar por uma trilha íngreme até o barracão principal, encheu um balde com água fresca e sentou dentro dele. Não ajudou. Pulou o jantar e tentou dormir. Seu corpo todo doía. Por toda a noite teve de se arrastar até o banheiro várias vezes. O romantismo de uma aventura na selva. Não era bem assim.

Orlando ficou preocupado com a possibilidade de estar com dengue — a doença vinha se alastrando por todo o Brasil com ferocidade incomum em 2004 e início de 2005. Sofreu por mais um dia e mais uma noite insone no acampamento, até que subiu na caminhonete e dirigiu até um pequeno hospital na cidade de Ji-Paraná. Seu pescoço estava tão dolorido que ele mal conseguia virar a cabeça.

No hospital, o médico lhe disse que não o deixaria sair naquele estado lamentável, e as enfermeiras lhe prepararam um leito. O quarto não era dos piores. Se fosse um hotel, provavelmente seria o melhor da cidade. Ele tinha seu próprio banheiro e uma televisão colorida. Havia até um frigobar junto à parede.

Mas um leito de hospital, por mais confortável que seja, ficava muito distante de onde ele queria estar. Durante semanas ele estudara os relatórios que Marcelo e Altair tinham escrito sobre as expedições anteriores em busca do índio solitário e planejava lançar mais uma por sua conta. Tomou ciência da situação das terras em torno da área interditada. Chegou mesmo a formar uma nova equipe de exploradores. Estava ansioso por uma aventura de verdade na selva, mas por ora a única fonte de excitação para ele estava em folhear *O código Da Vinci* entre os cochilos.

Orlando não estava habituado à inatividade e normalmente era o retrato do vigor e da saúde. Era moreno e robusto, seu cabelo escuro caía em cachos naturais, as maçãs do rosto se destacavam e a mandíbula era talhada em ângulos agudos. Usava um brinco de metal escuro. Sua timidez natural encantava as garotas e suas confusões amorosas já lhe estavam complicando a vida. Antes de deixar Brasília, engravidou uma garota. Apoiou a decisão dela de ter o filho e ficou genuinamente estimulado com a perspectiva de se tornar pai. Mas deixara bem claro que não ia largar tudo e se tornar um homem de família em tempo integral. Tinha uma nova carreira, uma carreira para a qual praticamente fora criado, e sabia muito bem que o trabalho exigia uma coisa acima de todas: uma disposição para se separar da família e dos amigos e passar muito tempo num lugar que ficava muito, muito longe de casa. O próprio pai lhe ensinara que a profissão podia acabar com a vida amorosa da pessoa, mas as coisas boas não vinham sem um preço a pagar. Orlando achava que as recompensas superavam as desvantagens. Acalentava a ideia de testar suas habilidades na floresta, e aquela era para ser sua oportunidade.

Durante o interstício entre a partida de Altair e a chegada de Orlando, Sydney designara um homem chamado Moacir Cordeiro de Melo para servir como chefe em exercício da Frente de Proteção. E naquele momento a situação do índio solitário parecia piorar. A Comissão Parlamentar de Inquérito sobre as ações de Marcelo não tinha provocado nenhuma mudança no status dos territórios indígenas de Rondônia, mas tinha fortalecido os fazendeiros e políticos locais. Em 2003, o governador de Rondônia declarou com todas as letras a uma rede de televisão espanhola que em seu estado não existia nenhum índio isolado.[2] Se alguém encontrasse tribos isoladas em Rondônia, disse ele, era porque "eles foram retirados da Bolívia e plantados aqui pelos próprios agentes da Funai". A exploração ilegal de madeira aumentou nos territórios indígenas. Até mesmo Celso de Sordi — o proprietário da Fazenda Socel que fizera o pacto com Altair quando se viu ameaçado pelos militantes do MST — tinha começado a resmungar sobre a ideia de impedir o desenvolvimento para proteger o índio solitário. Seus parentes haviam falado com agentes da Funai para se queixar acerca do índio, dizendo que estavam ávidos por transformar a selva em área cultivável.[3] Agora que tinha passado a ameaça dos sem-terra, também se dissipara, ao que parecia, o entusiasmo do fazendeiro pela proteção do índio.

Moacir inicialmente concordou com Sydney que o contato devia ser feito com o índio antes que fosse tarde demais. Organizou algumas pequenas incursões na floresta, mas não tiveram sucesso.

Depois dessas expedições, Moacir tinha mudado de opinião. Logo seus despachos oficiais para a sede da Funai em Brasília indicariam que ele estava atormentado por dúvidas. Sua experiência em Rondônia o levara a acreditar que Marcelo e Altair tinham chegado à correta conclusão: forçar o contato com o índio não seria nada bom. Em 2004, pouco antes de Sydney mandar Orlando para Rondônia, Moacir enviou uma carta para Sydney assinalada como de URGÊNCIA MÁXIMA. Escreveu que suas duas expedições malsucedidas tinham feito o índio abandonar mais uma de suas ocas, e pelo jeito ele fugira para o limite sudeste da área temporariamente interditada. Se continuassem a pressionar pelo contato, Moacir temia que o índio fugisse da área interditada e fosse parar num território totalmente desprotegido. O índio não apenas rejeitara os presentes que tinham deixado para ele como se dera ao trabalho de *destruí-los*. Nas palavras de Moacir: "Claramente é uma mensagem de alerta e advertência. Se pudéssemos entender seus grunhidos, ao se comunicar sempre em fuga e rejeição, não estaria dizendo: DEIXEM-ME EM PAZ!?!".

No entanto, Sydney permaneceu convencido de que o contato era a única maneira de proteger o índio diante das ameaças dos políticos e latifundiários. Se os agentes da Funai conseguissem de algum modo se comunicar com o índio, poderiam informá-lo dos perigos que corria caso se deslocasse para fora da área interditada. Poucas semanas depois de ter recebido o memorando de Moacir, Sydney mandou Orlando para Rondônia a fim de assumir os esforços para contatar o índio.

No dia em que foi liberado do hospital, Orlando começou a se preparar para uma longa expedição com o propósito de tentar contatar o índio. Orlando queria se aventurar, por mais que demorasse, até encontrar o homem.

Ao reunir uma equipe para a expedição, Orlando começou por Francisco Couto Lima Rosa, de 22 anos, a quem todos chamavam Chico. Todos os assistentes de campo da Funai que tinham trabalhado para Marcelo e Altair ou haviam se demitido ou sido transferidos para outras regiões, e Chico fora um dos substitutos contratados por Moacir. Orlando se sentia à vontade na companhia de Chico, em parte por causa de sua idade. Orlando sabia que alguns dos colegas mais velhos que trabalhavam na Funai não gostavam de seu pai e presumia que eles decerto estariam resmungando sobre nepotismo pelas costas de Sydney. Mas não sentia nenhuma dessas vibrações negativas em Chico. Orlando se voltou para ele como parceiro de planejamento do mesmo modo como Marcelo sempre se voltara para Altair.

Dois outros assistentes completavam a nova equipe de Orlando. Um era Francisco Moura, chamados por todos de Chiquinho. Tinha vinte e poucos anos e não muita experiência na selva, mas Orlando gostava do jeito dele. O outro era Celso José dos Santos, que atendia pelo apelido de Tunio.

Aos 34 anos, Tunio era o integrante mais velho da nova equipe. Morava desde pequeno naquela área, numa fazenda nos arredores da mesma cidade onde vivia a família de Altair. De fato, fora Altair quem contratara o primo de Tunio poucos anos antes para ajudar no acampamento do rio Omerê. Quando Moacir estava procurando alguém que auxiliasse na expedição do ano anterior, Tunio foi recomendado pelo primo. Com apenas um ano de experiência na Funai, Tunio tinha mais tempo de serviço do que qualquer um da equipe de expedição de Orlando.

Um mês depois de sua alta do hospital, Orlando lançou sua primeira expedição com Chico, Chiquinho e Tunio. Pouco antes de partir, saíram os resultados dos exames de sangue de Orlando. Os médicos lhe disseram que ele fora infectado com leishmaniose. A doença, se não for tratada, pode causar lesões na pele semelhantes à lepra ou até mesmo matar uma pessoa ao destruir seu baço, fígado ou o tutano dos ossos.

Antes de partir para a selva no encalço do índio solitário, Orlando pôs na bagagem o remédio intravenoso que o médico lhe prescreveu. A hospitalização parecia pouco mais que um mero item no currículo de Orlando, um dos desagradáveis, porém necessários, embates que qualquer explorador de respeito tem de enfrentar para merecer o título. Leishmaniose não era malária, mas chegava perto.

A busca não ia bem. Já fazia exatamente um mês que estavam na floresta, de 12 de março a 12 de abril de 2005, e não tinham encontrado nada. Nem um vislumbre do homem, nem uma pegada, nem um rastro. Acharam uma velha oca e passaram vários dias acampados ao lado dela antes de concluir que fora abandonada de forma permanente.

De todos os integrantes da equipe, nenhum estava mais cheio de incertezas do que Tunio. Ele respeitava o entusiasmo de Orlando, mas não achava que Orlando tivesse experiência bastante para chefiar a equipe. Tunio e outros funcionários da Funai que estiveram no grupo de Moacir às vezes faziam piadas com o novo chefe, rindo com relatos sobre como Orlando tinha emborcado sua canoa ao visitar a Reserva Indígena Massaco, em outra parte do estado.[4] Alguns resmungavam que tudo o que Orlando sabia sobre exploração da selva era como usar um GPS. Tunio fora criado num barraco à margem da floresta, o caçula de oito filhos, e tinha passado a vida explorando matas. Confessou aos colegas que Orlando ainda não conquistara sua confiança.

No entanto, ainda mais incômodo do que suas dúvidas acerca do chefe, Tunio não estava convencido de que o objeto de sua busca fosse real. Com Moacir, ele participara de uma expedição de dez dias no ano anterior nas terras do índio solitário, e não tinham encontrado um mero vestígio do homem. Tunio somente ouvira histórias sobre o índio — nunca vira as fotos que Vincent fizera nem os artefatos autênticos que seus antecessores haviam coletado. Depois de passar um mês com Orlando na selva, Tunio começara a duvidar seriamente de que o índio existisse de verdade. Essas expedições tinham começado a parecer a versão amazônica do abominável homem das neves.

Ele precisava ver para crer. Com mais uma semana, ele teria sua oportunidade.

Orlando e sua equipe caminhavam o dia todo, todo dia, e normalmente acampavam onde estivessem quando a luz do sol se apagava. A cada noite, penduravam suas redes e suas lonas numa parte diferente da floresta. A comida era escassa e, juntos, decidiram que, se ela acabasse, dois integrantes da equipe partiriam para conseguir mais enquanto os outros dois ficariam.

Na manhã de 12 de abril de 2005, perceberam que tinham gostado do local de acampamento o bastante para permanecer ali por mais uma noite.[5] Planejavam caminhar o dia todo e depois voltar ao mesmo local ao cair da tarde. Passaram o dia inteiro andando e, no caminho de volta, cerca de quatro horas da tarde, localizaram uma goiva no flanco do tronco de uma árvore. Era um corte recente, de poucos dias antes. O mel que escorria da incisão na árvore era fresco.

Buscaram rastros nas imediações, mas nada encontraram. A luz natural estava diminuindo. Decidiram voltar para o acampamento antes que escurecesse, e Chico sugeriu que tomassem um caminho diferente do que os tinha conduzido ali: se o índio os tivesse visto em algum momento durante o dia e fugido, havia uma chance melhor de encontrá-lo se abrissem uma nova trilha de volta em vez de tomar a mesma usada antes.

Orlando marcou as coordenadas do corte de mel em seu GPS portátil e eles começaram a caminhar de volta ao acampamento. A rota ligeiramente desviante que tomaram os levou até um córrego. Na margem, encontraram uma nítida pegada humana, preenchida por um pouco de água. A água na pegada era lamacenta — não tivera tempo de assentar, o que indicava que a pegada era recente. Provavelmente de poucas horas antes.

Chico achou a pegada pequena. "Nós somos quatro e ele é só um", disse ele. "Se nós o encontrarmos, talvez possamos capturá-lo, se quisermos."

Os outros não sabiam se ele estava falando sério. Mas, depois de um mês de longas caminhadas e nenhuma pista, começavam a considerar a ideia de que o contato era uma possibilidade real. A sugestão de Chico para que entrassem em ação depois de encontrar o índio era uma novidade. A ideia não ocorrera a Orlando. Ele achava simplesmente que tentariam encarar o índio, esperar pela reação dele e responder de modo instintivo.

Orlando registrou o local da pegada em seu GPS e caminharam de volta ao acampamento em silêncio, atentos a sinais de vida ao longo do trajeto.

Nos cinco dias seguintes, fizeram buscas na área, mas voltavam ao acampamento a cada noite sem nada ter encontrado. Na manhã de 18 de abril, passaram entre si uma garrafa térmica de plástico com café solúvel e alguns biscoitos e concordaram em tirar o máximo proveito do dia. Em vez de evitar correr riscos e retornar ao acampamento no meio da tarde, eles buscariam até cair a noite. Embalaram arroz e farofa, imaginando que caçariam alguma carne se precisassem fazer uma refeição completa. Com um dia inteiro de caminhada pela frente, tomaram cuidado para não se sobrecarregar com nada além do estritamente necessário. Tunio trouxe consigo uma pequena lanterna de mineiro que poderia usar se começasse a ficar escuro antes de voltarem.

Caminharam toda a manhã, buscando indícios através das árvores, mas sem encontrar nenhum. Por volta do meio-dia, localizaram um canteiro com pés de mandioca e milho no meio da floresta. Orlando ficou em êxtase.

Esperariam pelo índio a tarde inteira, se necessário. Quando localizaram um bando de caititus nas proximidades, aproveitaram a oportunidade para uma boa refeição. Chico, em silêncio, seguiu os bichos a curta distância através da mata até conseguir um tiro certeiro. Poucos minutos depois, voltava com a carcaça de um suíno selvagem.

Com comida de sobra para uma grande refeição vespertina, sugeriu que passassem o resto do dia bem ali, ao lado da plantação.

Orlando supostamente era o chefe da equipe, mas sentia que vinha concedendo espaço demasiado aos mais velhos. Precisava tentar afirmar algum controle.

"Não posso", disse Orlando. "Deixei meu remédio para leishmaniose lá no acampamento."

Chico protestou, alegando que sem dúvida encontrariam o índio se ficassem, e Orlando abandonou o caso. Iam esperar, e se Chico continuasse a pensar do mesmo jeito ao cair da noite, poderiam então debater o assunto.

Enquanto isso, dividiram a carne do caititu em quartos. Sem ter onde armazená-la, cada um carregou sua porção espetada numa vara. Buscaram mais rastros do índio em torno da plantação. Não precisaram ir muito longe. A pouca distância dali encontraram uma oca numa pequena clareira em meio a um canteiro de pés de mandioca bem altos.

Não conseguiram ver se o índio estava dentro da oca, por isso se dividiram em pares para circundar a estrutura. Se estivesse lá dentro, não teria como deslizar para fora pelo outro lado sem ser visto. Eles enterraram no chão as varas com carne e se separaram. Tunio e Chico deram a volta até o outro lado da oca, enquanto Orlando e Chiquinho se aproximaram pelo lado da frente.

Chico tinha alguns amendoins consigo e queria colocá-los dentro da oca, para deixar como presente para o índio. Aproximou-se lentamente da oca, com

Tunio logo atrás dele. Orlando e Chiquinho ficaram para trás, cerca de um metro, do outro lado da oca, observando Chico e Tunio se aproximarem. Orlando estava incomodado com a excessiva proximidade dos dois.

"E se ele estiver dentro?", disse-lhes Orlando.

Chico e Tunio o ignoraram. Se o índio estivesse dentro, queriam vê-lo, não apenas ficar sentados ao longe e dar a ele a chance de escapulir. Todas as histórias que tinham ouvido sobre como ter cuidado com os índios, e com aquele índio em particular, foram varridas pela adrenalina. Os agentes da Funai sempre falavam da importância da sensibilidade na proteção das culturas nativas, mas isso também se perdeu naquele momento. Tudo o que importava era a excitação que os impulsionava rumo à oca — devagar, apreensivos, mas com toda a precaução de um trem desgovernado.

Chico se agachou e arrastou-se de joelhos para a abertura da oca. Tunio o seguiu em silêncio, tenso, agachado.

Ajoelhado, Chico se virou para Tunio, agarrou-o pela camisa e cochichou: "Acho que ele está lá dentro! Ouvi alguma coisa".

Tudo aconteceu de uma vez só: Chiquinho, do outro lado da oca, viu o índio e gritou para eles: "Saiam já daí!". Chico se levantou. Orlando ouviu o assobio ameaçador de um arco. Tunio sentiu alguma coisa quente no peito e viu um jorro de seu próprio sangue borrifar contra a parede da oca.

Sem pensar, Tunio arrancou do peito uma flecha de bambu de um metro e meio de comprimento, atirou-a no chão e gritou: "Corram!".

Precipitaram-se para fora da clareira em diferentes direções, tropeçando em trepadeiras, esmagando pés de mandioca, desviando-se de troncos de árvores. Tunio cambaleava atrás deles. Passados alguns minutos frenéticos, eles pararam.

"O que foi que aconteceu?", perguntou Chico, ofegante. Era o único que não tinha visto a flecha.

Uma mancha escura brotava acima do bolso superior esquerdo da camisa de Tunio. Seu rosto perdeu toda a cor enquanto Orlando o ajudava a desabotoar a camisa. As respirações de Tunio eram fracas. Levantou a mão ensanguentada do lugar no peito onde fora atingido. Era um talho em forma de meia-lua, com 2,5 centímetros de comprimento, que esguichava a cada respiração. Não dava para saber a profundidade do corte.

Sabiam que era preciso obter ajuda depressa, e Chico sugeriu que verificassem no GPS para ver a que distância estavam da fazenda. Foi só aí que Orlando se deu conta de que deixara o GPS no chão ao lado das varas com a carne. Para recuperar o GPS, tinham de voltar à oca. Todos se entreolharam por um momento. Ninguém queria ser o designado para se aproximar da oca depois de ver o que tinha acabado de ocorrer.

"Vamos", disse Tunio num gemido, deitado no chão. "Eu volto lá e pego a porra do GPS... preciso dar o fora daqui!" Chico se esquivou furtivamente rumo à periferia da clareira, esgueirando-se até o lugar onde Orlando deixara cair o GPS. Logo se esgueirou de volta, o mais rápido possível, ileso.

Enquanto Chico recuperava o GPS, Orlando tirou o cinto e a camiseta e pediu aos outros que fizessem o mesmo. Com as camisetas e cintos, fez uma padiola. Ergueram Tunio até se encaixar nela, e saíram carregando-o enquanto começavam a atravessar a floresta rumo à fazenda mais próxima, que o GPS indicava estar a muitos quilômetros de distância.

Foi um trajeto penoso, e Tunio gemia enquanto balançava e quicava na maca desaprumada. Passado um tempo, Orlando confeccionou outro tipo de maca e carregou Tunio como se estivesse içando uma mochila pesadíssima. Orlando e Chico se revezaram para carregar Tunio, enquanto Chiquinho abria caminho, tentando clarear a trilha para eles com seu facão. Quando a luz do dia começou a declinar, a pequena lanterna de Tunio de pouco serviu para romper a escuridão galopante.

Folhas afiadas de capim barba-de-bode se projetavam da escuridão e arranhavam seus braços, ombros e flancos nus. Tunio, encolhido na padiola torta, era sacudido a cada passo. Estava convencido de que iam deixá-lo cair e percebeu que era melhor caminhar por conta própria. Com o apoio dos outros, arrastou-se devagar rumo à fazenda.

Quatro horas depois de Tunio ter sido flechado, alcançaram uma cerca perto do limite da fazenda onde tinham deixado a caminhonete um mês antes. Tunio se deixou cair na grama, incapaz de andar mais. Orlando ficou a seu lado enquanto os outros corriam para tentar achar alguém que pudesse ajudá-los.

Orlando ficou assustado. Tunio parecia alternar entre estados de consciência e inconsciência, jogando a cabeça para trás e fechando os olhos, mergulhando em silêncios temerosamente longos. Tunio tentara manter a mão pressionada contra a ferida durante o trajeto de quatro horas. O tecido de algodão de sua camisa azul-marinho estava encharcado de sangue e se prendia à ferida, mantendo-a fechada. Mas quando retiraram a camisa dele para dar uma olhada de perto, a ferida borbulhava a cada respiração.

Tentaram falar de amenidades, mas o ressentimento já tinha começado a envenenar. Orlando se perguntava em voz alta se a namorada já teria dado à luz seu filho. Tunio não conseguia nutrir preocupação por Orlando, só aborrecimento. Antes de ter sido atingido pela flecha, Tunio se preocupara com o fato de Orlando talvez ser demasiado inexperiente para chefiar uma expedição; depois da flechada, Tunio estava convencido disso.

Chico e Chiquinho alcançaram a fazenda e dirigiram de volta até a cerca onde Tunio jazia. Estacionaram e correram para ele e Orlando com um telefone por satélite e um kit médico.

Orlando vasculhou entre os conteúdos do kit, mas os nomes dos frascos não significavam nada para ele. Por causa da leishmaniose, tinha o número de telefone de um médico amigo da família em Brasília, e foi esse número que teclou no telefone por satélite. Depois de ter recitado os conteúdos do kit, o médico disse a Orlando que injetasse um analgésico em Tunio e pusesse uma bandagem logo acima da ferida, deixando a parte de baixo da bandagem solta. A bandagem se prendia à ferida quando Tunio inspirava e vibrava para fora quando ele expirava.

Ajudaram Tunio a subir no carro e dirigiram até Vilhena. Quando saíram da BR-364 rumo ao hospital no centro da cidade, a luz do dia já tinha chegado.

O médico de plantão na emergência que examinou a ferida de Tunio lhe disse que precisava ficar no hospital por cerca de uma semana. A ponta da flecha tinha perfurado o revestimento do pulmão, mas ele ficaria bom. A sorte estivera do seu lado. A flecha atingira um osso a poucos centímetros de sua clavícula e tinha se desviado para cima. Se tivesse atingido o osso uma fração de centímetro mais abaixo, teria se desviado para baixo, rumo ao coração.

Nos cinco dias seguintes, Tunio ficou deitado numa cama de hospital. Qualquer dúvida que tivesse acalentado sobre a existência do índio solitário havia evaporado. Ele tinha visto e agora acreditava.

Depois da expedição, Orlando voou para Brasília para conhecer o filho e ficou com Sydney por volta de três semanas. Se a ferida de Tunio tinha desencorajado Orlando, Sydney dissipou a insegurança do filho ao lembrar-lhe a cada instante que sua causa permanecia inviolada. Se Orlando podia ser responsabilizado por fazer demasiada pressão para contatar o índio, então Sydney — como seu orientador na prática — teria de arcar com parte da responsabilidade também. E não estava preparado para fazer isso. Naquelas semanas posteriores à flechada, quando descrevia o incidente com Tunio e Orlando, ficava evidente que Sydney se gabava de contar: era uma aventura arriscada empreendida por uma causa nobre, com muitos perigos envolvidos. O fato de agora pai e filho poderem compartilhar tais histórias parecia encher Sydney de orgulho. Orlando se tornara mais do que um filho: estava se tornando um colega e reunindo a experiência necessária para algum dia merecer o título de sertanista.

"Para nós, contatá-lo é o último recurso", disse Sydney, sentado perto de Orlando à mesa de sua cozinha naquele mês de maio, explicando a situação arriscada do índio solitário a um repórter. "Odeio fazer isso. Odeio. Nunca é bom. Eles perdem tudo. Mas quando uma tribo se torna tão pequena, às vezes é a único meio de salvá-la."[6]

E ao fazer contato com índios isolados, as pessoas se machucavam. Um índio Korubo que matara um dos colegas de Sydney em 1996 explicou mais tarde a Sydney por que tinha atacado o funcionário da Funai: "Não conhecíamos vocês então".[7] Sydney aceitou a explicação como perfeitamente razoável. De igual modo, em 2003, Sydney não se abalou quando o mesmo índio ordenou a morte de três homens brancos que vinham cortando árvores perto da área protegida da tribo no estado do Amazonas. Muito embora tivesse encontrado os corpos esquartejados dos brancos na canoa que lhes pertencia, Sydney, que na época atuava numa base próxima, não sentiu nenhuma compaixão por eles. Quando a notícia do assassinato se espalhou por outros assentamentos ribeirinhos na área, ele pareceu satisfeito. "Prefiro que eles sejam violentos", explicou Sydney mais tarde a um repórter da revista *Smithsonian*, "porque isso afugenta os invasores."

Nesse contexto, o fato de a morte ter passado de raspão por Tunio parecia um exemplo relativamente ameno do tipo de riscos que acompanham tradicionalmente o trabalho do sertanista. A todo momento, Sydney sublinhava a importância de se manter a coragem para enfrentar tais perigos e lamentava o fato de poucos exploradores dentro da Funai compartilharem sua paixão pela selva. Suas censuras ao próprio órgão empregador foram se tornando mais agudas, e ele identificava em si mesmo e em Orlando os últimos de uma estirpe em extinção que sustentavam uma missão sagrada. Quando falava sobre o índio solitário, era como se os perigos não pudessem ser maiores, como se suas quatro décadas de trabalho com as tribos tivessem se resumido a isto: um único índio correndo através de uma floresta que os exploradores ameaçavam transformar numa necrópole pós-apocalíptica de tocos carbonizados. Encorajou Orlando a se recobrar do incidente e a ter mais cuidado da próxima vez.

Atiçado pelo fogo paterno, Orlando voltou a Rondônia com revigorada determinação. Construiu um acampamento permanente na área que fora interditada para o índio solitário. Definiu um pequeno triângulo de mata plana, delimitado entre as águas de um córrego que se bifurcava. O local ficava a uma hora de caminhada dos estábulos da Fazenda Socel. Dali bastava uma pequena marcha através do córrego para entrar no território do índio. Orlando e uma equipe de funcionários ergueram uma grande cabana de madeira, um pouco semelhante às que Marcelo e Altair tinham construído para o acampamento do rio Omerê. Penduraram lâmpadas nas estacas e as acendiam graças a um gerador elétrico. Orlando começou a passar a maior parte do tempo no acampamento, lançando expedições de um dia floresta adentro com Chico e um grupo de oito ou nove índios da Reserva Massaco.

Orlando adorava o lugar. Em seu diário, escreveu que se acostumara de tal modo a acampar perto do território do índio que durante as poucas noites que passava na cidade tinha dificuldades para dormir numa cama. Seu ânimo se mantinha elevado pelo otimismo de que logo faria um contato significativo, de uma vez por todas, com seu alvo esquivo.

"No momento aqui, no Índio do Buraco, há muita esperança de um contato, o qual todo dia quando acordo acho que vai acontecer", rabiscou Orlando em seu diário, em junho.

E todo dia ele se desiludia. Sydney e o irmão de Orlando viajaram a Rondônia em junho para comemorar o aniversário de 21 anos de Orlando, e se aventuraram no território do índio. Quando alcançaram a área onde Tunio fora flechado, viram que o índio tinha abandonado aquele local. Nos três meses seguintes, Orlando encontrou mais arapucas, alguns esconderijos de caça e outros vestígios do índio — mas era evidente que ele estava de novo em fuga. Abandonara o campo plantado e não aceitava os presentes deixados para ele. Nas raras ocasiões em que Orlando encontrava as pegadas do índio num trecho de chão sem mata, elas eram impossíveis de seguir — o índio deixava outros rastros que levavam em cinco direções diferentes, um truque para confundir qualquer um que quisesse segui-lo.

No fim do ano, a esperança de contato da parte de Orlando se tornara algo próximo do desespero e da descrença. O entusiasmo o abandonou, como o ar que assobia para fora de um pneu furado. Depois de lançar suas próprias expedições e deparar com o índio, Orlando estava chegando à mesma conclusão relutante que cada um de seus antecessores tinha admitido: as intenções podiam ser as melhores, mas tentar forçar o contato não estava ajudando o índio. Cada mínimo indício mostrava que suas tentativas tornavam mais precária a situação do homem.

A plantação bem estabelecida, a construção de malocas mais sólidas, a aceitação dos presentes — tinham desaparecido todos esses sinais que Altair, anos antes, interpretara como progressos. A Funai estava retrocedendo.

As razões para a mudança de comportamento do índio só podiam ser conjecturadas. Durante os anos em que Marcelo e Altair estiveram à frente, o índio provavelmente aprendera a reconhecer os rostos dos integrantes da equipe. Quando um grupo novo começou a segui-lo, talvez ele tivesse sido amedrontado de voltar a uma vida fugitiva de estrita resistência. O índio não tinha como saber que Orlando e seu novo grupo eram semelhantes aos outros brancos cuja presença ele pareceu aceitar com cautela.

Orlando concluiu que devia suspender as expedições, e Sydney acabou concordando com ele. Tinham dedicado o melhor de si à tarefa, mas as escassas provas indicavam que o índio fizera uma opção deliberada de evitar seus avanços. Muito embora fosse o caso mais radical de isolamento que Sydney já conhecera, e o índio estivesse em grande perigo, o sertanista mudou sua posição, aceitando a política do não contato como a melhor abordagem.

Em alguns meses, porém, nada disso iria contar, porque o mesmo órgão para o qual Sydney se tornara um símbolo vivo decidiu demiti-lo.

Mércio Pereira Gomes, que se tornou presidente da Funai em 2003, era um antropólogo que ganhara reputação como um zeloso defensor dos direitos indígenas no Brasil.[8] Mas, no início de 2006, um jornalista brasileiro lhe perguntou sobre o contínuo conflito que o órgão mantinha com pessoas que alegavam que as terras do país reservadas para os índios eram excessivas. Gomes disse que respeitava a alegação, afirmando: "É terra demais", e sugerindo em seguida que o Supremo Tribunal Federal tinha de fixar um limite em alguma medida, definindo o quanto de terra podia terminar como território indígena.

As manchetes subsequentes sugeriram que Gomes concordava com os que acreditavam que os índios brasileiros tinham terras demais. A Funai argumentou que Gomes tinha sido mal interpretado e que sua intenção fora reconhecer o fato óbvio de que 12% do território brasileiro — o total reservado para os índios — somava uma porção substancial de propriedade fundiária e que devia ser formulada uma abordagem sistemática para a preservação futura.

Mas, antes que ele pudesse esclarecer suas afirmações, diversos jornalistas chamaram Sydney para lhe pedir uma resposta aos comentários de Mércio. Sydney tinha muito o que dizer.

Na época ele estava em trabalho de campo, com uma tribo de índios Zo'é, e pelo rádio censurou Gomes, sem papas na língua. Disse a um repórter de *O Estado de S. Paulo*: "Já ouvi esse discurso de fazendeiro, grileiro, garimpeiro e madeireiro. Estou acostumado. Mas de um presidente da Funai, é a primeira vez. É de assustar".[9] A outros repórteres ele disse: "É a mesma coisa que um ministro da Justiça dizer que não defende a Justiça e a ministra do Meio Ambiente pedir a derrubada de árvores".

Dias depois, a Funai demitiu Sydney porque "crescia a incompatibilidade" com outros especialistas dentro do órgão.

Sydney foi desafiador até o fim. Recusou-se a pedir desculpas. Se sua carreira no governo estava para ser reduzida a cinzas, queria que o incêndio lançasse luz sobre o que considerava uma injustiça repugnante com os índios do país. Orlando Villas Bôas, lembrou ele às pessoas, foi demitido sem cerimônia, por nenhuma razão especial, de seu posto amplamente honorário na Funai perto do fim da vida. Até mesmo Cândido Rondon renunciara a seu cargo como diretor fundador do Serviço de Proteção ao Índio em 1930 após conflitos com o presidente brasileiro.

Sydney achou que estava em boa companhia. Tinha passado sua carreira espicaçando o mesmo governo que o empregava, e parar agora seria o mesmo que uma rendição moral.

A Survival International e outras organizações internacionais de promoção dos direitos indígenas consideraram a demissão de Sydney uma tragédia para as populações indígenas brasileiras. Ele fora demitido por emitir sua opinião, diziam, e não havia nada de errado no que dissera. Sem Sydney na chefia da Divisão de Índios Isolados, alguns temiam que a política de não contato pudesse ir por água abaixo e que os fazendeiros e madeireiros pudessem dar livre curso à destruição dos territórios protegidos que Sydney defendera tão publicamente.

"Existem pessoas que podem substituir Possuelo e fazer um trabalho semelhante, mas não farão tão bem", disse Gilberto Azanha, coordenador executivo de uma entidade beneficente chamada Centro de Trabalho Indigenista, ao *Christian Science Monitor* na época da demissão de Sydney. "Ninguém mais está à altura dele."[10]

9 de setembro de 2000

26 de setembro de 2006

Índice de vegetação por diferença normalizada

0 0.2 0.4 0.6 0.8

Imagens de satélite, feitas em 2000 (acima) e 2006 (embaixo), que mostram a extensão do desmatamento ocorrido no território onde vivia o índio solitário.

14. Um novo começo

A sede institucional da Funai não inspira nenhum temor ou reverência. O prédio em si parece uma escola urbana num bairro carente. O elevador dentro do saguão é uma ratoeira sufocante que sacode violentamente ao subir e depois vibra ao parar de modo precário, em geral faltando alguns centímetros para ficar perfeitamente alinhado com o piso de destino. Papéis desorganizados, cadeiras quebradas, computadores ultrapassados — tudo no lugar escancara a paralisia burocrática.

A atmosfera de ineficiência se explica em parte pelo fato de poucas pessoas na diretoria do órgão permanecerem ali tempo suficiente para criar raízes. A Funai tem mudado de presidente, em média, ao ritmo de quase um por ano ao longo de sua história.[1] Os agentes de campo aprenderam a olhar para seus chefes em Brasília como se estivessem jogando baralho, misturando as cartas e sorteando-as numa velocidade desatinada — a maioria dos recém-sorteados não alterou nada, mas uma vez depois de muito tempo os agentes tiveram sorte.

Mércio Gomes vinha presidindo o órgão por quase três anos e isso o qualificava como o presidente de mandato mais longo desde a redemocratização do Brasil em 1984. Mas, quando despediu Sydney, convocou uma ampla reorganização da chefia dentro da Divisão de Índios Isolados. Sua primeira opção para substituir Sydney fora José Carlos Meirelles, sertanista encarregado das operações da Funai no Acre (e sem parentesco com Apoena Meirelles). Meirelles, porém, não quis o cargo. O posto de selva onde trabalhava era um dos mais remotos da Funai e ele não queria abandoná-lo em troca de um serviço burocrático na sede. Declinou a oferta, mas sugeriu alguns nomes de sertanistas qualificados que poderiam estar interessados.

Um dos nomes da lista era Marcelo dos Santos. Mércio Gomes o contratou. Para os defensores do índio em Rondônia, foi como tirar a sorte grande.

Nos seis anos subsequentes ao inquérito parlamentar sobre o trabalho de Marcelo, tinha ficado cada vez mais claro para todos na Funai que ele fora vítima de uma tramoia política. As pessoas familiarizadas com o trabalho de Marcelo sabiam o tempo todo que as acusações de que ele havia plantado índios em Rondônia eram notoriamente ridículas. Mas agora a credibilidade dos que testemunharam contra ele se tornara quase indefensável.

Em 2006, Carlos Antônio Siqueira — o antropólogo supostamente imparcial aposentado da Funai que fora a testemunha-chave contra Marcelo na CPI do Senado — tinha sido publicamente exposto como empregado a soldo dos fazendeiros, contratado para contestar reivindicações indígenas por terras.[2] Era verdade que Siqueira uma época fora antropólogo da Funai, mas no momento em que tinha "investigado" o dossiê sobre Marcelo, ele na verdade era empregado como consultor por diversos grupos de defesa dos latifundiários. Além disso, em 2006 Siqueira foi preso como um dos onze líderes de um bando de madeireiros, fazendeiros e empresários acusados de extrair ilegalmente mais de 100 milhões de dólares de madeira nobre de uma reserva indígena no Mato Grosso entre 2000 e 2005. Em carta a um jornal local em seguida à sua prisão, Siqueira negou ter cometido algum crime, mas admitiu que fora contratado por organizações ruralistas que lhe pagaram para desafiar a legitimidade dos territórios indígenas que elas queriam explorar.[3]

Desde as audiências, Marcelo pelejara para se acostumar à vida fora da selva. Ele e Divina tinham comprado uma casa e alguns hectares de terra em Goiás. As únicas lembranças concretas de Rondônia eram os dois quadros de paisagens da selva penduradas na sala de estar. Seu falecido pai os pintara anos antes, durante uma visita à Reserva Nambiquara.

Como todos os vizinhos, Marcelo pendurou uma placa na entrada de sua propriedade que batizava a terra com um nome, como se fosse uma fazenda: ele a chamou de "A Divina". Na terra que fora desmatada para pastagem, ele plantou árvores.

A vida de um aposentado, por mais confortável que fosse, não combinava com Marcelo. Pouco depois de sair da Funai, ele aceitara um contrato com uma ONG chamada Instituto Socioambiental (ISA), que cuidava dos interesses das tribos da enorme Reserva do Xingu, no Mato Grosso. O trabalho exigia viagens constantes, que custavam muito mais esforço de um Marcelo de cinquenta anos do que em seus anos de juventude. Ele desenvolvera um delicado conjunto de complicações abdominais durante seus anos de selva, o que significava que uma simples expedição podia lhe custar ao menos dez quilos de sua já esguia compleição. Aquelas semanas longe de casa também pesavam sobre seu casamento com Divina — algo com que ele jamais tivera de se preocupar na sua temporada em Rondônia. O trabalho com o ISA logo se tornou muito penoso para ele. Ele e Divina concordaram que as viagens eram excessivas, e ele decidiu romper o contrato três meses antes do prazo de expiração. Mas não estava certo quanto ao que faria a seguir.

Marcelo não guardava rancor contra a própria Funai; sua ira ficara reservada para os que o difamaram durante as audiências. Observava o órgão a distância durante sua ausência e tinha ouvido tudo acerca da rusga de Sydney com Mércio Gomes através dos jornais e da cobertura televisiva. Ao saber que o lendário Sydney Possuelo fora demitido, a primeira coisa que lhe ocorreu foi: "Meu Deus, o Mércio tem que ter muito colhão para fazer uma coisa dessas". Não lhe passou pela cabeça que o emprego de Sydney pudesse cair no seu colo. Mas, quando a Funai lhe deu as boas-vindas de volta, com braços abertos, Marcelo e Divina decidiram que a mudança podia vir a calhar para eles. Era um emprego burocrático, sem trabalho de campo, de modo que ele não teria de viajar tanto.

Aceitar a oferta também lhe dava a oportunidade de cuidar de algo que lhe parecia um trabalho incompleto: o índio solitário do vale do Guaporé. Quando se mudou para Brasília em 2006, aquela se tornou a prioridade instantânea para Marcelo. Graças a correspondências periódicas com outros funcionários da Funai, Marcelo sabia que o caso tinha sido basicamente esquecido. Depois do incidente com Tunio e a flecha, o índio desaparecera. A maioria dos funcionários da Funai em Rondônia temia que ele tivesse se extraviado da zona interditada para dentro de um trecho de floresta que era alvo da exploração dos madeireiros. O perigo de confronto com um empregado de fazenda armado estava sempre presente. Achavam que o índio já devia estar morto.

Marcelo sabia que não podia fazer muito pelo índio em seu gabinete de Brasília. Precisava de alguém em Rondônia com o necessário conhecimento para trabalhar na selva e a experiência exigida para lidar com a complexa tarefa que permanecia inacabada depois de mais de uma década.

Altair Algayer estava vivendo em Minas Gerais, a muitos milhares de quilômetros a leste de Rondônia. Depois de sua controvertida demissão, ele conseguiu permanecer como funcionário contratado pela Funai estabelecido perto da cidade de Governador Valadares. Sua rotina diária em nada se parecia com o que fora durante os anos passados cuidando dos Kanoê e dos Akuntsu e procurando o índio solitário, mas seus chefes logo aprenderam a explorar o dom de Altair de se entender num instante com qualquer pessoa.

Os Maxakali, um grupo de índios aculturados em sua nova área de responsabilidade, tinham mergulhado fundo no alcoolismo. Era um fenômeno comum. Quando os presentes que atraíam os índios para o contato desapareciam por completo e eles se viam divididos entre dois mundos, nenhum dos quais era um ambiente perfeito, o vício era uma escapatória fácil. Na maioria dos postos locais da Funai era possível encontrar folhetos colados na parede lembrando às pessoas que era estritamente proibido comprar bebida alcoólica para os índios ou dar carona para eles até os bares. Esses folhetos tinham sido lançados tarde demais para ajudar os Maxakali, que costumavam vagar pelas cidades vizinhas para comprar bebidas de vendedores que lhes forneciam. Na época em que Altair chegou, os índios não queriam nada com a Funai.

Altair rompeu a barreira entre o órgão e a tribo. Depois de quase três meses de conversas pacientes e descontraídas com eles, Altair se tornou o primeiro agente da Funai a quem eles permitiam passar a noite em seu acampamento. Sem fazer sermão, ele tentava conversar com eles sobre as chances que tinham de se dedicar a algo mais saudável para sua vida do que a bebida. Convenceu alguns dos vendedores de bebidas a parar de explorar os índios. Ele não tinha curado o vício, mas pelo menos conseguira que eles se abrissem à oportunidade de ajuda.

O primeiro ato de Marcelo como novo diretor da Divisão de Índios Isolados foi telefonar para Altair e lhe oferecer o posto de chefe da Frente de Proteção Etnoambiental. Não foi uma escolha fácil para Altair, cujas duas filhas eram muito pequenas para se lembrar de Rondônia. Sua mulher Jussara tinha parentes em Governador Valadares e o casal fizera boas amizades por lá. Mas a chance de voltar a um emprego e a um lugar que ele amava exerceu um impacto profundo. Tal como Marcelo, ele acreditava que tinha um serviço para terminar no vale do Guaporé. Jussara apoiou a decisão de voltar porque isso significava muito para Altair.

Retornaram a Vilhena, e Altair estabeleceu a nova sede da Frente de Proteção no quintal a céu aberto de sua casa banhada pelo sol. Poucas semanas depois de seu regresso, Altair reunira — ou, em muitos casos, re-reunira — sua equipe. Paulo Pereira estava de volta, tornando-se efetivamente o número dois de Altair. Juntos, convenceram vários funcionários contratados que os tinham acompanhado em expedições anos antes a se juntar de novo a eles. Até mesmo Vincent Carelli, que estava morando em Olinda e passara os anos de interregno cuidando de seu projeto Vídeo nas Aldeias, se reintegrou ao caso. Começou a compilar antigas filmagens que fizera em suas expedições de 1996 a 2000 para criar um documentário que, esperava ele, despertaria a consciência no Brasil para as ameaças que o índio isolado enfrentava.

Antes de Altair lançar qualquer expedição nova, só restava uma ponta solta da equipe original: Purá Kanoê. Muita coisa acontecera aos Kanoê na ausência de Altair, e nem todas eram boas. A mãe de Purá, Tatuá, e o neto, o pequeno Operá, tinham desenvolvido graves casos de disenteria em 2002. Não se recuperaram. Ambos morreram, reduzindo a tribo a Purá e sua irmã Tiramantu. Os esforços de Purá em cortejar a jovem Akuntsu continuavam bloqueados pelo chefe Konibu, mas a atenuação do conflito entre os Kanoê e os Akuntsu gerara frutos inesperados. Tiramantu teve um filho. O pai era Konibu. O menino era criado como um membro pleno da tribo Kanoê. Seu nascimento restaurou a possibilidade de sobrevivência da tribo, ainda que frágil, por mais uma geração.

Pouco depois de Altair ter reencontrado a tribo, Purá aceitou sua oferta de acompanhar a nova equipe em expedições para tentar determinar se o Índio do Buraco ainda estava por lá, em algum lugar, sobrevivendo apesar de todas as dificuldades, ou silenciado por uma morte observada por ninguém.

Tanta coisa tinha acontecido aos integrantes originais da equipe desde que se reuniram pela primeira vez uma década antes: batalhas foram travadas e perdidas, reputações atacadas, famílias exterminadas e esperanças despedaçadas. Mas quase instantaneamente tudo voltou à estaca zero. Em 2006, Altair enfrentava um desafio notavelmente semelhante ao que ele e Marcelo enfrentaram com tanto entusiasmo em 1996: precisava provar a existência de um homem espectral que podia ou não estar vivo e — se bem-sucedido — proteger seu reduzido hábitat da destruição de uma vez por todas.

O índio solitário não fora visto desde a flechada de Tunio, e as expedições finais de Orlando sugeriram que, se ainda estivesse vivo, teria saído do local que fora temporariamente interditado. Mesmo que tivesse permanecido ali, a interdição havia expirado. Seria muita sorte encontrá-lo vivo. Mas, em setembro de 2006, Altair e equipe embarcaram numa jornada de três dias para tentar fazer exatamente aquilo.

Estavam no meio de sua expedição dentro da selva onde o índio fora visto por último pelo grupo de Orlando quando, perto do rio Tanaru, Altair encontrou uma série de gravetos partidos à altura do ombro.[4] As folhas nas extremidades partidas dos gravetos ainda estavam verdes. As feridas nos troncos de algumas árvores vizinhas, feitas para coletar látex, eram igualmente frescas. Pouco adiante ele encontrou uma oca que fora construída em algum momento dos últimos cinco meses.

Altair mal podia esperar para voltar a Vilhena e ligar para Marcelo. Pensando no quanto o amigo ficaria contente com a notícia, a sensação de *déjà-vu* de Altair foi substituída pela eletrizante compreensão de que a situação não era a mesma de uma década antes. Podia ser *melhor*. A Frente de Proteção Etnoambiental do Guaporé finalmente tinha uma chance real de oferecer proteção vitalícia para um homem que passara pelo menos dez anos sozinho e fugindo de ameaças quase constantes. Nos anos anteriores, suas tentativas de estabelecer algo mais do que uma proibição temporária da exploração madeireira — proibição que precisava ser sempre renovada e que era facilmente ignorada pelos latifundiários — sempre pareceram empacar dentro da sede da Funai. Mas agora Marcelo estava na posição perfeita para conduzir qualquer proposta através do labirinto burocrático em Brasília. Com Altair no campo e Marcelo no gabinete, eles formavam uma dupla formidável que poderia lutar a favor do índio solitário.

Se Altair conseguisse provar de forma mais sólida que o índio estava vivo e bem, Marcelo poderia se dedicar em Brasília a lançar mão de todos os recursos da Funai para protegê-lo. As circunstâncias eram ideais — como se, depois de anos de azar, eles estivessem numa maré de sorte.

Mas, diante da rapidez com que as coisas mudam na Funai, eles tinham de agir depressa para tirar proveito de sua melhor e, talvez, última chance de criar a única reserva indígena de um homem só em todo o mundo.

Enquanto Marcelo reunia uma década de papelada, Altair e equipe juntavam provas mais recentes na selva. Encontraram ocas e arapucas, rastros e milho plantado. O índio estava vivendo numa pequena clareira perto de um suprimento de água doce e um bom estoque de sementes e frutos comestíveis. Parecia estar com boa saúde, capaz de golpear fundo num tronco com um machado, o qual presumivelmente era um dos presentes que recolhera de Altair cerca de cinco ou seis anos antes.

As interdições temporárias que a Funai anteriormente conseguira compreendiam uma área de pouco mais de 32 quilômetros quadrados, embora cerca de metade da área estivesse desmatada, sobretudo por ação dos irmãos Dalafini da Fazenda Modelo. Quando Marcelo e Altair desdobraram seus mapas e demarcaram os pontos de suas ocas recém-descobertas, viram que o hábitat presente do índio parecia estar contido em uma área ligeiramente maior de floresta que se limitava com numerosas propriedades.

Em outubro de 2006, eles foram ao presidente da Funai, Mércio Gomes, com uma proposta formal de criação da Terra Indígena Tanaru, de cinquenta quilômetros quadrados, assim chamada por causa do rio que a atravessa. Sugeriam que, se a reserva fosse aprovada, a Frente de Proteção Etnoambiental do Guaporé estabeleceria um acampamento na fronteira do território e conduziria inspeções mensais para se certificar de que o índio estava vivo e bem. Em nenhuma circunstância tentariam interagir diretamente com o índio, escreveram eles, a menos que o próprio índio iniciasse contato. A reserva seria inútil se não conseguissem estabelecer condições não só de proteger a terra do índio, mas também de lhe garantir a paz.

Em Brasília, a direção do órgão federal não precisou debater demais aquela proposta. Embora Sydney tivesse assumido um interesse especial pelo caso do índio solitário antes de ser demitido, o conhecimento íntimo que Marcelo tinha da situação o tornava mais bem qualificado para apresentar um argumento convincente de que o homem estava em perigo e necessitava de proteção. A flechada de Tunio — um incidente célebre dentro da Funai — também tinha posto o caso em destaque. Marcelo não encontrou resistência quando classificou a proteção do índio como prioridade; a única questão era se o índio representava uma "tribo" que a Funai pudesse legalmente proteger. Após rever o caso, o encarregado jurídico do órgão emitiu sua opinião nas últimas semanas de 2006: "Um único indivíduo pode ser considerado um 'povo' se for o único remanescente de sua cultura e de seu grupo étnico e se for distinto da coletividade nacional em seus costumes e tradições", declarou Luiz Fernando Villares.[5]

Para aplacar a tentação de alguém simplesmente matar o índio para abrir suas terras à exploração, a diretora de questões agrárias da Funai preparou uma explanação para os fazendeiros locais: "A terra é propriedade da União e assim deve permanecer até o final da vida do índio", disse Nadja Bindá. "No caso de sua morte, a área continuará sendo propriedade da União."[6]

Com a pressão de Marcelo, o prazo burocrático habitual de um ano ou mais para a declaração de novos territórios indígenas foi evitado. Em janeiro de 2007, menos de um mês depois de Altair ter feito sua solicitação, o governo brasileiro a tornou oficial. Foram demarcados os limites da Terra Indígena Tanaru.

Depois de mais de dez anos de trabalho, tudo aconteceu muito depressa. A terra estaria aberta à revisão em alguns anos, mas Marcelo e Altair finalmente conseguiram estabelecer uma zona de proteção para um homem que eles de fato jamais conheceram.

A rapidez do desfecho pareceu um tanto anticlimática, e talvez tenha sido melhor assim. Era uma vitória, mas o que o índio tinha ganhado? Proteção, decerto, mas qualquer que fosse o montante de terra que reservassem para ele, não havia como trazer de volta o resto de sua tribo. Tudo o que podiam fazer era respeitar o direito que Marcelo identificara anos antes: o direito de morrer sozinho.

Enquanto o índio permanecesse na área de cinquenta quilômetros quadrados, acreditavam que estaria salvo. Da parte deles, resolveram nada fazer que o afugentasse.

Em cidades como Seul ou Tóquio, mais de 1 milhão de pessoas vivem num lote de terra de cinquenta quilômetros quadrados.[7] Em Manhattan e arredores imediatos, a mesma área abriga cerca de 2,5 milhões de pessoas. Se uma área de cinquenta quilômetros quadrados fosse povoada no mesmo índice das partes mais apinhadas de Hong Kong, cerca de 6,1 milhões de pessoas viveriam ali.

A Terra Indígena Tanaru tem a população de um habitante.

Entrada da Terra Indígena Tanaru

15. Nação de um homem só

Em 29 de maio de 2008, a Funai divulgou várias fotografias aéreas de um grupo de índios isolados no estado do Acre, perto da fronteira do Brasil com o Peru, feitas por José Carlos Meirelles — o sertanista que, dois anos antes, recusara o posto que Marcelo assumira. As fotografias mostravam os índios de pé, fora de suas ocas, cobertos de tinta vermelha brilhante de guerra e apontando arcos e flechas para o avião que transportava Meirelles. Depois que a Funai distribuiu as imagens e o comunicado de imprensa a agências de notícias brasileiras e a diversas ONGs internacionais, a organização Survival International, com sede em Londres, fez circular as fotos entre agências de notícias mundo afora com seu próprio comunicado de imprensa.[1]

Na época em que as fotos foram realizadas, o Peru estava debatendo se devia expandir a exploração de petróleo e de madeira perto de sua fronteira com o Brasil. Alguns argumentavam que isso prejudicaria os meios de vida de tribos indígenas isoladas que acreditavam viver nas proximidades. Outros, incluindo o presidente peruano Alan García, questionavam a própria existência das tribos.

"É como o monstro do lago Ness", disse Cecilia Quiroz, assessora jurídica da Perupetro, a agência estatal peruana responsável por conceder direitos de prospecção a empresas de energia. "Todo mundo parece ter visto ou ouvido falar de povos não contatados, mas não existem provas."[2]

Meirelles decidiu lhe dar as provas.[3] Como agente da Funai encarregado de tribos isoladas no Acre, ele catalogara quatro diferentes tribos vivendo perto da área fronteiriça. Suas terras já tinham sido interditadas, mas os territórios eram tão remotos e inacessíveis que até mesmo Meirelles fazia pouca ideia de onde exatamente as tribos podiam viver dentro daquelas áreas.

Ele alugou um avião Cessna por três dias e começou a sobrevoar a região, primeiro tentando encontrar as fronteiras não marcadas dos territórios protegidos dentro do trecho mais amplo de floresta intacta e, depois, em busca de algum vestígio de atividade tribal em tais áreas. No terceiro dia de sobrevoos, encontrou uma pequena aldeia de ocas cobertas de palha. A reação dos índios ao avião — arcos tesos apontados para o céu — era compreensível: aviões quase nunca voavam sobre aquela parte da selva. Meirelles disse achar possível que tais índios jamais tivessem visto um avião.

"Fizemos o sobrevoo para mostrar as casas deles, mostrar que estão lá, mostrar que existem", dizia Meirelles no comunicado de imprensa da Survival International. "Isso é muito importante, porque existem pessoas que duvidam de sua existência."

Da noite para o dia, as fotos deram a volta ao mundo. Jornais de todo canto publicavam as imagens da "Última tribo da Amazônia", e vários noticiários das redes de televisão mais assistidas dedicaram segmentos às fotografias. A maioria das notícias praticamente não incluía contextualizações sobre a própria tribo indígena, cuja existência era conhecida do governo brasileiro desde 1910. Vários relatos confundiam o conceito de tribo "isolada" ou "não contatada" — uma tribo que não mantém contato com forasteiros — com o de tribo "desconhecida", jamais vista.

Meirelles vivia num acampamento da Funai a sete horas de barco da cidadezinha mais próxima, e os repórteres só conseguiram entrevistá-lo um mês depois. A televisão Al Jazeera viajou até o Acre e se sentou com ele. Meirelles repetiu muitas informações já incluídas nos comunicados de imprensa, inclusive o fato de que ele e outros indigenistas sabiam havia anos da existência da tribo.

Depois desse relato, o jornal londrino *The Observer* publicou uma matéria com o título: "Segredo da tribo perdida que não era perdida".[4] Usando o material da Al Jazeera como fonte primária, *The Observer* descreveu a "revelação" de que Meirelles "admitia" que a existência da tribo já era conhecida. A Survival International "reconhecia" a mesma coisa, afirmava o artigo.

Não se mencionava o fato de que nem Meirelles nem a Survival International jamais tivessem afirmado coisa diferente.

Quase instantaneamente, os serviços telegráficos, as estações de televisão e os jornais internacionais aderiram à premissa do *Observer* sem fazer investigações adicionais, e alguns até deram um passo adiante. A Associated Press divulgou uma matéria que repetia a sugestão do *Observer* de que as fotos de Meirelles eram parte de uma armação. A agência de notícias chinesa Xinhua distribuiu seu próprio material sob o título "Fotos da última tribo amazônica são falsas".[5] Incontáveis sites da internet, do *Drudge Report* ("Nova tribo amazônica é armação") ao *Huffington Post* ("ARMAÇÃO: a última tribo amazônica que não o era"), questionavam a credibilidade de Meirelles e, por conseguinte, exacerbavam o mal-entendido que ele vinha tentando corrigir.

Levou mais um mês para *The Observer* se desculpar, quando seu *ombudsman* escreveu que o jornal, naquele caso, "faltara com seu dever" de evitar publicar informação imprecisa, errônea ou distorcida.[6] Àquela altura, a hipótese da armação já se difundira amplamente, e poucas agências de notícias se apressaram em retomar o assunto pela terceira vez para esclarecer uma história que já tinham "corrigido" um mês antes.

Meirelles e o punhado de outros sertanistas brasileiros se viram na habitual postura defensiva, acusados de povoar a floresta com ficções de sua própria imaginação.

No meio da controvérsia, duas semanas depois de a reportagem do *Observer* ter lançado dúvidas sobre o relato da Funai, Odair Flauzino se sentava atrás da mesa dele em seu escritório no centro de Vilhena. Descartou o caso como mais um exemplo da conspiração da parte do que chamava de "máfia verde" contra os latifundiários brasileiros. A Funai fazia isso o tempo todo, disse ele. Era o *modus operandi* da entidade.

"Em outros países, eles respeitam os direitos de propriedade, mas aqui não se tem respeito pela propriedade", disse Flauzino.[7] "Os direitos de propriedade não têm importância aqui. Os direitos dos índios vêm primeiro. Depois, os direitos sociais. Essas coisas vêm *antes* dos direitos de propriedade."

Longe dali, ia tomando forma uma monumental batalha jurídica sobre os limites da já existente Terra Indígena Raposa Serra do Sol, em Roraima.[8] Depois de anos de oposição de combatentes como Antônio Feijão, o ex-minerador e deputado que conduzira a CPI contra Marcelo, o Supremo Tribunal Federal anunciou que poria em pauta a discussão sobre se os limites do território poderiam ser alterados para permitir a agropecuária, a mineração e outros empreendimentos comerciais. Os críticos da reserva alegavam que, como os fazendeiros tinham títulos de propriedade dentro da reserva antes que ela fosse demarcada, era direito constitucional deles explorá-la. Se o STF julgasse a favor deles, seria aberto um precedente jurídico. Mais de uma centena de reservas indígenas pendentes no Brasil — incluindo o território do Tanaru — ficariam vulneráveis a contestações semelhantes.

Todos os sertanistas que tinham passado anos na selva montando expedições que levassem à proteção do território aguardavam a decisão com ansiedade.

Finalmente, em dezembro de 2008, após adiar o veredicto para exames mais aprofundados, os ministros do Supremo decidiram a favor da manutenção dos limites da reserva já existentes.

"Com essa decisão, o Brasil vai se olhar no espelho da história e não mais vai corar de vergonha", disse Carlos Ayres Britto, um dos ministros.[9]

À noite, no acampamento da Funai no Tanaru, a lua briga para lançar as copas numa esteira de brilho prateado, e as folhas cintilam como se fossem cobertas por uma fina camada de luz. De vez em quando, dos córregos que ladeiam o acampamento vem o coaxar de um sapo-boi. Quando é lua cheia, bacuraus com asas de foice cantam uma simples pergunta e resposta nas árvores. Mas, à medida que a noite se estende, suas vozes se calam e o que resta é um profundo silêncio. Durante a estação das chuvas, quando as nuvens bloqueiam a lua, a escuridão sob o teto do barracão pode parecer sufocante. Os bacuraus ficam quietos. A umidade penetra até a cobertura de palha mais bem trançada. Formam-se gotículas entre as teias de aranha, delineando a parte inferior da tecelagem, ganhando peso. O tempo se mede em pingos irregulares. Numa escuridão tão absoluta, é fácil imaginar-se perfeitamente isolado, esquecer que alguém mais está dormindo em outra rede a poucos metros de distância.

O barracão não tem paredes, só o teto, que se apoia em vigas de madeira cortadas e erguidas em 2005 por Orlando Possuelo, que agora trabalha com o pai no comando de uma ONG de defesa chamada Instituto Brasileiro Indigenista. Mas os vários outros que colaboraram para a criação da reserva podem reivindicar parceria na construção do barraco. Ele é frágil, precário e vulnerável

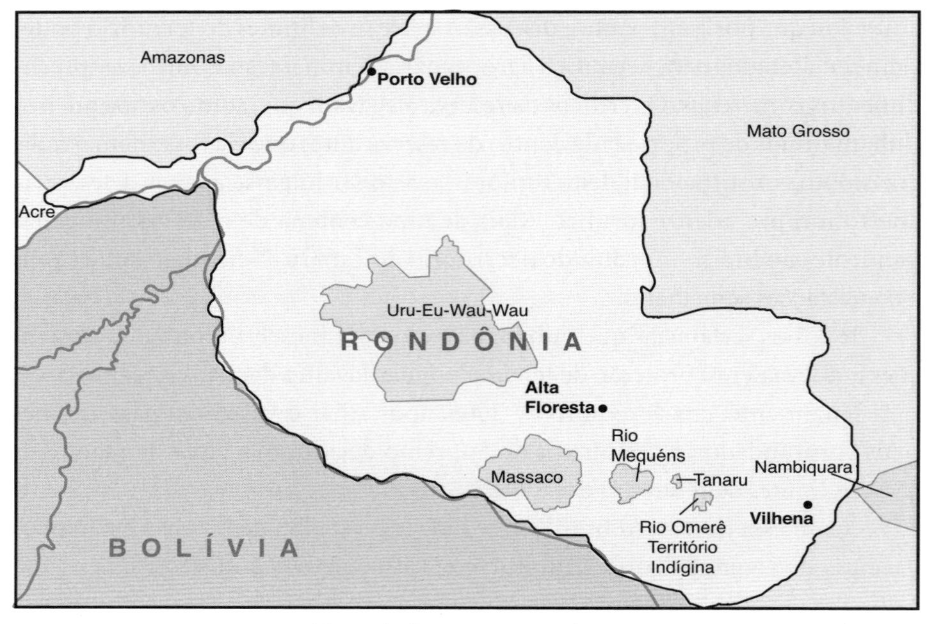

Terras indígenas em Rondônia

aos ventos temperamentais — mas para qualquer um dos envolvidos representa muito mais do que um modesto conjunto de pau e palha. Todos se orgulham dele, e periodicamente telefonam para a Frente de Proteção Etnoambiental do Guaporé para se certificar de que ainda está de pé, literal e figuradamente.

Marcelo se aposentou da Funai em 2007 por causa de seus recorrentes problemas abdominais e se mudou com Divina de volta para sua casa em Goiás. Poucos meses depois de aposentado, sua saúde reagiu bem e ele descobriu de novo que não era feito para uma vida de ócio. Telefonou mais uma vez para a Funai e ofereceu seus serviços na base de prestação de serviços quando necessário.

Se ele ou qualquer outra pessoa quiser ficar em dia sobre a situação do índio solitário em Rondônia, o ponto de contato é Altair Algayer, encarregado de monitorar o território protegido do Tanaru. Vincent, de sua casa em Olinda, mantém contato regular com Marcelo e Altair. Em 2009, ele lançou um filme chamado *Corumbiara* num festival em São Paulo. O documentário usava filmagens das expedições da equipe para enfatizar as ameaças permanentes aos índios de Rondônia, inclusive ao Índio do Buraco.

Cerca de uma vez por mês, Altair e os novos integrantes da Frente de Proteção Etnoambiental dormem no acampamento e fazem incursões diárias na floresta em busca de vestígios que sugiram que o índio está vivo e bem dentro da Terra Indígena Tanaru. Altair para com frequência no acampamento do rio Omerê para apanhar Purá Kanoê, que raramente deixa passar a chance de explorar a terra.

Enquanto o Supremo Tribunal Federal estava deliberando sua decisão a respeito da viabilidade da reserva em Roraima, Purá abotoou sua camisa de colarinho, puxou o zíper da calça jeans, calçou suas botas de caubói de cano alto e saltou para dentro do Toyota de Altair para acompanhá-lo numa viagem ao acampamento Tanaru. Depois de passar a noite no barracão da Funai, eles e outros dois agentes caminharam através da selva e encontraram um corte para extração de mel a cerca de 1,5 quilômetro do acampamento. Fungos já tinham começado a brotar na incisão; não era recente. Altair examinou o chão à cata de pegadas e não achou nenhuma, embora tenha encontrado alguns gravetos quebrados e seguido sua trilha por algum tempo, caminhando devagar e em silêncio com os outros atrás de si. Após andar por alguns minutos, ele levantou o olhar e viu o índio solitário de pé, cerca de doze metros à sua frente.

O índio estava de costas para eles e não os ouviu se aproximar. Altair se virou para os outros e levou um dedo aos lábios. Observaram o índio reunir frutas derrubadas pelo vento. Ele se inclinava, dava várias mordidas numa fruta, jogava-a fora e logo se inclinava para apanhar outra. Coletou as frutas uma a uma, dando mordidas em cada uma e logo dando alguns passos para agarrar outra.

Altair tirou a câmera do estojo e bateu algumas fotos, mas o foco automático se limitava à vegetação em primeiro plano. Ele deu a volta em torno da clareira de frutas para obter uma imagem mais nítida, e o índio o viu.

Altair baixou a câmera e eles ficaram de pé por um instante, frente a frente. O índio não vestia nada além de uma tanga. Na corda que envolvia sua cintura, trazia o facão pendurado. Altair reconheceu o cabo do facão, que tinha uma base de madeira e uma ponta de alumínio. Era o mesmo facão que ele deixara fora de uma das ocas do índio havia mais de sete anos.

Enquanto estavam de pé se observando, o índio se virou e percebeu Purá, que tomara o cuidado de ficar para trás, cauteloso como sempre, enquanto Altair dava a volta na clareira. O índio olhou para Purá e logo de volta para Altair. O índio não correu. Caminhou alguns metros até onde cravara outro facão no solo e o puxou. Em seguida, deu as costas para eles novamente e foi embora.

Eles ficaram em silêncio, vendo-o desaparecer.

Em vez de seguir, preferiram ir embora.

Altair marcou o lugar em seu GPS e mapeou um curso direto de volta ao barraco da Funai. Enquanto seguiam a trilha, toparam com uma minúscula oca que parecia ter sido abandonada. A cerca de cem metros dela, havia uma pequena plantação que fora queimada umas duas ou três semanas antes. Dentro da clareira se erguia outra oca, maior e mais sólida que a primeira. Altair reconheceu o padrão: o índio construíra a primeira como moradia provisória, onde viveu enquanto levantava a segunda. Cascas de mamão recém-descartadas jaziam do lado de fora da entrada da oca, e ali perto estava uma fogueira para assar carne e uma carapaça de tatu torrada.

Não se demoraram ali. Altair deixou babata-doce e milho e retomaram o trajeto até seu acampamento. Tinham feito o que precisavam fazer: confirmar que o índio estava vivo dentro dos limites da reserva.

Mais tarde, Mario Canaá, um dos outros dois agentes que acompanharam Altair e Purá, balançou a cabeça, admirado com o que tinham acabado de vivenciar. "Ele estava logo ali!", disse ele, "bem diante de nós!"

Ficou calado por um instante e depois disse: "Se tivéssemos corrido atrás dele, acho que poderíamos tê-lo agarrado. Ele não tinha arco nem flecha consigo".

Altair reconheceu algo de familiar nessas palavras, a mesma dúvida que, mais cedo ou mais tarde, cutucava todos os que tinham se envolvido naquela fábula longa e sinuosa. Era a irresistível ansiedade por resolver o mistério, estender a mão e — pela força, se preciso — agarrar as respostas, danem-se as consequências.

Como todos os demais que tinham passado tempo suficiente no encalço daquele índio, Altair concluíra que, num mundo em que as fronteiras se dissipavam, o mistério em si mesmo valia mais que a solução.

Sempre haveria recém-chegados, novas gerações de legisladores e juristas, fazendeiros e madeireiros, burocratas e agentes de campo, todos que teriam de mergulhar na história e chegar às suas próprias conclusões. Toda decisão era temporária, e todo decreto podia ser revogado num instante.

O debate jamais estaria concluído enquanto um homem, por razões que ninguém conseguia de todo expressar, continuasse a fazer uma escolha que parecia inteiramente honrosa e autenticamente humana. Ele escolhera sobreviver.

Agradecimentos

Este livro não poderia ter sido escrito sem o auxílio de muitas das pessoas que aparecem em suas páginas. Sou grato a cada um que generosamente dedicou seu tempo às entrevistas e tolerou minhas perguntas com paciência.

Um agradecimento especial vai para Vincent Carelli, que me permitiu acesso a seu estúdio e amplo arquivo de vídeos inéditos. Essas muitas horas de filmagens se revelaram inestimáveis, permitindo-me descrever expedições com muito mais pormenores do que teria sido possível através somente de entrevistas de reconstrução.

Também consultei dezenas de relatórios de campo preparados pela Funai e pelos integrantes da Frente de Contato do Guaporé (mais tarde renomeada como Frente de Proteção Etnoambiental do Guaporé). Esses relatórios forneceram mais detalhes das expedições, desde rotas principais e condições climáticas até — em alguns casos — os pensamentos e especulações dos exploradores no momento de suas jornadas.

Outras descrições no livro se baseiam em minhas próprias visitas às cidades e selvas de Rondônia. Eu estaria perdido sem Fred Alves, que ao longo de três anos me acompanhou por todo o Brasil e me ajudou a conseguir e conduzir várias das entrevistas que entraram neste livro. A assistência de Raquel Sacheto em Brasília também se revelou inestimável.

Entre as pessoas entrevistadas para o livro, eu gostaria de agradecer especificamente, por seu *insight* e sua colaboração, a: Marcelo dos Santos e sua mulher, Divina; Altair Algayer e família; Sydney e Orlando Possuelo; Wellington Gomes Figueiredo; Paulo Pereira; Adriano Soares Camargo; Reginaldo Aikna; todos os membros das tribos Kanoê e Akuntsu, especialmente Purá Kanoê; Laercio Nora Bacelar; Inês Hargreaves; Newton Pandolpho; Francisco Marinho; Odair Flauzino; Jaime Bagattoli; Fiona Watson; Nicholas Epley e Andrea Tonacci.

Ouvi falar do índio solitário pela primeira vez em 2005, quando conheci Sydney e Orlando Possuelo enquanto trabalhava como correspondente sul-americano do *Washington Post*. Sou grato pelo apoio de vários editores do jornal que estimularam meu interesse na história, particularmente Phil Bennett, David Hoffman, Jason Ukman e Sydney Trent. Meu agente, Larry Weissman, defendeu este livro desde o começo, e sempre serei grato pelo entusiasmo e *feedback* dele e de sua mulher, Sascha Alper. Em Buenos Aires, Eric Eason leu uma primeira versão e ofereceu valiosas sugestões. Na Scribner, o lápis certeiro da editora Samantha Martin e suas sugestões perspicazes fizeram deste um livro muito melhor do que seria sem ela. Um grande obrigado também vai para o revisor William D. Drennan, cuja meticulosidade me poupou de vários erros.

Meus agradecimentos mais amorosos vão para minha mulher, Mei-Ling Hopgood, e o resto de minha família — meus pais, irmãos e irmã —, merecedores todos eles de uma gratidão muito maior do que eu jamais poderia expressar aqui.

Notas

PRÓLOGO [pp. 11-2]

1. O cenário e os detalhes do prólogo foram compilados de filmagens em vídeo inéditas feitas pelo assistente de Vincent Carelli durante uma expedição da Frente de Contato Guaporé em dezembro de 1996.

1. A OCA [pp. 15-28]

1. A Divisão de Índios Isolados da Funai foi criada oficialmente em 1987. Na hierarquia do governo federal brasileiro, a Funai se encontra sob a tutela do Ministério da Justiça.

2. O artigo 231 da Constituição de 1988 declara: "São reconhecidos aos índios sua organização social, costumes, línguas, crenças e tradições, e os direitos originários sobre as terras que tradicionalmente ocupam, competindo à União demarcá-las, proteger e fazer respeitar todos os seus bens. São terras tradicionalmente ocupadas pelos índios as por eles habitadas em caráter permanente, as utilizadas para suas atividades produtivas, as imprescindíveis à preservação dos recursos ambientais necessários a seu bem-estar e as necessárias a sua reprodução física e cultural, segundo seus usos, costumes e tradições. As terras tradicionalmente ocupadas pelos índios destinam-se a sua posse permanente, cabendo-lhes o usufruto exclusivo das riquezas do solo, dos rios e dos lagos nelas existentes". E a Constituição prossegue, afirmando: "É vedada a remoção dos grupos indígenas de suas terras, salvo, *ad referendum* do Congresso Nacional, em caso de catástrofe ou epidemia que ponha em risco sua população, ou no interesse da soberania do país, após

deliberação do Congresso Nacional, garantido, em qualquer hipótese, o retorno imediato logo que cesse o risco".

3. A floresta equatorial amazônica se estende por nove países: Brasil, Peru, Colômbia, Venezuela, Equador, Bolívia, Guiana, Suriname e Guiana Francesa. Diferentes organizações e entidades definem suas fronteiras de maneira diferente. As estimativas de tamanho em geral variam de 4 milhões de quilômetros quadrados [um número usado em diversas fontes, incluindo o livro de Mark London e Brian Kelly, *The last forest: The Amazon in the age of globalization*, Nova York: Random House, 2007, p. 21 (ed. brasileira: *A última floresta: A Amazônia na era da globalização*, São Paulo, Martins, 2007)] a 5 milhões de quilômetros quadrados (número usado por Mongabay.com, um compêndio na internet das informações relacionadas às florestas tropicais, que pode ser encontrado em www.rainforests.mongabay.com), a 5,8 milhões de quilômetros quadrados (número usado por Andrew Revkin em seu livro *The burning season: The murder of Chico Mendes and the fight for the Amazon rain forest*, Boston: Houghton Mifflin, 1990, p. 7). Seja qual for o tamanho estimado, as fontes concordam que a maior parte da floresta amazônica (cerca de 60%) se encontra no Brasil.

4. Depois de obter a necessária aprovação burocrática, o trecho de terra de 310 quilômetros quadrados foi designado oficialmente como território indígena em julho de 1996.

5. Obviamente, as populações nativas vinham explorando as profundezas da região muito tempo antes de os primeiros europeus colocarem os pés na Amazônia. A primeira grande exploração europeia da Amazônia foi lançada em 1541, quando Francisco de Orellana e sua tripulação percorreram o rio Amazonas até o oceano Atlântico.

6. Muitos detalhes dessa viagem foram extraídos de horas de filmagem em vídeo, não editadas, gravadas por Vincent Carelli, que acompanhou Marcelo e Altair nessa viagem de 1996, bem como das impressões de cada um acerca do trajeto.

7. Há pouco consenso sobre o número. A mídia registra que várias organizações científicas e ecológicas situam o número em algum ponto entre "ao menos 30%" (Associated Press, 10 de agosto de 2007), a "mais de um terço" (revista *Smithsonian*, 1º de janeiro de 2008, p. 78), a "quase metade" (*Baltimore Sun*, 23 de abril de 1998, p. 2A).

8. O apelido circulava havia anos e foi usado como título de um filme de 1948 sobre aventureiros na Amazônia dirigido por James Whale e estrelado por Douglas Fairbanks Jr. Mais tarde, em 22 de abril de 1966, a revista *Time* publicou uma reportagem intitulada "Progress in the Green Hell" (Progresso no Inferno Verde), descrevendo a Amazônia como "uma terra de selva e desespero esquecida e desamparada". A matéria previa um futuro cor-de-rosa para a região na forma de construção de estradas e progresso industrial "que está inundando a Amazônia como uma enxurrada de primavera. O Inferno Verde brasileiro está despertando de seu sono secular. Novas estradas estão sendo rasgadas interior adentro, edifícios brotam, novas escolas e hospitais escancaram suas portas para o empobrecido caboclo (camponês amazônico)".

9. Antes de ser declarado estado autônomo em 1981, Rondônia tinha o estatuto de Território Federal de Rondônia (1956), anteriormente Território Federal do Guaporé (1943), formado com porções dos estados do Amazonas e do Mato Grosso.

10. Ver capítulo 3 para detalhes sobre essa afluência.

11. Nos anos que se seguiram a 1996, a cidade se estabeleceu como uma parada obrigatória na rodovia RO-391. Segundo o IBGE, a população da cidade em 1º de julho de 2008 era de 7633 habitantes.

12. A informação sobre o borrifamento e os galões do produto químico recolhidos pelos índios provém do livro de David Price, *Before the bulldozer: The Nambiquara indians and the World Bank*. Cabin John, Md.: Seven Locks Press, 1989, p. 120.

13. No mês de setembro do ano anterior, um grupo de latifundiários com propriedades na área próxima às aldeias Kanoê e Akuntsu tinha contratado Odair Flauzino para representá-los e contestar a demarcação do território. Flauzino criticou abertamente o trabalho da Frente de Contato em numerosos textos publicados em jornais de 1995, incluindo uma reportagem de 13 de setembro de 1995 em *O Estado de S. Paulo*, intitulada "Advogado contesta presença de índios em Rondônia".

14. Muitos detalhes da descrição do encontro entre a Frente de Contato e os Kanoê — tanto visuais quanto auditivos, incluindo todo o diálogo relatado — foram captados por Carelli num vídeo que eu consultei.

15. Um relato pormenorizado desse ataque se encontra no livro de Adrian Cowell, *Decade of destruction*. Nova York: Henry Holt, 1990, p. 115.

16. Essa é uma das muitas histórias parecidas de confrontos entre índios e outros segmentos da população brasileira relatadas no livro de John Hemming, *Die if you must: Brazilian indians in the twentieth century*. Londres: Pan Macmillan, 2004, p. 577. O livro de Hemming é o terceiro de uma trilogia de obras sobre os índios do Brasil [os outros são *Red gold* (ed. brasileira *Ouro vermelho: A conquista dos índios brasileiros*, São Paulo, Edusp, 2008) e *Amazon frontier* (ed. brasileira *Fronteira amazônica*, São Paulo, Edusp, 2009)].

17. O número provém de um perfil de Sydney Possuelo escrito por Paul Raffaele e que foi publicado na edição de abril de 2005 da revista *Smithsonian*.

18. Depois de concluir que a língua era kanoê, a Funai encontrou um homem idoso chamado Monunzinho que vivia numa reserva indígena em outra parte de Rondônia. Monunzinho falava português e um dialeto kanoê e estivera entre os Kanoê expulsos da região por seringueiros mais de cinquenta anos antes.

19. Michael S. Serill, "An Amazon discovery: indian workers find a couple in the rain forest who speak no known language — are they a new people?", *Time*, vol. 146, 2 de outubro de 1995.

20. Essa informação lhes veio gradualmente, à medida que a Funai enviava diversos tradutores aos dois grupos para recolher testemunhos. Confirmei a informação folheando transcrições das conversas dos tradutores com membros das tribos.

21. Quando topava com uma porteira trancada, a Frente de Contato tinha de pedir um mandado aos procuradores federais em Porto Velho. Dezenas de relatórios protocolados por Marcelo no Ministério da Justiça naqueles anos confirmam que a experiência era frustrantemente comum para os integrantes da Frente de Contato.

22. A descrição detalhada da madeireira e da entrevista com Gilson provém dos vídeos de Carelli.

23. A indústria madeireira continua sendo o principal elo de Rondônia com o mercado internacional. A madeira responde por mais de 80% das exportações do estado, segundo o IBGE.

24. Todo o diálogo, citado ou parafraseado, provém dos vídeos de Carelli, e as descrições físicas da descoberta da oca provêm de vídeos e de entrevistas com os que estavam presentes.

2. TORNANDO-SE UM NATIVO [pp. 29-46]

1. A descrição física de Apoena e os detalhes sobre Francisco provêm do livro de John Hemming, *Die if you must: Brazilian indians in the twentieth century*. Londres: Pan Macmillan, 2004.

2. "Funai's subcontracted research", *Cultural Survival Newsletter* 4:4, outono de 1980, pp. 5-6.

3. O inquérito está resumido no livro de Shelton H. Davis, *Victims of the miracle: Development and the indians of Brazil*. Cambridge, Reino Unido: Cambridge University Press, 1977, p. 10.

4. *Ibid.*

5. *Ibid.*

6. *Ibid.*

7. David Price, *Before the bulldozer: The Nambiquara indians and the World Bank*. Cabin John, Md.: Seven Locks Press, 1989.

8. Claude Lévi-Strauss, "South American indians", *Handbook of South American Indinas*, vol. 3: *The tropical forest tribes*. Nova York: Cooper Square Publisher, 1963.

9. Carta de Marcelo dos Santos a Louis Fernanelez, 17 de abril de 1983, tal como citada em Prince, p. 202.

10. Um panorama da situação em que a tribo — e Marcelo — se encontravam se acha em *"The indigenous people of Brazil": Hearing before the Subcommittee on Western Hemisphere Affairs of the Committee on Foreign Affairs*, House of Representatives, 103rd Cong., 1st sess., 14 de julho de 1993.

11. Algumas descrições da viagem provêm dos relatórios oficiais da Funai fornecidos pelo escritório do Ministério da Justiça em Porto Velho.

12. As descrições detalhadas do acampamento e das ações das pessoas ali presentes provêm de vídeos feitos por Carelli. Eu também acampei no rio Omerê diversas vezes durante visitas em 2007 e 2008.

13. Vídeo de VC.

14. *Ibid.*

15. As descrições no acampamento dos Kanoê provêm de uma combinação de vídeos filmados por Carelli e de relatórios oficiais de expedição obtidos no Ministério da Justiça. Todo o diálogo incluído entre as páginas 41 e 45 é extraído diretamente das trilhas de áudio gravadas por Carelli.

16. De relatório de expedição da Funai.

17. O trecho citado provém dos relatórios de expedição da autoria de Marcelo dos Santos.

3. UMA TERRA SEM HOMENS [pp. 47-60]

1. É possível encontrar em inúmeras fontes descrições da campanha de povoamento de Rondônia. Minhas descrições nas pp. 47-8 se apoiam no livro de Hemming, *Brazilian indians in the twentieth century*. Londres: Pan Macmillan, 2004, e no de Davis, *Victims of the miracle: Development and the indians of Brazil*. Cambridge, Reino Unido: Cambridge University Press, 1977.

2. O programa é detalhado no livro de Gabriel A. Ondetti, *Land, protest, and politics: The Landless Movement and the struggle for agrarian reform in Brazil.* University Park: Pennsylvania State University Press, 2008, p. 63. Para descrever a campanha de colonização, também consultei o livro de Riordan Roett, *Brazil: Politics in a patrimonial society.* Westport, Conn.: Praeger Publishers, 1999, p. 190.

3. O efeito das melhorias das estradas sobre as viagens provém de Michael Williams, *Deforesting the Earth: From prehistory to global crisis.* Chicago: University of Chicago Press, 2002, p. 470.

4. A citação provém da entrevista do autor com Bagattoli.

5. Hemming, p. 306.

6. Jonathan Krandall, *Passage through El Dorado.* Londres: William Morrow, 1984, p. 132.

7. De um relatório de progresso publicado pelo Banco Mundial, 1997, Planafloro Project. Relatórios suplementares detalhando a rapidez do desmatamento e que foram consultados: "Cutting down deforestation in the Brazilian Amazon", preparado pelo Ministério do Meio Ambiente brasileiro para a 13ª Conferência das Nações Unidas sobre Mudança Climática, dezembro de 2007; Daniel Nepstad, "The costs and benefits of reducing carbon emissions from deforestation and forest degradation in the Brazilian Amazon", Woods Hole Research Center, preparado para o Painel das Nações Unidas sobre Mudança Climática, dezembro de 2007.

8. A questão dos empréstimos agrícolas em Rondônia é abordada por Williams, p. 470.

9. Entrevista feita pelo autor.

10. Encontrei-me com Flauzino em 2008 e ele me repetiu esse argumento enquanto contestava as descobertas da Funai.

11. Charles C. Mann, *1491: New revelations of the Americas before Columbus.* Nova York: Vintage, 2006, p. 317.

12. Um panorama dessa descoberta se encontra na reportagem "Women's Lib, Amazon style", *Time*, 27 de dezembro de 1971.

13. As descrições físicas foram coletadas pelo autor durante visitas à fazenda.

14. Os integrantes da Frente de Contato relataram ter encontrado as porteiras da Fazenda Modelo trancadas em vários relatórios da Funai entre 1996 e 2000, fornecidos pelo Ministério da Justiça.

15. As descrições desse incidente provêm dos vídeos de Carelli. Quando se encontraram com Dalafini nesse dia, Vincent levava no bolso da camisa uma pequena câmera que registrou o encontro através de um orifício no tecido.

16. Um relato do massacre de Corumbiara se encontra em Ondetti, *Land, protest, and politics*, p. 64. A Anistia Internacional também publicou um relatório sobre isso intitulado "Brazil: Corumbiara and Eldorado de Carajás: Rural violence, police brutality and impunity", 19 de janeiro de 1998.

17. Dos vídeos de Carelli.

18. Entrevista com o autor.

19. Em seu livro *Indigenous struggle at the heart of Brazil*, Durham, N.C.: Duke University Press, 2001, Seth Garfield descreve as tentativas de Nobre da Veiga de subornar tribos para garantir que elas permanecessem dependentes da Funai. Na p. 200, Garfield escreve sobre o reinado de Nobre da Veiga: "Para a direção da Funai, a importância de desarmar as reivindicações indígenas por terras e assegurar o poder do Estado superava de longe a eliminação da dependência".

20. Schmink e Wood, p. 92.

21. David Price, p. 142.

22. Foi nessa época que Carelli filmou Marcelo pela primeira vez. Em seu acervo, ele guarda filmagens da primeira vez em que Marcelo e Flauzino se viram frente a frente, nessa estrada de terra, em 1986 — um encontro descrito nesta seção.

23. Carelli gravou o encontro de Sydney com as pessoas do lugar em 1996.

24. *Ibid.*

25. *Ibid.*

26. Luiz Bittencourt, "The importance of the Amazon vasin in Brazil's evolving security agenda", em Tulchin e Golding (orgs.), *Environment and security in the Amazon basin.* Washington, DC: Woodrow Wilson Center Reports on the Americas, nº 4, p. 71.

27. A fala de Roosevelt é citada em Jared Diamond, *The rise and fall of the third chimpanzee.* Nova York: Vintage, 2002, p. 278 [ed. brasileira *O terceiro chimpanzé: A evolução e o futuro do ser humano,* Rio de Janeiro: Record, 2011].

28. Theodore Roosevelt, *Through the Brazilian wilderness.* Teddington, Reino Unido: Echo Library, 2007, p. 80.

29. Os resultados da sondagem foram relatados por Larry Rother no *New York Times* em "In the Amazon: Conservation or colonialism?", 27 de julho de 2007, p. 4.

30. Alcida Rita Ramos escreve sobre a controvérsia em torno da série de artigos do jornal em seu livro *Indigenism: Ethnic politics in Brazil.* Madison: University of Wisconsin Press, 1998, p. 177.

31. Entrevista ao autor.

4. A ALDEIA [pp. 61-76]

1. A citação vem escrita tal como recordada por Francisco Marinho e Marcelo dos Santos durante entrevistas com o autor.

2. O diálogo provém de fitas gravadas durante um encontro que Marcelo e Vincent tiveram com Luiz Cláudio em Porto Velho.

3. Fitas de Carelli.

4. Descrições e diálogos nesta seção provêm das fitas de Carelli; algumas descrições do clima e do cenário foram extraídas de relatórios de expedições da Funai fornecidos pelo Ministério da Justiça.

5.Fitas de Carelli.

6. *Ibid.*

7. John Hemming, p. 63.

8. A cidade mudou consideravelmente desde meados dos anos 1990. As descrições oferecidas aqui vêm de uma mescla de arquivos de filmes de vídeo e fotografias, lembranças de visitantes à cidade em meados da década de 1990 e de minhas próprias viagens pela cidade uma década depois.

9. Vídeos de Carelli.

10. *Ibid.*

11. Mesmo hoje, a ampla maioria dos políticos — incluindo o governador e os senadores de Rondônia — é de latifundiários que chegaram ao estado como empresários agrícolas.

5. O AMBIENTALISTA ACIDENTAL [pp. 77-95]

1. O número é extraído de um censo brasileiro que citei numa reportagem para o *Washington Post*, "Evangelicals eyed in Brazil", 3 de fevereiro de 2007.

2. A citação está reproduzida conforme recordação de Altair Algayer.

3. David Price, p. 21.

4. Carol J. Pierce, Douglas Shell e Misa Kishi, *Forests and human health: Assessing the evidence.* Jacarta: Center for International Forestry Research, 2006, p. 50.

5. John Hemming, p. 33.

6. Conforme lembrado por Altair Algayer.

7. Todo o diálogo nesta seção provém das fitas de Carelli, e as descrições físicas vêm do vídeo e dos relatórios da expedição.

8. Hein Van der Voort, *A grammar of Kwaza.* Ossining, NY: Mouton de Gruyter, 2004, p. 2.

9. A história antropológica da região foi compilada de múltiplas fontes, incluindo o livro de Van der Voort e dois diferentes relatórios antropológicos: Denise Maldi Meireles, "Populações indígenas e a ocupação história de Rondônia" (1996), e Virgínia Valdão, "Laudo antropológico — índios isolados do Igarapé Omerê", Centro de Trabalho Indigenista (dezembro de 1996).

10. Entrevista do autor com Van der Voort.

11. A história dos Kanoê provém de entrevistas do autor com Bacela e da *Enciclopédia dos povos indígenas do Brasil*, on-line, publicada pelo Instituto Socioambiental.

12. A citação vem reproduzida tal como lembrada por Altair Algayer e Bacela.

13. Todos os diálogos e descrições do encontro de 6 de dezembro de 1996 provêm de vídeos filmados pelo assistente de Carelli, de relatórios de expedição da Funai escritos por Altair e Marcelo, e de entrevistas com as pessoas presentes.

6. JANELAS PARA O MUNDO DELE [pp. 96-115]

1. As descrições de Purá confeccionando flechas foram reunidas de minhas próprias observações durante visitas à aldeia Kanoê.

2. Conforme lembrança de Altair.

3. John Hemming, *Die if you must: Brazilian indians in the twentieth century.* Londres: Pan Macmillan, 2004.

4. Hemming, p. 229.

5. Alguns pormenores desta seção foram reunidos durante minha própria viagem de coleta de mel com Purá em 2007.

6. Charles C. Mann, *1491: New revelations of the Americas before Columbus.* Nova York: Vintage, 2006, p. 335.

7. Relatórios de expedição.

8. Vídeos de Carelli.

9. Todo o diálogo incluído nestas seções até o final do capítulo detalhando as relações entre os Kanoê e os Akuntsu foi preservado ou nos vídeos de Carelli ou em transcrições de entrevistas com as tribos conduzidas por tradutores contratados pela Funai. As descrições provêm dos vídeos, de relatórios de expedições e lembranças dos participantes.

7. SELVAGENS [pp. 116-24]

1. Relatórios de expedição da Funai.

2. *Ibid.*

3. Vídeos de Carelli e relatórios da expedição.

4. Para descrever o positivismo e sua influência na política indigenista brasileira, consultei numerosas fontes, particularmente Hemming e Ramos.

5. Theodore Roosevelt, *Through the Brazilian wilderness.* Teddington, Reino Unido: Echo Library, 2007, p. 29.

6. Mércio P. Gomes, *The indians of Brazil.* Gainesville: University Press of Florida, 2000, p. 127.

7. *Ibid.*, p. 126.

8. Gomes, p. 84.

9. Hemming, p. 299.

10. Tal como relatado em UN Human Rights Communication nº 478, 29 de setembro de 1969.

11. De um artigo de James Brooke no *New York Times*, 12 de abril de 1992, p. 17.

12. Ramos, p. 46.

13. Descrições do massacre de Owaimoro provêm da memória de Altair e de uma descrição arquivada num memorando da Funai de 1997 recebido pelo Ministério da Justiça.

8. DESISTINDO [pp. 125-41]

1. Relatórios das expedições.

2. *Ibid.*

3. William Balée, "The Sirionó of the Llanos de Mojos, Bolivia", in *The Cambridge Encyclopedia of hunters and gatherers.* Cambridge, Reino Unido: Cambridge University Press, 1999, p. 105.

4. Charles Erasmus, *Man takes control: Cultural development and American aid.* Indianapolis: Bobbs-Merrill, 1961, p. 365.

5. Entrevista do autor.

6. Ramos, p. 153.

7. *Ibid.*

8. Descrições físicas e todo o diálogo provêm das fitas de Carelli; detalhes adicionais da expedição e do encontro podem ser achados nos relatórios das expedições para a Funai escritos na época do encontro por Marcelo e Altair.

9. LINHAS DE COMBATE [pp. 142-51]

1. Entrevista com o autor.

2. A citação é escrita conforme a lembrança de Pandolpho e Marcelo.

3. *Folha de S.Paulo*, 7 de março de 1999, p. 13.

4. Informações de um relatório de progresso publicado pelo Banco Mundial, 1999, Planafloro Project.

5. James Fenimore Cooper, *The last of the mohicans*. Nova York: Penguin Popular Classics, 1994, p. 32.

6. Leonardo Sakamoto e João Marcos Rainho, "O último sobrevivente", *Problemas Brasileiros*, março-abril de 2000.

7. Para dar uma visão geral do dilema do vagão desgovernado, consultei Fiery Cushman, Liane Young e Marc Hauser, "The psychology of Justice", in *Analyse & Kritik*. Stuttgart: Lucius & Lucius, 2006, p. 95.

8. Anthony Stocks, "Too much for too few: Problems of indigenous land rights in Latin America", *Reviews in Advance*, 20 de maio de 2005, p. 85.

9. *Ibid.*

10. O perfil de Lando — e suas respostas às alegações da Funai — provém de relatórios oficiais da Funai de 1999 e 2000, de entrevistas com Júlio Olivar Benedito, editor do jornal *Folha do Sul* (Rondônia), e de reportagens na edição de 29 de abril de 2000 do jornal *Expressão*.

10. OS CORREDORES DO PODER [pp. 152-63]

1. As informações deste capítulo provêm do relatório oficial da audiência parlamentar, publicado pelo governo federal brasileiro e intitulado *Relatório da comissão parlamentar de inquérito destinada a investigar a ocupação de terras públicas na região amazônica* (Brasília, 2001).

2. "Estatuto do índio agrada mineradoras", *Jornal da Tarde*, 20 de abril de 2000.

3. "Anthropological work threatened", American Association for the Advancement of Science's Human Rights Program e-mail alert, 26 de janeiro de 1998.

4. "Congressmen want 'acculturation diploma' of the indigenous peoples of Roraima", *Indigenous Missionary Council Newsletter*, 7 de outubro de 1999.

5. "Punição para crimes ambientais cometidos por índios", *Gazeta Mercantil*, 25 de fevereiro de 1998.

6. James Brooke, "Boa Vista Journal; Gold miners and indians: Brazil's frontier war", *New York Times*, 7 de setembro de 1993.

7. Tyler Bridges, "Amazon Gold Rush leaves behind dross", *Christian Science Monitor*, 27 de setembro de 1988.

8. "Parliamentary Inquiry Commission will investigate Funai", *Indigenous Missionary Council Newsletter*, nº 362, 27 de maio de 1999.

9. O diálogo e a visão geral do depoimento provêm do relatório parlamentar da audiência.

10. As informações e todo o depoimento citado provêm da transcrição oficial das audiências do Senado, publicada em Brasília pelo serviço de informação do governo.

11. Clarinha Glock, "A crime with many suspects, no arrests", do *website* Crimes Against Journalists Immunity Project, 1º de dezembro de 2000.

12. Isabella Kenfield, "Brazilian agribusiness boom's dark side: Violence and plunder in the Amazon", *Brazzil Magazine*, 16 de outubro de 2008.

13. Todo depoimento citado provém do relatório parlamentar.

11. NEM FERA NEM DEUS [pp. 164-87]

1. O cálculo do desmatamento é uma estimativa incluída num relatório da Funai datado de 18 de outubro de 2000.

2. Informações a respeito do MST provêm de várias fontes, incluindo o *website* do próprio movimento: www.mstbrazil.org.

3. As descrições da área provêm das fitas de Carelli e de minhas próprias visitas à fazenda; o encontro entre Sordi e Altair, incluindo todo o diálogo transcrito aqui, foi gravado por Carelli.

4. Todo o diálogo provém das fitas de Carelli, e as descrições, das fitas e de relatórios da expedição.

5. As descrições das mudanças fisiológicas causadas pelo isolamento são descritas no artigo de Joe Robinson, "Marooned", *Los Angeles Times*, 15 de junho de 2004.

6. A citação provém de Jean-Jacques Rousseau, *The reveries of the solitary walker*. Nova York: New York University Press, 1979, p. 12 [ed. brasileira *Os devaneios do caminhante solitário*, Brasília, Editora da UnB, 1995].

7. A citação aparece no ensaio "Notes for a philosophy of solitude", nas *Disputed questions* de Merton. San Diego: Harcourt Brace Jovanovich, 1985, p. 194.

8. Aristóteles, *Politics*. Charleston, SC: Forgotten Books, 1972, p. 3.

9. Tzvetan Todorov, *Life in common: An essay in general anthropology*. Lincoln: University of Nebraska Press, 2001, p. 54 [ed. brasileira: *A vida em comum: Ensaio de antropologia geral*, Campinas: Papirus, 1996].

10. Para a história de Isabelle, consultei o artigo de revista de Kingsley Davis, "Extreme isolation", que foi compilado em *Down to Earth sociology: Introductory readings*, organizado por James M. Henslin. Nova York: Simon & Schuster, 2007, p. 153.

11. A informação provém de um memorando da direção do FBI datado de 25 de abril de 1956 e intitulado "A report on communist brainwashing".

12. N. Burns e D. Kimura: "Isolation and sensory deprivation", *Unusual environments and human behavior*, organizado por N. Burns, R. Chambers e E. Hendler. Nova York: Macmillan, 1963, p. 167.

13. Mais informações sobre o estudo podem ser encontradas em *Man in isolation & confinement*, organizado por John Rasmussen. Piscataway, NJ: Aldine Transaction, 2007, p. 101.

14. Nicholas Epley *et al.*, "Creating social connection through inferential reproduction: Loneliness and perceived agency in gadgets, gods, and greyhounds", *Journal of the Association for Psychological Science* 19, nº 2, 2008.

15. Entrevista do autor.

16. Para uma visão geral das crenças das tribos da região, consultei o trabalho de diversos antropólogos, principalmente Lévi-Strauss e Betty Mindlin.

17. Price, 13.

18. Lévi-Strauss, p. 301.

19. Betty Mindlin, *Barbecued husbands and other stories from the Amazon*. Nova York: Verso, 2002, p. 244 [ed. brasileira *Moqueca de maridos: Mitos eróticos*, Rio de Janeiro: Rosa dos Tempos, 1997].

20. Price, p. 13.

21. Relatórios da expedição.

22. "Species factsheet: *Cyanopsitta spixii*", *Birdlife International*, obtida em 24 de julho de 2008.

23. "Rare birds feared dead in Brazil", *Associated Press Online*, 30 de novembro de 2000.

24. Michael McCarthy, "Tragic tale of the loneliest bird on Earth", *Independent*, 7 de junho de 2000.

25. *Ibid.*

26. As investidas de Purá sobre a moça Akuntsu foram captadas por Marisol Soto, que filmou um documentário chamado *Indios*, transmitido pela televisão espanhola em 2002. Cinco anos mais tarde, observei as tentativas de namoro de Purá sobre a moça enquanto o acompanhava numa visita à aldeia Akuntsu; novamente, suas investidas foram em vão.

12. MAIOR DO QUE A VIDA [pp. 188-205]

1. As histórias sobre o passado de Possuelo como sertanista provêm de numerosas entrevistas com o autor, a menos que indicadas de outro modo.

2. De um obituário publicado no *Independent*, 14 de dezembro de 2002.

3. Entrevista do autor.

4. A citação provém de uma entrevista do autor, mas o registro dos episódios de malária de Villas Boas também podem ser encontrados em Hemming, *Die if you must*.

5. Esse caso está incluído no perfil de Possuelo feito por John Hemming, "Last explorer of the Amazon", publicado na revista *Geographical*, fevereiro de 2005.

6. A reputação de Possuelo na Funai é complexa: dedicam-lhe enorme respeito pela devoção e paixão por seu trabalho, mas muitos de seus ex-colaboradores me disseram que o consideravam egoísta e difícil de trabalhar em equipe. A imagem de colegas balançando a cabeça é literal — vários deles fizeram exatamente isso enquanto falavam de seus traços de personalidade.

7. Sydney estimulava essas comparações. Em 2005, quando a cidade de Toledo, na Espanha, celebrou os quatrocentos anos do épico de Cervantes, Sydney foi convidado para a cerimônia e recebeu uma flâmula — que ele mantém no escritório de seu apartamento — em que é apelidado de "O Dom Quixote da Selva". É um de seus mais valiosos pertences. "Recebi muitas honrarias na vida", disse-me ele, "mas o Dom Quixote é o que me causa mais emoção."

8. Para a história da mulher solitária de San Nicolás, baseei-me no artigo "Marooned", de Joe Robinson, no *Los Angeles Times*, 15 de junho de 2005.

9. A história de Ishi é recontada por Theodora Kroeber em *Ishi in two worlds: A biography of the last wild indian in North America*. Berkeley: University of California Press, 1961. Alguns dos detalhes, incluindo os referentes à descoberta do cérebro de Ishi no depósito do Museu Nacional de História Natural, provêm do livro de Orin Starn, *Ishi's brain: In search of America's last "wild" indian*. Nova York: W. W. Norton, 2004.

10. O poema foi escrito por Ernest J. Hopkins e publicado no *Bulletin*, 1º de abril de 1916.

11. Para relatar a história de Carapiru, consultei o filme *Serras da desordem*, do brasileiro Andrea Tonacci (2006), que mescla filmagens documentais e reconstruções dramatizadas com aparições especiais de Carapiru, Sydney Possuelo e outros envolvidos nos eventos descritos. Detalhes adicionais incluídos provêm de entrevistas do autor com Sydney e Orlando Possuelo, Tonacci e Wellington Gomes Figueiredo. Duas reportagens escritas na época da descoberta de Cara-

piru também se revelaram úteis: "An indian comes in from the heat", de Brian Nicholson, *Chicago Tribune*, 27 de novembro de 1988, e "Primitive survivor finds his lost son", de Richard House, *The Independent*, 10 de novembro de 1988. Todo o diálogo incluído nesta seção é transcrito do filme de Tonacci, onde o diálogo é reproduzido usando arquivos televisivos de 1988 e reencenações.

12. A citação é extraída de Benjamin Schwartz, "A vision in concrete", *Atlantic Monthly*, julho-agosto de 2008.

13. O filme de 1997 foi dirigido por Keith Merrill e indicado para o Oscar da Academia de Cinema.

14. A reportagem foi publicada no nº 193 da revista, em 2003.

15. Diane Schemo, "The last tribal battle", *New York Times Magazine*, 31 de outubro de 1999.

13. MAIS UMA TENTATIVA [pp. 206-21]

1. As descrições das doenças de Orlando provêm de suas anotações no diário àquela época, as quais ele forneceu ao autor.

2. Do documentário de Soto, *Indios*.

3. Essa informação provém de entrevistas com Celso José dos Santos, da Funai, que estava entre os agentes que falaram com a família de Sordi.

4. Entrevistas do autor.

5. O relato da expedição foi compilado com a ajuda de entrevistas com os participantes, do diário de Orlando e fotografias tiradas por integrantes da equipe durante a expedição. Todo o diálogo se baseia nas lembranças dos participantes.

6. Essa citação provém de uma entrevista que realizei com Sydney e Orlando em Brasília em 2005, dias depois do retorno de Orlando de sua expedição.

7. A informação sobre as reações de Sydney aos assassinatos praticados pelo Korubo se encontra em *Smithsonian*, "Out of time", por Paul Raffaele, abril de 2005, p. 62.

8. "Land wars; Brazil's indians", *Economist*, 4 de fevereiro de 2006.

9. As críticas de Sydney foram publicadas em *O Estado de S. Paulo*, 14 de janeiro de 2006.

10. Andrew Downie, "Champion for Brazil's indigenous gets fired", *Christian Science Monitor*, 26 de janeiro de 2006.

14. UM NOVO COMEÇO [pp. 222-31]

1. De uma lista obtida da Funai.

2. Detalhes sobre os esforços de Siqueira por desconsiderar os limites da reserva indígena em nome dos interesses dos agricultores e madeireiros, bem como as acusações judiciais de roubo de madeira, foram sublinhados num parecer de procuradores do Mato Grosso e postados no website oficial do estado em 29 de novembro de 2006.

3. A carta se intitulava "Célula 'Elite'?" e foi publicada no *Diário de Cuiabá* em 5 de dezembro de 2006.

4. Relatórios da expedição.

5. A citação provém de um artigo de Felipe Milanez na revista da Funai, *Brasil Indígena*, julho-setembro de 2006.

6. *Ibid.*

7. As comparações de população provêm do relatório "Population density: Selected international urban areas and components", compilado por Demographia: The Wendell Cox Consultancy, Belleville, Illinois.

15. A NAÇÃO DE UM HOMEM SÓ [pp. 232-8]

1. "Uncontacted tribe photographed near Brazil-Peru Border", Survival International, www.survival-international.org, 28 de maio de 2008.

2. A citação provém do meu artigo "In Amazonia, defending hidden tribes", *Washington Post*, 8 de julho de 2007.

3. Gabriel/Elizondo, "Finding Brazil's isolated tribes", Al-Jazeera.net, junho de 2008.

4. Peter Beaumont, "Secret of the 'lost' tribe that wasn't".

5. "Photos of lost Amazon tribe are fakes", Xinhuanet (http://news.xinhuanet.com), 24 de junho de 2008.

6. Stephen Pritchard, "Comment: The readers' editor on how a tribal people's charity was misrepresented", *The Observer*, 31 de agosto de 2008.

7. Entrevista do autor.

8. Adriana Brasileiro, "Brazil Supreme Court rejects challenge to indian land", *Bloomberg News*, 10 de dezembro de 2008.

9. *Ibid.*

Créditos das imagens

As fotos são cortesia de:

Altair Algayer, pp. 13, 44, 153, 163, 221
Fred Pacifico Alves, pp. 28, 46, 60, 76, 95, 204, 231
Vincent Carelli/ Vídeos das Aldeias, pp. 115, 141
Sydney Possuelo, p. 187
Orlando Possuelo, p. 205

Índice remissivo

Acre, 223, 232, 233
açúcar, 100, 101, 103, 104, 131, 137
Adonias, 90, 93, 94, 180
adornos, 92, 94; de tribos indígenas isoladas, 23, 24, 95, 107; inscrições triangulares em, 51
adornos: dos Negarote, 33, 35
agente laranja, 20
agricultura, 49, 148, 150, 175, 245, 246; e inquéritos parlamentares sobre Marcelo dos Santos, 158, 160, 161; e migração para Rondônia, 47, 48, 49, 80, 245, 246; e reservas de terras para índios, 54, 55, 149, 235, 252; herança de Algayer e, 77, 78; MST, 165; Vilhena e, 16, 142
Akuntsu, 46, 62, 95, 104, 105, 106, 107, 108, 109, 110, 111, 112, 113, 114, 179, 180, 181, 185, 225, 226, 243; aparência física dos, 24, 113; código espiritual dos, 175, 176; confrontos entre fazendeiros e, 111, 112, 113; e expedições para encontrar o índio solitário, 104, 112, 113, 114; e morte de Owaimoro, 122, 123, 124, 126; encontros com, 24, 25, 105, 106, 107, 108; fogo na aldeia dos, 123, 124, 125; interesse de Purá numa moça dos, 183, 226, 251; língua dos, 92, 107, 108, 128, 168; ocas dos, 106, 107, 108, 123, 124, 125, 179, 180; presentes para, 107, 108; relação de Algayer com, 84, 85; relações entre Kanoê e, 104-11, 114, 122, 123, 125, 126, 179, 181, 183, 226, 247; rituais xamanísticos dos, 111, 181; terra reservada para, 38, 56, 57, 113, 146, 150, 156
Al Jazeera, 233
aldeia dos catorze buracos: destruição da, 66-75, 82, 83, 89, 103, 104, 113
Algayer, Alfredo, 77, 78
Algayer, Altair "o Alemão": casamento de, 84, 85, 226; demissão da Funai, 184, 185, 207, 209, 225; doação de presentes e, 101, 104, 107, 136, 137, 168, 169, 170, 218, 228, 237, 238; e a aldeia dos catorze buracos, 66, 68, 82, 83, 89; e comunicação com o índio solitário, 92, 93, 134, 137, 168; e confrontos entre os Akuntsu e os fazendeiros, 111, 112; e expedições para encontrar o índio solitário, 37, 39, 40, 42, 43, 45, 65, 66, 68, 85, 89,

91, 93, 101, 112, 113, 114, 117, 121, 126, 132, 133, 142, 150, 192, 207, 217, 218, 225, 226, 227, 228, 247; e expedições para monitorar a sobrevivência do índio solitário, 164, 165, 167, 168, 169, 170, 173, 177, 184, 228, 236, 237, 238; e inquéritos parlamentares sobre Marcelo dos Santos, 159, 160, 162; e morte de Owaimoro, 122, 123, 124, 248; e o fascínio de Purá pelo mundo moderno, 99, 100; e relações entre Kanoê e Akuntsu, 105, 106, 107, 108, 109, 110, 111; e reserva de terra para o índio solitário, 165, 167, 207, 208, 227, 229, 250; e reserva de terras para tribos indígenas, 53, 159; educação de, 16, 78, 82, 185; herança de, 77, 78; índio solitário encontrado por, 91, 92, 93, 116, 126, 128, 134, 135, 136, 137, 168, 237, 238, 248; Lando e, 150, 184; malária e, 80; migração para Rondônia de, 78, 79, 80, 82; partida de Rondônia, 184, 185, 186, 203; posição na Frente de Proteção Etnoambiental do Guaporé oferecida a, 225, 226; relacionamento com Marcelo dos Santos, 16, 17, 185, 209, 236; trabalho como madeireiro, 75, 80, 81, 82; transferência de, 202, 203; tribos indígenas isoladas contatadas por, 17, 21, 23, 24, 25, 84, 85, 93, 98, 99, 100, 105, 106, 107, 108, 160; viagem de Altair até a Amazônia, 17, 18, 19, 25, 242
Algayer, Jussara, 84, 226
alimento *ver* comida
Alta Floresta, 79, 81
Alvarez, Glênio da Costa, 184
Amazon (filme), 201, 252
Amazonas, Amazônia: apelidada de Inferno Verde, 18, 242; clima na, 17, 45, 64, 65, 67, 72; como *cause célèbre* internacional, 57; desenvolvimento industrial e econômico da, 32, 48, 49, 54, 160, 161; desmatamento na, 19, 20, 21, 24; desrespeito às leis na, 20; e CPI sobre Marcelo dos Santos, 160, 161; e expedições para encontrar o índio solitário, 65, 210; e migração para Rondônia, 48; expedição de Roosevelt na, 58, 119; exploração da, 17, 30, 31, 50, 51, 100, 146, 186, 189, 190, 242; flora da, 18; garimpo na, 156; história da, 85, 88; índios da, 16, 17, 20, 21, 22, 23, 24, 25, 62, 65, 122, 145, 156, 189, 216; mulheres lendárias da, 50; positivismo e, 118, 119; programa de construção de estradas na, 48, 55, 78, 245; viagens de carro de Marcelo dos Santos e Altair Algayer pela, 17, 18, 19, 25, 242; *ver também* floresta
Amazonas, rio, 50, 242
ambientalistas, 57, 58, 156; confrontos entre mineiros e, 156; sobre a ararinha-azul, 183
Andes, 85
Angical, 197, 198
animais, 18, 21, 63, 84, 98, 105, 131, 174, 197; e expedições para encontrar o índio solitário, 45, 131
animismo, 119
antas, 18, 45, 63, 176
"Ao falecido sr. Ishi" (Hopkins), 196
arapucas, 90, 91, 103, 133, 168, 217, 228
Araras, 146
ararinha-azul, 182, 183
arcos, 22, 23, 36, 82, 111, 128, 197, 233; de Marcelo dos Santos, 33, 35; do índio solitário, 11, 134, 137, 139, 177, 213, 238; dos índios do Acre, 232, 233; dos Negarote, 35, 36; e encontros com o índio solitário, 134, 137; e expedições para encontrar o índio solitário, 40, 41, 213; em miniatura, 177
Aristóteles, 172, 250
Aruá (índios), 176
Aruá, Awünaru Odete, 176
Assembleia Legislativa de Rondônia, 154
Associated Press, 234, 242, 251
Awá-Guajá, 198, 200, 201
Azanha, Gilberto, 220

Bacela, Laércio Nora, 247
Bagattoli, Jaime, 48, 49, 127, 240, 245
Bahia, 197
bambu, 26, 38, 85, 92, 96, 97, 101, 138; e encontros com o índio solitário, 136, 137; flechas feitas de, 40, 213

bananas, bananeiras, 55, 122, 138, 168, 170
Banco Mundial: e reserva de terras para os índios, 55, 57; Frente de Contato do Guaporé financiada pelo, 145, 158
bangue-bangue (cidades de), 20, 22, 69
Banquete (Platão), 172
barrigudas (árvores), 80
basco (língua), 86
Before the bulldozer (Price), 243, 244
Ben, Jorge, 17, 19
Benedito, Julio Olivar, 249
Benvindo, 200, 201
Bindá, Nadja, 229
Bolívia, 15, 86, 128, 208, 242
Botelho, Augusto, 160
BR-364 (rodovia), 48, 54, 78, 142, 215
braçadeiras: dos Akuntsu, 24, 95, 107; dos Kanoê, 23, 40, 100
Brasil: ameaças à segurança nacional, 158; Constituição do, 16, 49, 50, 58, 118, 121, 140, 241; favelas no, 58; golpe militar e ditadura, 29, 30; história do, 86, 118, 119, 120; música do, 17, 19, 30, 88; religião no, 77, 78, 119, 120, 155
Brasília, 24, 94, 116, 129, 151, 154, 158, 198, 200, 201, 207, 215, 225, 228, 239, 249, 250; arquitetura de, 198; Carapiru em, 198, 199, 200; e expedições para encontrar o índio solitário, 43, 94, 127, 129; Funai em, 158, 186, 198, 208, 222, 224, 225, 227, 228; Marcelo dos Santos em, 224, 225, 228; residência de Possuelo em, 191, 198, 199, 204, 215, 252
Brazil (Roett), 245
brincos, 23, 24, 207; dos Akuntsu, 24, 107; dos Kanoê, 23, 40
Britto, Carlos Ayres, 235
buracos: e expedições para encontrar o índio solitário, 27, 41, 42, 66, 68, 90, 91, 112, 133, 205, 217; e expedições para monitorar a sobrevivência do índio solitário, 168, 170, 178; filiação tribal do índio solitário, 128; *ver também* arapucas; aldeia dos catorze buracos
Burning season, The (Revkin), 242
caça, caçadores: de Marcelo dos Santos, 33, 34, 35; de Purá, 96, 97; do índio solitário, 102, 170, 177; dos Kanoê, 40; e expedições para encontrar o índio solitário, 127, 131, 212; e expedições para monitorar a sobrevivência do índio solitário, 170, 177
Cachoeira (Fazenda), 43
Califórnia, 192, 193, 194
Califórnia, Universidade da, 172, 194
Canaá, Mario, 238
canibalismo, 86, 176
caraibeira (árvore), 182
Carapiru: aparência física de, 198, 200; destruição da aldeia de, 196, 197, 201; em Brasília, 198, 199, 200; filho de, 201; filiação tribal de, 197, 198, 199, 200, 201; língua de, 198, 200, 201; roupas de, 197, 198, 200; transferência de reserva, 201, 202
Cardoso, Fernando Henrique, 152
Carelli, 243, 244
Carelli, Vincent: ativismo pelos direitos indígenas, 69, 70, 71; Chupinguaia e, 68, 69, 72, 73, 83; demissão de Marcelo dos Santos e, 185; e aldeia dos catorze buracos, 66, 67, 68, 72, 73, 74, 75, 83, 103, 104; e confrontos entre índios e fazendeiros, 53, 67, 111, 112; e contato com tribos indígenas isoladas, 21, 24; e expedições para encontrar o índio solitário, 37, 40, 53, 63-72, 112, 132, 244, 248; e expedições para monitorar a sobrevivência do índio solitário, 164, 167, 168, 170, 250; e reservas de terras para os índios, 52, 53, 57, 166, 167, 250; índio solitário encontrado por, 134, 137, 138, 248; índio solitário filmado por, 137, 138, 139, 145, 146, 210, 226, 236; Kanoê filmados por, 158; Nambiquara filmados por, 70; relacionamento com Marcelo dos Santos, 57, 69, 70, 236; relações entre Kanoê e Akuntsu, 110, 247
Carvajal, Gaspar de, 50, 51
católicos, 155, 171, 192
Centro de Trabalho Indigenista, 70, 220, 247
Cervantes, Miguel de, 191, 251
Christian Science Monitor, 156, 220, 249, 252

Chupinguaia, 19, 20, 64, 73; aparência de, 72; Carelli e, 69, 72, 73, 83; e aldeia dos catorze buracos, 69, 72, 73, 83
CIA, 173
Cinta Larga, índios, 58, 101, 158, 159
Cláudio, Luiz, 63, 246
cloroquina, 81
cobras, 43, 176, 179
comida: e encontros com o índio solitário, 93, 136, 137, 138; e expedições para encontrar o índio solitário, 44, 131, 210, 211, 212, 213
Comitê Permanente para a Recuperação da Ararinha-azul, 182
comunistas, 30, 173
Congresso dos Estados Unidos, 36
Congresso Nacional, 184; e reservas de terras para índios, 154-62, 241; Marcelo dos Santos investigado pelo, 154-62, 166, 183, 207, 223, 224, 234
Convento, Fazenda, 150, 153
Corumbiara, 53, 56, 154, 236, 245
Corumbiara (filme), 236
cristianismo, 119, 171; evangélico, 77, 78
Cuiabá, 37, 181
Cultural Survival Newsletter, 31, 244
Cushman, Fiery, 148, 249

Dalafini, Denes: e aldeia dos catorze buracos, 73, 74; e expedições para encontrar o índio solitário, 39, 45, 46, 47, 63, 64, 66, 72, 117, 127, 245; e expedições para monitorar a sobrevivência do índio solitário, 164, 228; e financiamento da Frente de Contato Guaporé, 145; e reserva de terras para índios, 52, 62, 144, 145, 165
Dalafini, Hércules: e aldeia dos catorze buracos, 68, 73, 74; e expedições para encontrar o índio solitário, 39, 45, 46, 47, 63, 64, 66, 72, 117, 127, 245; e expedições para monitorar a sobrevivência do índio solitário, 164, 228; e reserva de terras para índios, 52, 62
dança, 69, 136, 193
Davis, Kingsley, 250
Davis, Shelton H., 244
Deer Creek Canyon, 196
Deforesting the Earth (Williams), 245
dengue, 206
depressão, 34, 171, 174
desenvolvimento cognitivo, 120
desfolhantes, uso ilegal de, 20, 243
desmatamento, 24, 68, 74, 117, 129, 143, 144, 164, 221, 245, 250; e contato com o índio solitário, 21, 24; e expedições para encontrar o índio solitário, 38, 65, 117, 129; e reserva de terra para o índio solitário, 143, 144, 221; proibições de, 117, 143, 164, 224; Rondônia e, 48, 49, 80, 129, 245
Die if you must (Hemming), 243, 244, 247, 251
dilema do vagão desgovernado, 148, 249
disenteria, 193, 226
Dom Quixote (Cervantes), 191, 251
Duarte, Antenor, 156

Eldorado, 77
Enciclopédia dos povos indígenas do Brasil, 247
envenenamento, venenos, 31, 88, 100, 104, 112; com açúcar, 100, 104, 137
Epley, Nicholas, 174, 240, 250
esconderijos de caça, 169, 217
Espanha, espanhol, 50, 86, 92, 251; na exploração da Amazônia, 50, 51
espingardas, 22, 35, 40, 56, 98, 109, 111, 113, 133, 134
Estado de S. Paulo, O, 58, 219, 243, 252
Estados Unidos, 51, 55, 57, 58, 81, 119, 131, 182; índios dos, 57, 58; Ishi e os, 194, 195, 196; pesquisa sobre isolamento nos, 173; reservas indígenas brasileiras e os, 55, 57
Estatuto do Índio (1973), 120
Expressão, 152, 249
Expresso Barreto (Fazenda), 64
"Extreme isolation" (Davis), 250

facão: como presentes, 93, 101, 103, 117, 165, 169, 237; e encontros com o índio solitário, 93, 137, 237, 238; e expedições para encontrar o índio solitário, 65, 101, 117, 130; e

expedições para monitorar a sobrevivência do índio solitário, 165, 169
fantasmas, 59, 128, 176
Fantástico, 152
fazendeiros, fazendas: confrontos entre índios e, 52, 53, 55, 62, 67, 103, 104, 111, 112, 113, 155; demissão de Marcelo dos Santos e, 214; e aldeia dos catorze buracos, 66, 67, 68, 69, 72, 89; e aparência física do índio solitário, 145, 146; e contato com tribos indígenas isoladas, 25; e CPI sobre Marcelo dos Santos, 154, 156, 157, 159, 161, 223; e expedições para encontrar o índio solitário, 38, 39, 43, 45, 46, 47, 53, 63, 64, 66, 67, 68, 69, 71, 72, 94, 103, 126, 127, 129, 151, 217; e expedições para monitorar a sobrevivência do índio solitário, 164, 166, 167, 170, 178; e fascínio de Purá pelo mundo moderno, 99, 100; e migração para Rondônia, 48, 49, 74; e reserva de terras para os índios, 16, 20, 21, 50, 51, 52, 53, 58, 62, 143, 144, 145, 150, 207, 208, 219, 223, 235; suposta propriedade de terra de Lando e, 150, 154; *ver também* agricultura
Feijão, Antônio, 154, 156, 234
ferramentas, 35; como presentes, 100, 101, 102, 103, 104, 107, 139, 168, 169, 170, 228; e encontros com o índio solitário, 94, 139; e expedições para encontrar o índio solitário, 101, 102, 103, 104; e expedições para monitorar a sobrevivência do índio solitário, 168, 169, 170, 228; e fascínio de Purá pelo mundo moderno, 99, 100
Ferreira, Osny, 56, 158
Figueiredo, Jader, 32
Figueiredo, Wellington Gomes, 198, 240, 251
flautas, 85, 88
Flauzino, Odair: e expedições para encontrar o índio solitário, 54, 59; e reserva de terras para índios, 50, 54, 55, 56, 57, 58, 62, 156, 158, 234, 243; e tribo não contatada relacionada aos Nambiquara, 54, 56; relacionamento de Marcelo dos Santos com, 55, 56, 59, 62, 246
flechas e pontas de flechas: de Purá, 97, 98, 99, 100, 117, 247; do índio solitário, 11, 26, 92, 93, 102, 104, 134, 135, 137, 138, 139, 170, 176, 178, 213, 224, 238; dos Negarote, 35, 36; e confrontos entre índios e madeireiros, 103, 104; e contatos com tribos indígenas isoladas, 22, 23; e encontros com o índio solitário, 92, 93, 134, 135, 137, 138; e expedições para encontrar o índio solitário, 40, 117, 126, 132, 176, 213; e expedições para monitorar a sobrevivência do índio solitário, 170, 178; e Marcelo dos Santos, 33, 35
floresta: aldeia dos catorze buracos, 67, 73; aventuras de Possuelo na, 207; Carapiru e, 198, 201; clima na, 179, 180; como *cause célèbre* internacional, 57; confrontos entre índios e fazendeiros, 62, 68; contato com tribos indígenas isoladas, 18, 20, 21, 22, 23, 24, 25; e migração para Rondônia, 47, 48, 49, 79, 80; e presentes para o índio solitário, 103, 104; e relações entre Kanoê e Akuntsu, 106, 109; e rumores sobre o índio solitário, 15, 26; e tribo não contatada relacionada com os Nambiquara, 55, 56; encontros com o índio solitário, 136, 138, 178; expedições para encontrar o índio solitário, 37, 38, 39, 41, 42, 43, 45, 62, 63, 64, 65, 66, 89, 91, 116, 117, 127, 131, 133, 208, 209, 210, 212, 217, 228; expedições para monitorar a sobrevivência do índio solitário, 168, 169, 170, 178, 228, 237; exploração da, 51, 86, 100; flechas de Purá e, 97, 98; flora da, 18, 242; história da, 85, 86, 88; índios do Acre, 233, 234; leilões de lotes na, 62, 63; limites de propriedade na, 47, 63; localização da, 85; reserva de terras para índios, 16, 50, 54, 55, 62, 143, 149, 165, 208, 225, 233; tamanho da, 242; *ver também* desmatamento
Folha de S.Paulo, 144, 147, 148, 184, 248
Folha do Sul, 184
formigas cortadeiras, 40, 45
Frente de Contato Guaporé, 16, 20, 21, 24, 25, 37, 39, 40, 44, 46, 50, 52, 53, 54, 57, 58, 61, 62, 67, 68, 88, 94, 99, 100, 105, 106, 111, 113,

116, 117, 118, 121, 122, 125, 126, 127, 128, 140, 144, 145, 146, 147, 151, 154, 158, 239, 241, 243; e aparência física do índio solitário, 145, 146; e contato com tribos indígenas isoladas, 20, 23, 24, 25, 30, 99, 158, 243; e CPI sobre Marcelo dos Santos, 154, 160; e expedições para encontrar o índio solitário, 27, 37, 39, 43, 49, 53, 59, 61, 66, 68, 71, 85, 94, 101, 102, 103, 114, 115, 116, 121, 139, 147, 151, 245; e expedições para monitorar a sobrevivência do índio solitário, 164, 165, 175, 178; e fascínio de Purá pelo mundo moderno, 99, 100; e história dos Kanoê, 87, 88; e relações entre Kanoê e Akuntsu, 104, 105, 106, 109, 110, 111, 125, 183; e reserva de terras para o índio solitário, 144, 145, 147, 151, 165, 167; e reserva de terras para tribos indígenas, 20, 21, 38, 50, 52, 57, 58, 59, 62, 243; e saída de Marcelo dos Santos da, 185; financiamento da, 145, 158; novo nome da, 164; presentes dados pela, 101, 165; Reserva do Rio Omerê e, 99, 104, 110

Frente de Proteção Etnoambiental do Guaporé, 227, 228, 236, 239; e expedições para monitorar a sobrevivência do índio solitário, 164, 237; liderança de Possuelo na, 203, 206; posto oferecido a Algayer na, 226

Frontier expansion in Amazonia (Schmink e Wood), 54

Fundação Nacional do Índio (Funai): "manual de campo" da, 129, 130, 131; acampamento de Tanaru, 235, 237, 238; acampamento do rio Omerê, 38, 46, 84, 122, 125, 160, 206, 209, 217, 237, 244; ameaças de morte contra agentes da, 36, 37; Carapiru e, 197, 198, 199, 200, 201; carreira de Algayer como madeireiro e, 82; corrupção e incompetência na, 31, 32, 54, 245; críticas de Possuelo à, 216, 219; demissão de Algayer da, 184, 185, 207, 209, 225; Divisão de Índios Isolados, 56, 129, 184, 191, 201, 203, 220, 222, 226, 241; e comunicação com o índio solitário, 93, 208; e contato com tribos indígenas isoladas, 22, 243; e expedições para encontrar o índio solitário, 38, 54, 68, 69, 90, 94, 116, 127, 128, 129, 140, 147, 150, 209, 213, 218, 245, 246, 247, 248; e índios do Acre, 222, 232, 233, 234; e inquéritos parlamentares sobre Marcelo dos Santos, 154, 156, 157, 158, 159, 160, 161, 162, 223, 224; e morte de Owaimoro, 122, 125, 126, 248; e relações entre Kanoê e Akuntsu, 109, 180, 181, 247; e reserva de terras para o índio solitário, 144, 147, 148, 167, 208, 228, 229; e reserva de terras para tribos indígenas, 16, 17, 54, 55, 56, 57, 58, 135, 140, 157, 197, 201, 208, 228, 234, 244; e resistência do índio solitário ao contato, 140, 150; e suposto confronto de interesses de Lando, 150, 151, 248, 249; em Brasília, 158, 186, 198, 208, 222, 224, 225, 227, 228; em Rondônia, 54, 56, 83; filiação tribal do índio solitário e a, 127, 135, 229; índios sob a tutela da, 120; missão da, 16, 17; mortes de agentes da, 22, 216; presentes usados pela, 101; programa de treinamento da, 31, 32; reputação de Possuelo na, 191, 192, 209, 251; retorno de Marcelo dos Santos à, 223, 224, 227, 228, 232; saída de Carelli da, 69, 185; saída de Marcelo dos Santos da, 184, 185, 209, 224; saída de Possuelo da, 218, 219, 222, 224

gado, 23, 26, 52, 58, 67, 83, 166, 193

García, Alan, 232

Garfield, Seth, 245

garimpo, garimpeiros: confrontos entre índios e, 36, 155, 156; e contato com tribos indígenas isoladas, 22, 23, 71; e reserva de terras para índios, 155

gavião, penas de, 97

genocídio, 121

Gilson (cozinheiro da serraria): e rumores sobre o índio solitário, 26; oca do índio solitário e, 26, 27, 37, 38, 53, 66

Goiás, 162, 185, 223, 236

Gomes, Mércio Pereira, 120, 218

Gore, Al, 57

Governador Valadares, 225, 226
governo brasileiro, 17, 87, 145, 229, 233; e ativistas dos direitos dos índios, 69, 70, 71; e expedições para encontrar o índio solitário, 61, 68, 116, 117, 127, 151; e leilões de lotes na floresta, 62, 63; e migração para Rondônia, 47, 48, 49, 75, 79; e reserva de terra para índios, 50, 52, 62, 145, 147, 149, 151, 207, 219, 234, 235; *ver também* Congresso Nacional
Guaporé, vale do rio, 24, 36, 45, 51, 56, 71, 87, 224, 226; e história dos índios, 86; expedições para encontrar o índio solitário, 38, 44, 45, 71
Guaracy, José Henrique, 144, 145

Hargreaves, Inês, 159, 240
Hauser, Marc, 148, 249
Hemming, John, 243, 244, 245, 246, 247, 248, 251
"Homem que comeu as esposas" (mito), 176
Hughes, Robert, 198

Ibama, 52, 116, 182
idealismo subjetivo, 179
imprensa, 17, 32, 146, 152, 184, 232, 233; sobre a ararinha-azul, 182, 183; sobre aparência física do índio solitário, 146, 147; sobre confrontos entre índios e garimpeiros, 156; sobre Ishi, 194, 195, 196; sobre os índios do Acre, 232, 233, 234; sobre Possuelo, 202, 216, 219, 224; sobre reserva de terras para índios, 56, 57, 58, 61, 144, 146, 147, 148, 219; sobre suposta propriedade de terras de Lando, 153, 154
Incra, 30, 47, 49, 63, 150
Indigenism (Ramos), 131
Indigenous struggle at the heart of Brazil (Garfield), 245
índio solitário: aparência física do, 15, 92, 137, 143, 145, 146, 147; arcos do, 11, 134, 137, 139, 177, 213, 238; código espiritual do, 175, 177; como o dilema do vagão desgovernado, 149; como símbolo, 118; comunicação com, 39, 42, 92, 93, 104, 128, 134, 138, 168, 208; defensores do não contato com, 202, 208, 216, 218; desaparecimento do, 224; dieta do, 169, 170, 178; e a demissão de Marcelo dos Santos, 213, 214, 216, 224, 227, 229; e aldeia dos catorze buracos, 89, 104; e confrontos entre índios e fazendeiros, 53, 112; encontros com o, 91, 92, 93, 116, 126, 128, 134-8, 143, 145, 168, 178, 213, 214, 218, 237, 238, 248; extinção da linhagem do, 183; filiação tribal do, 127, 128, 135, 147, 229; filmagem do, 137, 138, 139, 145, 146, 210, 226, 236; isolamento do, 170-74, 196, 218; modo de caçar do, 102, 170, 177; monitoramento da sobrevivência do, 164-78, 183, 184, 228, 236, 237, 238, 250; nome do, 179; ocas do, 11, 13, 15, 26-7, 37, 38, 44, 53, 66, 133, 134-9, 141, 163, 168-70, 176, 210, 212, 213; presentes para o, 44, 94, 101-4, 117, 135, 136-8, 165, 167, 168-70, 178, 208, 217-8, 228, 237, 238; procura pelo, 27, 37-47, 49, 54, 59, 61, 63-9, 71-2, 85, 89, 91, 92, 94, 101-4, 112-8, 121, 126-33, 139, 143, 147, 151, 176, 192, 203, 205-16, 225-8; redução do hábitat do, 164, 221, 227, 228; reserva de terras para o, 113, 135, 140, 143-50, 154, 165, 167, 202, 203, 207, 208, 210, 217, 221, 224, 227-31, 235, 237, 238, 250; resistência ao contato do, 139, 140, 143, 150, 208, 217, 218; rumores sobre, 15, 17, 20, 25, 26, 27; vestimenta do, 92, 237
Indios (documentário da TV espanhola), 251
Índios e o Brasil, Os (Gomes), 120
índios/tribos indígenas: "manual de campo" da Funai sobre, 129, 130, 131; adaptabilidade dos, 201; alcoolismo entre os, 225; aparência física dos, 23, 24, 113, 145, 146; ativistas em nome dos, 58, 69, 70, 71; carreira de madeireiro de Algayer, 82; códigos espirituais dos, 175, 176, 177; como crianças, 120; como seminômades, 35, 37, 86; como tutelados pelo Estado, 120; confrontos entre fazendeiros e, 52, 53, 55, 62, 67, 103, 104, 111, 112, 113, 155; confrontos entre garim-

peiros e, 36, 155, 156; confrontos entre madeireiros e, 35, 36, 37, 103, 104; crimes perpetrados contra os, 121; da Amazônia, 16, 17, 20-5, 62, 65, 122, 145, 156, 189, 216; da ilha de San Nicolás, 192, 193; dedicação de Possuelo aos, 191, 216; do Acre, 222, 232, 233, 234; doenças e cuidados de saúde para, 32, 33, 128, 143, 159, 181; dos Estados Unidos, 57; e aldeia dos catorze buracos, 73, 74, 75; e expedições para encontrar o índio solitário, 64, 205; e interface entre tecnologia e tradição, 100, 101, 102, 103; e leilões de lotes na floresta, 62, 63; e rumores sobre o índio solitário, 15, 20; e uso de desfolhantes proibidos, 20, 243; em parque nacional, 82; escravização dos, 32, 86; estereótipos dos, 122; história dos, 85, 86, 88, 247; isolados, 43, 52, 71, 84, 87, 128, 129, 190, 202, 207, 216, 232, 233, 247; línguas dos, 86, 87, 90, 92, 106-8, 116, 128, 135, 168, 183, 194, 198, 200, 241, 243; mortandade entre os, 22, 24, 31, 33, 71, 74-5, 87, 88, 100, 103, 104, 111, 112, 12-4, 126, 128, 129, 132, 156, 177, 179-81, 196, 197; mortes causadas pelos, 22, 36, 213, 214, 216; na história do Brasil, 118, 121; noção romântica de Marcelo dos Santos sobre os, 30, 34, 36; nomes dos, 179, 193, 194; opinião pública sobre, 58; política de não contato, 164, 201, 202, 208, 216, 218, 220; positivismo e, 118, 119; reserva de terras para, 16, 17, 21, 31, 38, 50, 54, 55, 57, 144, 146, 147, 150, 154, 155, 157, 158, 180, 190, 223, 228, 235, 243, 252; suposto tráfico de índios por Marcelo dos Santos, 157, 223
Inoté, 183
insetos, 11, 18, 52, 91, 102, 107; e encontros com o índio solitário, 93, 136; e expedições para encontrar o índio solitário, 90, 91, 133; larvas de, 34, 117; rituais xamanistas e, 110, 111
Instituto Brasileiro de Geografia e Estatística (IBGE), 242, 243
Instituto Nacional de Colonização e Reforma Agrária *ver* Incra
Instituto Socioambiental (ISA), 224, 247
Isabelle, estudo sobre, 172, 173, 250
Ishi (o homem selvagem de Deer Creek), 194, 195, 196, 251
isolamento: dos índios, 43, 52, 71, 84, 87, 128, 129, 190, 202, 207, 216, 232, 233, 247; estudos psicológicos sobre, 172, 173, 174, 250; impacto emocional do, 171, 173, 174; impacto fisiológico do, 171, 174, 250
Itapratinga (Fazenda), 64

Jaguaribe, Hélio, 121, 122
jesuítas, 86, 128
Journal of the Association for Psychological Science, 174
Juana María (mulher solitária de San Nicolás), 193
Jupiter, Tony, 183

Kanoê, índios, 24, 26, 42, 56, 85, 98, 99, 100, 101, 104, 105, 106, 107, 108, 109, 110, 111, 113, 114, 125, 126, 132, 146, 150, 157, 158, 159, 175, 180, 181, 183, 185, 226, 243, 247; aparência física dos, 23, 113; código espiritual dos, 175, 176; declínio dos, 85, 87, 88; dieta dos, 24, 96, 132; doenças entre, 110, 159, 181; e comunicação com o índio solitário, 92, 93, 135; e CPI sobre Marcelo dos Santos, 156, 158, 159, 160; e expedições para encontrar o índio solitário, 39, 40, 41, 42, 44, 90, 101, 104, 132, 244; e interesse de Purá numa moça Akuntsu, 183, 226, 251; encontros com, 21, 22, 23, 24, 25, 26, 93, 98, 99, 158, 160, 243; filmagem dos, 158, 243, 244; flechas dos, 96, 97, 98, 99, 100, 117, 247; história dos, 85, 87, 88, 247; língua dos, 24, 40, 87, 92, 93, 135, 138; mortandade entre os, 87, 88, 122, 123, 124, 125, 126, 132, 179, 181; música dos, 85, 88; nomes dos, 179; ocas dos, 88, 96, 100, 125, 132; procura por, 21, 160; relacionamento de Algayer com, 84, 85; relações entre Akuntsu e, 104, 105, 106, 107, 108, 109, 110, 111, 114, 122, 123, 125, 126, 179, 181, 183, 226, 247; reser-

va de terras para, 38, 56, 57, 58, 59, 146, 150, 156, 158, 159; rituais xamanísticos dos, 110, 181; vestimenta dos, 23, 40, 57, 110
Kanoê, Owaimoro *ver* Owaimoro Kanoê
Kanoê, Purá *ver* Purá Kanoê
Kelly, Brian, 242
Konibu, chefe dos Akuntsu, 84, 95, 106, 108, 110, 111, 112, 113, 114, 123, 124, 179, 180, 181, 183, 184, 226; e confrontos entre Akuntsu e fazendeiros, 111, 112, 113; e expedições para encontrar o índio solitário, 112, 113, 114; e expedições para monitorar a sobrevivência do índio solitário, 183, 184; e interesse de Purá numa moça Akuntsu, 183, 226; ferida à bala de, 111, 112; ferimentos causados pela tempestade em, 181, 182; nos rituais xamanísticos, 110, 111, 181
Korubo, índios, 216, 252
Krandall, Jonathan, 48, 245
Kroeber, Alfred, 194, 195, 196, 251

Land, protest, and politics (Ondetti), 245
Lando, Amir: alegações de confrontos de interesse contra, 150, 154, 249; Algayer e, 150, 184; e CPI sobre Marcelo dos Santos, 154, 156; terra supostamente pertencente a, 150, 152, 154, 184
Laraia, Roque, 148
Last forest, The (London e Kelly), 242
látex, 41, 89, 170, 171, 175, 227; *ver também* seringueiras, seringueiros
leishmaniose, 209, 212, 215
Lévi-Strauss, Claude, 33, 176, 244, 250
London, Mark, 242
Lopes, Leandro, 150

macacos, 18, 33, 45, 109, 131, 196; caça aos, 97, 109; de Owaimoro, 40, 43, 85, 105, 109, 115, 122, 124; macaco-aranha, 118, 131
machados: coleta de mel e, 101, 102; como presentes, 100, 101, 102, 103, 104, 136, 169, 228; e encontros com o índio solitário, 94, 136; e expedições para encontrar o índio solitário, 101, 102, 103, 104; e expedições para monitorar a sobrevivência do índio solitário, 169, 228
Macuxi, índios, 155
madeireiros/exploração de madeira, 15, 20, 26, 27, 36, 37, 45, 56, 58, 64, 71, 75, 82, 103, 104, 118, 129, 139, 144, 150, 164, 192, 220, 223, 225, 238, 252; carreira de Algayer como, 75, 80, 81, 82; confrontos entre índios e, 35, 36, 37, 103, 104; e contato com tribos indígenas isoladas, 25, 243; e expedições para encontrar o índio solitário, 45, 64, 71, 118, 129, 139, 192; e índios do Acre, 232; e reserva de terra para os índios, 55, 58, 144, 208, 219, 225, 227, 252; e rumores sobre o índio solitário, 15, 20, 25, 26; em Rondônia, 25, 26, 49, 80, 129, 243; ocas do índio solitário e, 37, 38, 53; suposta propriedade de terras de Lando e, 150, 154; *ver também* desmatamento
malária, 34, 81, 190, 210, 251; e migração para Rondônia, 80; tratamento da, 15, 80, 190
mandioca, 55, 65, 103, 170, 175, 212, 213; e encontros com o índio solitário, 94, 137; e expedições para encontrar o índio solitário, 65, 68, 212, 213; e expedições para monitorar a sobrevivência do índio solitário, 167, 169, 170, 178; na mitologia indígena, 175
Maranhão, 197, 198, 200, 201
Maria Elenice, 73, 74, 89
Marinho, Francisco, 61, 159, 240, 246
Massaco, Terra Indígena, 83, 205, 210, 217
Mato Grosso, 33, 36, 157, 181, 185, 203, 223, 224, 242, 252
Maxakali, índios, 225
Médici, Emílio Garrastazu, 48
Meirelles, Apoena, 30, 223
Meirelles, Francisco "Chico", 30
Meirelles, José Carlos, 222, 232
mel, coleta de mel: de Purá, 101, 102, 247; e contato com tribos indígenas isoladas, 22, 26; e expedições para encontrar o índio solitário, 101, 102, 103, 117, 211
Melo, Moacir Cordeiro de, 207

Mentuktire, índios, 191
Mequéns, Terra Indígena Rio, 168
Merrill, Keith, 252
Merton, Thomas, 171, 250
migrações, 19, 47, 48, 49, 75, 77, 78, 79, 80, 81, 82, 83, 164, 245, 246
Milton (capataz de fazenda), 52, 66, 67, 73
Minas Gerais, 185, 225
Ministério da Justiça do Brasil, 43, 62, 68, 160, 241, 243, 244, 248; e aldeia dos catorze buracos, 68, 74; e expedições para encontrar o índio solitário, 61, 68, 116, 245, 246; e reserva de terras para índios, 61, 62, 143
Minoiri, reino de, 176
Modelo (Fazenda), 39, 52, 53, 63, 64, 66, 72, 73, 117, 168, 228; e aldeia dos catorze buracos, 68, 72, 73; e confrontos com índios, 53, 113; e expedições para encontrar o índio solitário, 39, 47, 53, 63, 64, 66, 68, 69, 72, 103, 127; e reserva de terras para índios, 51, 52, 53, 144; principais prédios da, 51, 52
mogno, 15, 36, 55, 81
Monunzinho, 87, 90, 91, 92, 93, 243
Morimoto, Luís, 157
Moura, Francisco "Chiquinho": demissão de Marcelo dos Santos e, 214; e expedições para encontrar o índio solitário, 209, 212, 213
Movimento dos Trabalhadores Rurais sem Terra (MST), 165, 208, 250
mulher solitária de San Nicolás (Juana María), 193
mulheres, 23, 24, 32, 70, 106, 107, 108, 184; como amazonas, 50, 51; doação de presentes e, 107, 108; doenças das, 32, 181; e confrontos entre Akuntsu e fazendeiros, 112; e expedições para encontrar o índio solitário, 40, 41, 42, 43, 113, 114, 115; e história dos Kanoê, 87, 88; e relações entre Kanoê e Akuntsu, 106, 107; sequestro e escravização de, 32
Museu Americano de História Natural, 102
Museu Nacional de História Natural, 196
Nações Unidas, 121, 245
Nambiquara, índios, 22, 24, 33, 34, 36, 55, 70, 113, 162, 175, 179, 243, 244; nome dos, 180; ramo Negarote dos, 33, 34, 35, 36, 37; trabalho de Marcelo dos Santos com, 16, 33, 34, 35, 36, 55, 162; tribo não contatada relacionada com, 54, 55, 56
nariz, adornos de, 23, 40
National Geographic, 202
Negarote, índios, 33, 34, 35, 36, 37
New York Times, The, 155, 202, 246, 252
Nobre da Veiga, João Carlos, 54, 245
Noruega, pesquisa sobre isolamento na, 174

Observer, The, 233, 234, 253
ocas: buracos nas, 232, 233; do índio solitário, 11, 13, 15, 26, 27, 37, 38, 44, 53, 66, 133, 134, 135, 136, 137, 138, 139, 141, 163, 168, 169, 170, 176, 210, 212, 213; dos Akuntsu, 106, 107, 108, 123, 124, 125, 179, 180; dos Kanoê, 88, 96, 100, 125, 132; dos Negarote, 33, 34; e aldeia dos catorze buracos, 66, 67, 68, 74; e encontros com o índio solitário, 93, 133, 134, 135, 136, 137; e expedições para monitorar a sobrevivência do índio solitário, 164, 168, 169, 170, 238; no acampamento da Funai no rio Omerê, 38, 46; no acampamento Tanaru, 237, 238; Purá e, 41, 42, 96, 100, 132
Omerê, rio, 21, 84, 87, 100, 122, 125, 146, 150, 154, 156, 158, 160, 168, 184, 209, 217, 237, 244; *ver também* Rio Omerê, Terra Indígena do
onças, 80
Ondetti, Gabriel A., 245
Operá, 106, 132, 177, 179, 226
Orellana, Francisco de, 50, 51, 242
Oro-Win, índios, 121
Owaimoro Kanoê: doação de presentes e, 107, 108; e expedições para encontrar o índio solitário, 39, 40, 41, 42, 43, 103, 113, 114, 115; e história dos Kanoê, 87, 88; e relações entre Kanoê e Akuntsu, 105, 107, 122, 123, 181; macaco de, 40, 43, 85, 105, 109, 115, 122, 124; morte de, 122, 123, 124, 125, 126,

132, 180, 181, 248; relacionamento de Algayer com, 84, 85
Oxford, Universidade de, 49, 182

"País tropical" (canção), 17
palmeiras: acuri, 19; buriti, 34; e expedições para encontrar o índio solitário, 41, 66, 91; e roupa dos Kanoê, 23, 40; ocas e, 11, 13, 15, 27, 34, 41, 91, 133, 168; paxiúba, 42, 169; taquara, 126, 136, 177
Pandolpho, Newton, 142, 143, 144, 240, 248
Pará, 32, 69, 146
Parakanã, índios, 32
pássaros, 35, 90, 93, 98, 110, 182, 183
peixe, pesca, varas de pescar, 73, 88, 96, 102, 118, 131
pele de veado, 23, 40
penas, 63, 74, 182, 193; dos jacus, 40, 98, 170; dos Kanoê, 23, 40, 100; em braçadeiras, 95, 100; para flechas, 97, 98, 170
Pereira, Artur, 63
Pereira, Paulo: e expedições para encontrar o índio solitário, 38, 40; e expedições para monitorar a sobrevivência do índio solitário, 167, 168, 169, 178
Peru, 232, 242, 253
Perupetro, 232
Piaget, Jean, 120
pintura corporal, 24, 69, 92, 107, 232
pinturas rupestres, 51
pistoleiros: e confrontos com os índios, 52, 53, 67; e contatos com tribos indígenas isoladas, 22, 24; e expedições para encontrar o índio solitário, 27, 116
Pit River, índios, 196
Planaforo, Projeto, 145, 158
Platão, 172
politeísmo, 119
política, políticos *ver* Congresso Nacional; governo brasileiro
Pope, Saxton, 195
Porto Velho: ararinha-azul, 183; e CPI sobre Marcelo dos Santos, 154, 156, 158, 161, 162, 166; e expedições para encontrar o índio solitário, 43, 61, 68; Incra, 30
português, 160, 191, 200; e contato com os Kanoê, 243; e encontros com o índio solitário, 92, 135, 168
positivismo, 119, 248
Possuelo, Fernanda, 199
Possuelo, Orlando: aventuras de, 203, 206, 207, 216; Carapiru e, 199, 251; como substituto de Algayer, 202, 203; demissão de Marcelo dos Santos e, 213, 214, 216; doenças de, 207, 209, 212, 215, 252; e expedições para encontrar o índio solitário, 203, 205, 206, 207, 208, 209, 210, 211, 212, 213, 216, 218, 227, 252; índio solitário encontrado por, 213, 218
Possuelo, Sydney: aventuras de, 188, 190, 203; Carapiru e, 196, 197, 198, 199, 202, 251; casamentos de, 191, 198, 199; defesa do não contato, 192, 201, 202, 216, 218, 219; doenças e ferimentos, 190, 191; e CPI sobre Marcelo dos Santos, 157, 160, 161; e expedições para encontrar o índio solitário, 116, 129, 192, 208, 216, 218; e reserva de terras para índios, 202, 203, 219; honrarias e prêmios, 191, 202; ideais românticos de, 191; imprensa sobre, 201, 202, 216, 219, 224; Parque Nacional do Xingu e, 188, 189, 190; relacionamento de Villas-Boas com, 189, 190, 202; reputação na Funai de, 191, 192, 209; residência em Brasília de, 191, 198, 199, 204, 215; saída da Funai de, 218, 219, 222, 224; sobre a violência dos índios, 216, 252; substituição de Algayer e, 202, 203
presentes: e encontros com o índio solitário, 94, 135, 136, 137, 138, 237, 238; e expedições para encontrar o índio solitário, 44, 101, 102, 103, 104, 117, 208, 217, 218; e expedições para monitorar a sobrevivência do índio solitário, 165, 167, 168, 169, 170, 178, 228; e interface entre tecnologia e tradição, 100, 101, 102, 103; matar índios com, 104; para os Akuntsu, 107, 108
Price, David, 54, 243, 244, 246, 247

Pupak: doenças e ferimentos de, 111, 181; e confrontos entre Akuntsu e fazendeiros, 111, 112; e relações entre Kanoê e Akuntsu, 106, 107; ferimentos de Konibu e, 180, 181
Purá Kanoê: aspecto físico de, 23, 57, 145; coleta de mel por, 101, 102, 247; dieta de, 96, 132; e a história dos Kanoê, 87, 88; e CPI sobre Marcelo dos Santos, 158, 160; e encontros com o índio solitário, 126, 135, 138, 237, 238; e expedições para encontrar o índio solitário, 39, 40, 41, 42, 44, 65, 66, 103, 113, 114, 117, 126, 132, 133, 177, 226; e expedições para monitorar a sobrevivência do índio solitário, 237, 238; e morte de Owaimoro, 122, 123, 124, 125, 132; e relações entre Kanoê e Akuntsu, 106, 126; e reserva de terras para os Kanoê, 57, 58; fascinado pelo mundo moderno, 99, 100; flauta e, 85, 88; flechas de, 96, 97, 98, 99, 100, 117; habilidade para construção de, 99; moça Akuntsu cortejada por, 183, 226, 251; nome de, 179; ocas e, 41, 42, 44, 96, 99, 132; penas de gavião e, 97, 98; relacionamento de Algayer com, 84, 85; roupas de, 23, 40, 99, 100, 101, 135, 237

queixadas/caititus: e expedições para encontrar o índio solitário, 212; e expedições para monitorar a sobrevivência do índio solitário, 170, 178
Quiroz, Cecilia, 232

racionalismo ilustrado, 119
Raffaele, Paul, 243, 252
Ramos, Alcida Rita, 131, 246
rapé, ritual do, 110, 181
Raposa Serra do Sol, Terra Indígena, 234
Raupp, Valdir, 159
Razini, Nadir, 160
Redding Rancheria, 196
redes (de dormir), 38, 79, 85, 89, 112, 180, 199, 235; e expedições para encontrar o índio solitário, 42, 43, 130, 210
Reino Unido, 244, 246, 248; ararinha-azul e, 182, 183
relativismo cultural, 119, 120
Reserva Indígena Caru, 201
Reserva Nambiquara, 223
Revkin, Andrew, 242
Rio de Janeiro, 48, 50
Rio Omerê, Terra Indígena do, 38, 46, 62, 84, 103, 122, 125, 160, 206, 209, 217, 237, 244
RO-391 (rodovia), 242
Roett, Riordan, 245
Rondon, Cândido, 87, 119, 179, 190, 219; positivismo de, 118, 119
Rondônia: clima de, 64, 65; confrontos entre índios e fazendeiros em, 52; contato com tribos indígenas isoladas, 22, 242; desenvolvimento econômico de, 49, 160; e CPI sobre Marcelo dos Santos, 156, 159, 160, 223; e rumores sobre o índio solitário, 25, 26; expedições para encontrar o índio solitário em, 42, 47, 54, 61, 63, 64, 65, 118, 129, 203, 208, 217, 225; exploração da madeira em, 25, 26, 48, 49, 80, 129, 243, 245; fascínio de, 77, 78, 79; Frente de Proteção Etnoambiental do Guaporé, 203, 206; Funai em, 54, 56, 83; história de, 86, 246, 247; leilões de lotes em, 63; migração para, 19, 47, 48, 49, 54, 74, 78, 79, 80, 82, 244, 246; mortandade entre os índios de, 128; programa de construção de estradas em, 78, 79; reserva de terras para índios em, 50, 51, 52, 53, 54, 57, 58, 147, 149, 205, 207; saída de Algayer de, 184, 185, 186, 203; solo em, 47, 49, 54
Roosevelt, Theodore, 57, 58, 119, 246, 248
Roraima, 155, 156, 160, 234, 237, 249
Rosa, Francisco Couto Lima (Chico): demissão de Marcelo dos Santos e, 215; e expedições para encontrar o índio solitário, 209, 211, 212, 213
Rousseau, Jean-Jacques, 171, 250

Sakirabia, índios, 168
Sales, Altair, 51
San Francisco, Califórnia, 194, 196

San Nicolás, ilha de, 192, 194, 251
Santa Catarina, 77, 78, 79, 80, 83
Santos, Celso José dos ("Tunio"): disparo da flecha contra, 213, 214, 216, 224, 227, 229; e expedições para encontrar o índio solitário, 209, 210, 211, 212, 213; relacionamento de Possuelo com, 210, 214
Santos, Divina dos, 162, 185, 223, 224, 236
Santos, Marcelo dos: ameaças de morte contra, 36, 37, 152; amor à natureza de, 29, 34, 45; caminhadas descalço, 32, 34; defesa do não contato, 202, 208; doação de presentes, 101, 103, 104, 107, 135; doenças e ferimentos de, 34, 65, 224, 236; e aldeia dos catorze buracos, 66, 67, 68, 75, 83, 89, 103, 104; e contato com tribos indígenas isoladas, 16, 17, 21, 22, 23, 24, 25, 26, 61, 93, 99, 105, 106, 107, 243; e expedições para encontrar o índio solitário, 27, 37-47, 50, 61, 63-8, 94, 101, 116-8, 120, 126, 127, 129, 131-3, 139, 142, 143, 147, 150, 192, 207, 217, 225, 227, 228, 244, 247; e expedições para monitorar a sobrevivência do índio solitário, 164, 166, 173, 228; e fascínio de Purá pelo mundo moderno, 99, 100; e mito do bom selvagem, 34, 35; e relações entre Kanoê e Akuntsu, 105-10; e reserva de terras para o índio solitário, 140, 143, 147; e reserva de terras para tribos indígenas, 50, 52, 56, 57, 59, 61, 158, 159, 224, 228, 229; e resistência ao contato por parte do índio solitário, 140, 150; e rumores sobre o índio solitário, 16, 17, 20, 25, 26, 27; e tribo não contatada relacionada aos Nambiquara, 55, 56; educação de, 16, 29, 121; em Brasília, 224, 225, 227, 228; estilo de vida Kanoê e, 99; índio solitário encontrado por, 135, 136, 139, 143, 248; inquéritos parlamentares sobre, 154-62, 166, 183, 207, 223, 224, 234; missão de, 16; ocas do índio solitário e, 25, 26, 27, 37, 38, 39, 41, 42; pais de, 29, 30, 32, 223; política de, 29, 30; programa de treinamento da Funai e, 31, 32; relacionamento de Algayer com, 16, 17, 185, 209, 236; relacionamento de Carelli com, 57, 69, 70, 236; relacionamento de Flauzino com, 55, 56, 57, 59, 61, 246; relacionamento de Marinho com, 61, 62; relativismo cultural de, 120; retorno à Funai de, 223, 224, 227, 228, 232; saída da Funai de, 184, 185, 209, 224; saída de Rondônia de, 162, 164, 184, 185, 186; sobre a suposta propriedade de terras de Lando, 150; suposto tráfico de índios praticado por, 157, 223; trabalho burocrático de, 61, 89; trabalho com os Nambiquara, 16, 33, 34, 35, 36, 55, 162
São Paulo, 25, 30, 32, 34, 48, 69, 122, 188, 236; vida de Marcelo dos Santos em, 29, 34, 69
sarampo, 33, 71
saúde, agentes de, 38; e rumores sobre o índio solitário, 15, 26; para malária, 15, 81, 190
Schmink, Marianne, 54, 245
Schopenhauer, Arthur, 172
Senado, 158, 159, 160, 161, 223, 249
seringueiras, 41, 170
seringueiras, seringueiros: confrontos entre índios e, 24, 101, 121; e contato com tribos indígenas isoladas, 24; e história dos índios, 86; látex das, 41, 175, 227
Serras da desordem (filme), 251
sertanistas, 31, 32, 94, 129, 130, 131, 170, 173, 198, 202, 223, 234, 235; "manual de campo" para, 129, 130, 131; Carapiru e, 198; e CPI sobre Marcelo dos Santos, 157, 159; na Funai, 30, 31, 32, 34
Serviço de Proteção ao Índio (SPI): corrupção e incompetência, 31, 32; positivismo e, 118, 119
Siqueira, Carlos Antônio, 158, 159, 223
Sirionó, índios, 128, 248
Smithsonian Institute, 196
Smithsonian (revista), 216, 242, 243, 252
Socel, Fazenda: e expedições para encontrar o índio solitário, 217; e expedições para monitorar a sobrevivência do índio solitário, 164, 178; e reserva de terras para índios, 144, 166, 167, 208; MST e, 164, 165
Sordi, Celso de: e expedições para monitorar a

sobrevivência do índio solitário, 164, 167, 170; e reserva de terras para índios, 144, 165, 167, 208, 250; MST e, 165, 208
Soto, Marisol, 251, 252
Summer Institute of Linguistics, 200
Superintendência de Desenvolvimento da Amazônia (Sudam), 49
Supremo Tribunal Federal (STF), 150, 219, 234, 237
Survival International, 219, 232, 234, 253

tabaco, 55, 108, 110, 196
Tanaru, rio, 227
Tanaru, Terra Indígena, 228, 229, 230, 231; acampamento da Funai na, 235, 237, 238; durante estação chuvosa, 236
Tapayuna, índios, 101
tasmaniano, 196
tatu, 96, 170, 178, 238
Tatuá, 87, 88, 132, 181; e expedições para encontrar o índio solitário, 132; morte de, 226
televisão, 24, 48, 158, 183, 201, 207, 233, 234, 251; Carapiru e, 199, 201; sobre os índios do Acre, 233
Thoreau, Henry David, 171
timbó, 88
Time, 24, 51, 242, 243, 245
Tiramantu, 23, 24, 101, 105, 106, 107, 108, 110, 111, 160, 181, 226; e relações entre Kanoê e Akuntsu, 105, 106, 107, 110, 181; em ritual xamanístico, 110, 111, 181; presentes para, 107, 108
Todorov, Tzvetan, 172, 250
Tonacci, Andrea, 240, 251, 252
Tuaregue, 191
Tupari, índios, 107, 111, 168
tupi, língua, 92, 128, 181

Urue-Eu-Wau-Wau, índios, 22
Ururu, 111

Van der Voort, Hein, 86, 247
Vaz, Antenor, 82, 83
Venezuela, 155, 242
vestimenta, 33, 57, 74, 93, 99, 100, 107, 108, 113, 134, 135, 142, 194, 199; "manual de campo" da Funai e, 129, 130; de Carapiru, 197, 198, 200; de Purá, 23, 40, 99, 100, 101, 135, 237; do índio solitário, 92, 237; dos Kanoê, 23, 40, 57, 110; e encontros com o índio solitário, 93, 135, 213, 214
Victims of the miracle (Davis), 244
Vídeo nas Aldeias, 70, 226
Vila Madalena, 29, 32
Vilhena, 15, 16, 17, 36, 37, 50, 54, 55, 63, 79, 89, 143, 152, 156, 158, 180, 181, 184, 215, 227, 234; e aldeia dos catorze buracos, 74, 83; explosão dos negócios em, 142, 145; Frente de Proteção Etnoambiental do Guaporé em, 226, 227
Villares, Luiz Fernando, 229
Villas Bôas, irmãos, 188, 189, 190
Villas Bôas, Orlando, 146, 159, 189, 219; episódios de malária de, 190, 251; relacionamento de Possuelo com, 189, 190, 202
Von Puttkamer, Jesco, 51

Wapixana, índios, 155
Waterman, Thomas, 194
Williams, Michael, 49, 245
Wood, Charles H., 54

Xavante, índios, 31, 36
Xikrin, índios, 69
Xingu, Parque Nacional do, 188, 189, 190, 191, 224
Xinhua, 234
Xokleng, índios, 83

Yahi, o último dos, 193, 194, 196
Yanomami, índios, 121
Young, Liane, 148, 249
Yvipita (Fazenda), 113

Zo'é, índios, 219

ESTA OBRA FOI COMPOSTA PELA SPRESS EM MINION E IMPRESSA EM OFSETE
PELA GRÁFICA BARTIRA SOBRE PAPEL PÓLEN SOFT DA SUZANO PAPEL E CELULOSE
PARA A EDITORA SCHWARCZ EM OUTUBRO DE 2011